陇上学人文存

LONGSHANG XUEREN WENCUN

陇上学人文存

李仲立　卷

李仲立 著　董积生　刘治立 编选

甘肃人民出版社

图书在版编目（ＣＩＰ）数据

陇上学人文存. 李仲立卷 / 范鹏，马廷旭总主编；李仲立著；董积生，刘治立编选. -- 兰州：甘肃人民出版社,2023.2

ISBN 978-7-226-05921-0

Ⅰ. ①陇… Ⅱ. ①范… ②马… ③李… ④董… ⑤刘… Ⅲ. ①社会科学－文集 Ⅳ. ①C53

中国版本图书馆CIP数据核字(2022)第231544号

责任编辑：马元晖

封面设计：王林强

陇上学人文存·李仲立卷

范鹏　马廷旭　总主编

李仲立　著　董积生　刘治立　编选

甘肃人民出版社出版发行

（730030　兰州市读者大道 568 号）

兰州新华印刷厂印刷

开本 890 毫米 × 1240 毫米　1/32　印张 10.75　插页 7　字数 271 千

2023 年 2 月第 1 版　　2023 年 2 月第 1 次印刷

印数：1~1000

ISBN 978-7-226-05921-0　定价：60.00 元

（图书若有破损、缺页可随时与印厂联系）

《陇上学人文存》第一辑

编辑委员会

《陇上学人文存》第三辑

编辑委员会

《陇上学人文存》第四辑

编辑委员会

《陇上学人文存》第七辑

编辑委员会

总　序

陇者甘肃，历史悠久，文化醇厚。陇上学人，或生于斯长于斯的本地学者，或外来而其学术成就多产于甘肃者。学人是学术活动的主体，就《陇上学人文存》（以下简称《文存》）的选编范围而言，我们这里所说的学术主要指人文社会科学研究。《文存》精选中华人民共和国成立以来，甘肃人文社会科学领域成就卓著的专家学者的代表性著作，每人辑为一卷，或标时代之识，或为学问之精，或开风气之先，或补学科之白，均编者以为足以存当代而传后世之作。《文存》力求以此丛集荟萃的方式，全面立体地展示新中国为甘肃学术文化发展提供的良好环境和陇上学人不负新时代期望而为我国人文社会科学事业做出的新贡献，也力求呈现陇上学人所接续的先秦以来颇具地域特色的学根文脉。

陇原乃中华文明发祥地之一，人文学脉悠远隆盛，纯朴百姓崇文达理，文化氛围日渐浓厚，学术土壤积久而沃，在科学文化特别是人文学术领域的探索可远溯至伏羲时代，大地湾文化遗存、举世无双的甘肃彩陶、陇东早期周文化对农耕文明的贡献、秦先祖扫六合以统一中国，奠定了甘肃在中国文化史上始源性和奠基性的重要地位；汉唐盛世，甘肃作为中西交通的要道，内承中华主体文化熏陶，外接经中亚而来的异域文明，风云际会，相摩相荡，得天独厚而人才辈出，学术思想繁荣发达，为中华文明做出了重要贡献。

近代以来，甘肃相对于逐渐开放的东南沿海而言成为偏远之地，反而少受战乱影响，学术得以继续繁荣。抗日战争期间作为大后方，接纳了不少内地著名学府和学者，使陇上学术空前活跃。新中国成立之后，人文社会科学领域的专家学者更是为国家民族的新生而欢欣鼓舞，全力投入到祖国新的学术事业之中，取得了一大批重要的研究成果，涌现出众多知名专家，在历史、文献、文学、民族、考古、美学、宗教等领域的研究均居全国前列，影响广泛而深远。新中国成立之后，人文社会科学几次对当代学术具有重大影响的争鸣，不仅都有甘肃学者的声音，而且在美学三大学派（客观派、主观派、关系派）、史学"五朵金花"（史学在新中国成立之后重点研究的历史分期、土地制度史、农民战争史等五个方面的重点问题）等领域，陇上学人成为十分引人注目的代表性人物。改革开放以来，甘肃学者更是如鱼得水，继承并发扬了关陇学人既注重学理求索又崇尚经世致用的优良传统，形成了甘肃学者新的风范。宋代西北学者张载有言："为天地立心，为生民立命，为往圣继绝学，为万世开太平"，此乃中华学人贯通古今、一脉相承的文化使命，其本质正是发源于陇原的《易》之生生不已的刚健精神，《文存》乃此一精神在现代陇上得到了大力弘扬与传承的最佳证明。

《文存》启动于中华人民共和国成立六十周年之际，在选择入编对象时，我们首先注重了两个代表性：一是代表性的学者，二是代表性的成果，欲以此构成一部个案式的甘肃当代学术史，亦以此传先贤学术命脉，为后进立治学标杆。此议为我甘肃省社会科学院首倡，随之得到政界主要领导、学界精英与社会各界广泛认同与政府大力支持，此宏愿因此而得以付诸实施。

为保证选编的权威性，编委会专门成立了由十几位省内人文社会科学领域著名学者组成的专家指导委员会，并通过召开专题会议研讨、发放推荐表格和学术机构、个人举荐等多种方式确定入选者。为使读者对作者的学术成就、治学特色和重要贡献有比较准确和全面的了解，在出版社选配业务精良的责任编辑的同时，编委会为每一卷配备了一位学术编辑，负责选编并撰写前言。由于我院已经完成《甘肃省志·社会科学志》（古代至1990年卷，1990至

2000年卷）的编辑出版工作，为《文存》的选编提供了坚实的基础和基本依据，加之同行专家对这一时期甘肃人文社会科学发展的研究，使《文存》能够比较充分地反映同期内甘肃人文社会科学的基本状况。

我们的愿望是坚持十年，《文存》年出十卷，到2019年中华人民共和国成立七十周年之际达至百卷规模。若经努力此百卷终能完整问世，则从1949至2009年六十年间陇上学人以"人一之、我十之，人十之、我百之"的甘肃精神献身学术、追求真理的轨迹和脉络或可大体清晰。如此长卷宏图实为新中国六十年间甘肃人文社会科学全部成果的一个缩影，亦为此期间甘肃人文社会科学学术业绩的一次全面检阅，堪作后辈学者学习先贤的范本，是陇上学人献给祖国母亲的一份厚礼。此一理想若能实现，百卷巨著蔚为大观，《文存》和它所承载的学术精神必可存于当代，传之后世，陇上学人和学术亦可因此而无愧于我们所处的伟大时代，并有所报于生养我们的淳厚故土。

因我们眼界和学术水平的局限，选编过程中必定会出现未曾意料的问题，我们衷心期望读者能够及时教正，以使《文存》的后续选编工作日臻完善。

是为序。

2009 年 12 月 26 日

目　录

编选前言 ……………………………………… 董积生　刘治立

古代历史研究

黄帝与黄帝时代 ……………………………………………… 003

黄帝冢陵庙传说钩沉及其相关问题 ………………………… 023

黄帝在制度文化上的开创性贡献 …………………………… 041

中国的家庭奴隶制始于黄帝 ………………………………… 049

中国传说历史时期姓氏文化刍议
　　——纪念先师徐中舒教授诞辰 120 周年 …………… 054

替鲧翻案 ……………………………………………………… 075

论不窋 ………………………………………………………… 083

公刘出生在北豳 ……………………………………………… 093

周祖文化研究 ………………………………………………… 095

甘肃庆阳地区秦直道考察报告 ……………………………… 106

论秦直道与秦长城的关系 …………………………………… 114

论子午岭秦直道的修筑和军事防御体系设置 …………… 125

甘肃境内秦直道管见 ………………………………………… 135

西周、战国时期秦直道子午岭路段成型 ………………… 143

从《潜夫论》中对羌汉战事的论述看王符思想的先秦西部思想
　　文化特色 ………………………………………………… 151

范仲淹在庆州 ·· 164

革命传统研究

老区革命传统简论 ····································· 177
区域地理环境和优秀文化传统的统一
　　——南梁精神解读 ······························· 186

史学理论研究

"历史决定论的贫困"和贫困的历史非决定论
　　——波普尔历史理论批判 ····················· 207
论史学价值的实现 ····································· 220
史学价值刍议 ··· 238

教育教学研究

关于学风教育的几个问题 ····························· 251
教育改革要遵循教育的基本规律
　　——兼论经济规律与教育规律在教育改革中的关系及其作用
·· 256
论高等师范专科教育的课程体系及其改革 ············· 267
试论师范专科学校的专业改造 ························· 277
陇东老区教育的历史特点 ····························· 282

附录　李仲立论著目录 ································· 291

编选前言

一

李仲立(1936年11月出生),男,四川广安人,中共党员,历史学教授。1957年7月毕业于四川大学历史系历史学专业,按高教部分配方案,分配至西北畜牧兽医学院(今甘肃农业大学)政治理论助教。1958年新年伊始,又响应党和国家1957年毕业在高校工作的大学生到农村或基层锻炼一年的号召,到庆阳县师范学校(1963年改名为甘肃省庆阳师范学校)任教。一年结束后,并未回到西北畜牧兽医学院,而是留在了庆阳师范学校。他先后在西北畜牧兽医学院、庆阳师范学校、庆阳师范高等专科学校工作。曾任庆阳师专历史系副主任、庆阳师专教务处长、校党委委员、副校长等职,是庆阳师专历史系的创建者、陇东古代历史文化、陇东革命文化研究的开启者。曾兼任中国先秦史学会理事、甘肃省历史学会副会长、甘肃省党史学会理事、甘肃省高等教育发展战略研究会理事、西北高教管理研究会理事、庆阳地区自学考试委员会副主任、西北大学先秦史硕士生导师等职,1998年7月退休。1989年被国家教委、人事部、全国教育总工会评为全国优秀教师,1997年获曾宪梓教育基金会高等师范院校教师三等奖。曾获甘肃省社会科学成果奖一次,多次荣获甘肃省教育厅哲学社会科学一、二等奖、获甘肃省教育厅优秀教学成果奖、优秀教材二等奖等奖项。

李仲立教授执教四十余年，热爱教育事业，认为教书担负着历史、文化、思想、学术、道德行为、礼仪规范的传承，肩负着培养中国革命和建设事业创新者的神圣职责，他曾说："作为一位教师就是教书育人，教师的职业就是培养人才。"无论是在庆阳师范学校还是庆阳师专，他总是以把培养学生成为德、智、体、美、劳全面发展的、健康的、健全的人作为首要任务。无论是在庆阳师范学校担任中国历史、世界历史、政治理论课教学、教研组长和班主任，还是在庆阳师专从事中国古代史、中国现代史、中学历史教学法、先秦史讲座等课程的教学，无论是教授正式的师范学生，还是短期师资培训班、红医班、写作班学员，他都是认真扎实、精益求精地备课、授业、解惑，启迪学生思维，培养学生动手、动脑和创新能力。为了扩大学生的知识面，满足培养和提高学生能力的需要，还为学生开设专题讲座，组织开展课堂讨论、撰写小论文等，提高了学生专业学习的兴趣、夯实了学生的专业根基。他尊重和关心学生，与学生谈心交朋友，使学生健康成长。李先生一贯忠诚教育事业，一丝不苟，在教学中任劳任怨，桃李遍陇上，深受学生们的爱戴和敬重。

李先生十分注重以科研促教学、以教研促教改，认为想要给学生一杯水，教师就要有一桶水，严师出高徒，要想学生事业有成就，教师就要有过硬的本领。他说："没有扎实的科研，就没有高水平的教学。"他坚持及时将自己的研究成果转化为课堂教学的内容，见解精辟，益人心智，增加了教学内容的学术含量，培养了学生的学术兴趣。他所负责的《深化教育改革·完善教学管理》课题获 1997 年甘肃省教委优秀教学成果奖。在二十世纪八九十年代，高等教育改革还处于实践摸索的阶段，理论研究基础相对薄弱。李先生清醒地认识到，理论是实践的先导，没有理论的引领就很难有实践的突破，于是结合学校实践教学和课程改革的实际需要，突出师范教育特色，合著了《教育实习概论》(兰州大学出版社1989年7月版)。在教育改革不断深入的形势下,培养和提高师范学生综合素质能力,书面表达不能忽视。文书写作是教师连接广大群众和学生家长的纽带,师范院校文理科学生都必须提高写作水平,也是将来作者必备的重要素质之一。李先生提议对师范文理科学生开设了写作课,并合编了《应用文体写作概论》(陕西旅游出版社1992年6月版)。《教育实习概论》侧重于解决师范生实践教学的理论和方法问题,而《应用文体写作概论》则着力于培养学生的语言表述能力和规范文体表达方式,两者结合,就是要解决学生言和行的问题,根本目标就是要锻造学生的思维表达和实际操作能力。

从教之余,李先生致力于中国古代史、陇东区域史、陕甘边老区革命史、史学理论,以及教育教学管理等方面的研究,在先周史、秦直道、陇东革命史、陇东老区教育史、教育管理理论的研究中都有重要建树。先后发表学术论文80余篇,主编或参编学术著作八部。

在大学学习时,李先生从范文澜著《中国通史简编》中了解到,1920年桑志华在庆阳考古中获得三件旧石器时代的石制品,表明庆阳历史文化悠久,热爱之心油然而生。庆阳是甘肃唯一的革命老区,有着丰富的红色文化资源。1958年暑假期间庆阳县组织中小学教师在庆城学习,并安排到北干渠修水利,李先生听说五蛟村有不少老红军后,就利用工余时间去访问了老红军,了解到刘志丹、谢子长、习仲勋等老一辈无产阶级革命家在陇东、陕北等地开展革命斗争的许多故事。庆阳师范学校校长、党支部书记王恩泽也曾对李先生讲述过陕甘边革命斗争以及老区教育和整风运动的一些情况,从而激发了他研究革命老区历史、宣传革命历史事迹的热情。

在先秦史研究方面,他发表了《井田制和农村公社》(《人文杂志》1982年增刊)一文,否定了"井田制作为一种土地制度"的观点,提出并论证了"井田制是一种耕作制度"的新论点,受到史学界的关注。《试论先周文化渊源》(《社会科学》1981年第1期)一文,系统地讨论了周人文化渊源问题,论据充分,观点新颖,与其所著《周人未臣服殷商——辨》,被《历史年鉴》作为当年年度我国史学研究的突出成果进行了评价。《公刘迁豳辨析》(《社会科学》1985年第1期),对周人的起源及公刘迁豳提出了新说,认为陇东庆阳地区是周人的发祥地之一,公刘是由北豳迁至豳地。他还以先秦文化研究为基础,对古代方国、西北史地进行了研究,如《密须国初探》(《陕西师大学报》1989年第4期)。专著《先秦历史文化探微》(甘肃人民出版社2006年6月版)从中国的奴隶制和国家、先夏历史文化、先周历史文化、西周与东周历史文化、陇东方国文化、区域历史文化等方面对先秦历史文化进行多角度、多领域的探幽发微,中国先秦史学会会长、清华大学博士生导师李学勤教授为该书的出版题词"弘扬祖国文化,探索古史幽微"予以祝贺。

在古籍整理方面,李先生深感对号称"东汉三贤"之一的甘肃镇原籍学者王符研究不够,于是,悉心研究,以中华书局《潜夫论笺校正》为基础,参考前贤诸多成就,与他人合作撰写《王符〈潜夫论〉译注》(甘肃人民出版社1991年9月版),对《卜列》至《叙录》的12篇文章作了注释和翻译,便于一般读者阅览。

在秦直道的研究方面,李先生通过详实的史料和多次实地考察,发表系列论文5篇,纠正了甘肃境内无秦直道的观点,弄清了秦直道的具体走向、修筑方法、直道的宽度和军事设防等问题,为进一步研究先秦和秦代交通史提供了新的依据。这组论文被评为甘肃省教委第三次社会科学优秀成果一等奖。

在陇东革命史方面,出版了一系列的著作。由于复杂的历史原因,关于陕甘边根据地的研究在很长一个时期成为学术禁区,许多研究者视为畏途,不敢越雷池一步。李先生不畏艰难险阻,勇于探索,在革命老区数次实地考察,走访历史当事人和知情人,搜集第一手资料,深入开展研究,主编了《陇东老区教育史》(甘肃教育出版社 1988年 4 月版)、合著《陇东老区政权史》(兰州大学出版社 1994 年 4 月版)、《陇东老区红军史》(兰州大学出版社 1996 年 4 月版)等论著。

二

纵观李先生的学术生涯和研究成果,能够看出这样五个特点。

第一,尊师传道,学有所承。李先生早年就读于四川大学,进校的第一学期聆听了徐中舒先生的中国通史先秦史段的讲授和教诲,四年级时选修了徐先生的先秦历史,1979 年 3 月参加教育部在四川大学开办的由徐先生主讲的先秦史教师进修班研修活动,对徐先生的研究方法有着较为深刻的认识。徐中舒先生将古文字学与民族学、社会学、古典文献学和历史学结合起来,创造性地把王国维开创的"二重证据法"发展成为"多重证据法",惠及后学。李先生在《先秦历史文化探微》的前言中坦言"这本书的出版也是我学习运用徐中舒师'治史'思想和'治史'方法的结晶。"具体而言,就是从中国古代历史实际出发,运用文献、文字、考古、民族、民俗、实地考察等"多重证据法",求得历史的真实性、合理性。在研究秦直道的过程中,遵循徐中舒先生多重证法的教导,阅读《史记》和方志《元和郡县图志》《读史方舆纪要》,赵本植编《庆阳府志》和庆阳地区博物馆的考古资料,结合实地考察中发现的考古遗迹进行综合分析,并多次进行复察,弄清了秦直道由陕西淳化县北梁武帝村开始进入子午岭西端山梁——甘泉山,由旬邑石门关进入甘肃省庆阳地区正宁县刘家店,沿分水岭到陕西定边县,秦直道经庆阳地区正宁县、宁县、合水县、华池县四县的大部或小部分地方的具体走向,行程 290 公里,发现了秦汉时期的关隘、城郭和兵站等重要遗址,证实了秦直道经过庆阳地区。《周祖文化研究》中关于"豳"字渊源的考证,也很好地继承了"多重证据法"的方法。

第二,求真求实,知人论世。在了解一个历史人物时,必须先研究他所处的时代背景及其遭逢,《孟子》说:"颂其诗,读其书,不知其人可乎? 是以论其世也。"戚本禹在《历史研究》1963 年第 4 期发表《评李秀成自述——并同罗尔纲、梁岵庐、吕集义等先生商榷》,通过一些推论,断言忠王不"忠",反对"历史局限性"问题,认为《李秀成自述》"是一个背叛太平天国革命事业的'自白书'",直截了当地把李秀成描绘成一个投降变节的"叛徒","认贼作父",并因此迅速蹿红,风光无限。这种不顾客观历史环境而空洞褒贬议论严重背离了知人论世的原则,历史评价严重失实,给学术发展带来严重的不良后果。翦伯赞先生指出,"李秀成在太平天国革命史上功勋卓著,在国内外的名声都很大,作为历史上的农民出身的农民革命领袖,评价应当慎重,应当看主流,看大节。"李先生在 1956 年所写的学年论文是《论李秀成》,对李秀成的功过是非有着一定的认识。他认为戚本禹的观点有失偏颇,因此向甘肃省历史学会提交了《忠王名字永不忘》的论文,纪念李秀成被害一百周年。文章依据历史事实肯定了李秀成的功绩,并与戚本禹商榷。在那个特殊的年代,这是需要很大的理论勇气的。这篇文章给李先生带来了诸多的灾难,受到批判,下放农场,降低工资。1979 年,甘肃省历史学会给李先生进行了平反,多年后偶然有人提及此事,李先生只是淡然一笑,并未对这样的做法表示后悔。1964 年8 月李先生撰写了《不同意用这两种方法来研究〈李秀成自述〉》,1979 年元月写了《评李秀成》,1980 年 7 月又撰写《关于评李秀成的几个问题》,这些文章由于种种原因没有公开发表,但通过题目可以看出,对于李秀成问题的研究,李先生始终反对苛求古人,坚持实事求是，护惜古人之苦心。在《论史学价值的实现》(《庆阳师专学报》1995年第1期)中分析指出，对历史主义的批判导致历史虚无主义的恶性泛滥，"所谓为革命研究历史不是强调史学的革命性，而是要求史学跟在现行政策的后边，为现行政策做注脚，根据政治私欲随意改铸历史……史学价值的迷失是史学虚效（负价值）的暴露，是由于社会主体不能或不愿深刻地理解客观历史发展的事实，忽视或无视历史与现实既有联系又有区别的辩证关系而产生的肤浅的历史观念。无论把现实古典化还是把历史现代化，都是对史学价值的曲解。"在《替鲧翻案》(《社科纵横》2002年第1期)依然坚持求真求实的态度，征引大量的史料，探讨鲧被杀的深层原因，认为鲧之被"殛"并非治水无绩，而是参与争夺联盟领导权的斗争，反对舜为盟主失利所致。鲧在不同时间、不同地域、采用的防水治水的不同方法，既有"堙"，也有"决"，并不是只"堙"不"疏"，这在当时代表了防水治水的最高水平，为后人提供了有益的借鉴，其治水的功绩应当充分肯定。可见，李先生恪守治史准则，实事求是，不唯书，不唯上，在四十多年的学术活动中一以贯之，其研究成果中可圈可点之处颇多，与这种正确的治学态度不无关系。

第三，考而后信，行而后知。李先生治学严谨，脚踏实地，把历史科学研究与社会调查紧密结合，多次采访老干部，阅读有关档案材料，发表了多篇陕甘边及陕甘宁边区革命历史的文章。1984年参加了甘肃省教育厅领导，庆阳行署、庆阳师专参与的《陇东老区教育史》的编写工作，广泛收集整理有关教育方面的历史档案，多次采访老革命干部和召开老干部座谈会，他所获得的历史认识和体会，都是在庆阳四十多年工作中，通过多次调研、考察、采访革命老干部、革命军人，阅读历史档案、历史文献、考古材料以及实地考察才得以形成的。1975年，史念海先生发表了《秦始皇直道遗迹的探索》指出"秦直道由秦林光宫(汉甘泉宫——今陕西淳化县北梁武帝村)开始沿子午岭主脉北行,经旬邑县石门关入今甘肃境,出华池县至陕西定边县,然后达内蒙古自治区包头市西"。有学者认为秦直道未经过甘肃境内,说"甘肃一侧的古道在地图上的位置绕了一个大弯,不能说是直道。……甘肃一侧的古道标准宽度只有 4 米左右,……陕西一侧的古道标准宽度为 13 米。……甘肃古道西侧发现的多是宋代历史文化遗迹,而陕西古道……多秦汉历史文化遗迹"。还有人认为子午岭东侧的路线在 30 米~45 米之间,比子午岭西侧的路线宽度多一到三倍。为搞清楚直道是否经过甘肃庆阳地区境内,李先生向省教委二处申请立项实地考察。获得批准立项后,在庆阳师专、庆阳地区博物馆等单位的支持配合下,于 1989 年 4—5 月牵头组建研究团队开始考察工作。在对直道进行的田野调查过程中,还发现了新石器时代仰韶文化、齐家文化四处,西周文化遗址七处。经实地勘测发现子午岭路段的直道是在原西周至战国时期车道基础上修筑的。子午岭,子为北,午为南,即南北走向的山岭之意,直道与子午岭的走向是一致的,即直道经子午岭路段的。对秦直道的许多见解就是出自李先生实地踏勘后的感悟,"直道所经子午岭山区是沿子午岭主峰由南向北行进的,应该说主峰上早就存在着一条小道,直道是在原有道路基础上修建的,否则这条道路的测量问题在短时期内也难以顺利进行",而秦直道的历史价值,"除具有军事意义,增强秦王朝军事防御体系力量外,还有更为重大的政治、经济、文化方面的战略上的意义。"对于秦直道大多在陕西境内、甘肃境内的可能是秦通向西北的故道而不是秦直道的说法,李先生经过仔细的田野调查和充分的论证,详细记述秦直道在甘肃境内的经行,认为折向东北而去的观点不能成立,"因为很明显这是用子午岭的支脉去代替子午岭的主脉,正南北方向改变为东北方向,是与直道的行进方向不相符合,而且子午岭支脉甚多，必然要下山、上山或过河，诸多不便，只有子午岭主脉才能贯通。"可见，李先生的研究工作不是关进书斋寻章摘句，或者不顾实际随意臆断，而是走进历史现场，感悟历史氛围，与历史人物和历史事件进行潜对话，是接地气的。田野调查工作对于李先生的研究起到了重要的作用。李先生还带领学生到陕西省宝鸡、周原、乾陵等地参观考古发掘文物，以及指导检查学生在庆阳、平凉地区及长庆油田中学进行教育教学实习工作，将古人"读万卷书，行万里路"的思想灌输给学生，取得了良好的效果。

第四，勤于思考，勇于创新。黄帝是中华民族的祖先，其对制度文化的开创很少有人做出系统的论证，李先生不停留于泛泛而谈，而是深入发掘，认真思考，在《黄帝开创的制度文化》中做出全面的论断。《从〈潜夫论〉中对羌汉战事的论述看王符思想的先秦西部思想文化特色》从字源上考证了王符的名、字、号（"符""信""潜""潜夫"）的含义，进而提出，"从对王符和《潜夫论》的名释中不难看出先秦西部思想文化在王符思想中的巨大魅力"。文章《论子午岭秦直道的修筑和军事防御体系设置》认为"子午岭秦直道上的关隘、烽燧、兵站等均系防御信号体系都是经过认真的选择和细心的研究，根据其不同的用途，设置在不同的地形特点和地理位置上的，这种防御体系的完备性和设置的科学性，显现了秦朝军事科学发展到了一个相当高的程度"，观点言之成理，持之有故。文章千古事，得失寸心知。没有深入的思索和不懈的努力，就很难有见解上的突破；没有缜密的分析和推论，就很难有认识上的创获。这也正是李先生取得历史研究创新性成果的密码。

第五，终身研学，新见迭出。李先生的教育教学生涯四十多年，而其研究活动则并未随着退休而画上句号。退休之后取得了一系列研究成果，既有对此前研究得延续，也有新的学术拓展。特别是关于南梁精神的研究,是在其 80 多岁时完成的,这需要乐学不知疲倦的毅力,需要有一种超功利的学术坚守,表现出强烈的历史使命和诚挚的学术情怀。李先生没有停留于就精神谈精神,而是从《辞海》中关于"精神"的解释入手,提出要"从古代以来陕甘边人民的民俗民情、优秀品质素养、战略战术、战斗精神诸多方面揭示陕甘边地区地域环境、人文特色及优秀文化传统阐明南梁精神的诸多因子和历史渊源"。2018 年 10 月,陇东学院四十周年校庆之际召开了"从南湖驶来,在南梁兴起:南梁精神学术研讨会",提交了一篇 11000 多字的论文,题目为《区域地理环境和优秀文化传统的统一——南梁精神解读》,并在研讨会上饱含激情慷慨陈词,表达自己对陕甘边革命根据地和南梁精神的独特见解,以及对在校师生学习和研究工作的期望,声音洪亮底气十足,尽显学界老骥壮心未已的飞扬神采,与会师生深受感动。之后被陇东学院评为"校庆感动人物"。

三

学者的学术生命力在于推动认识的进步。李先生利用考古材料、文献资料、地方志阐明庆阳是周人发祥地之一,是庆阳地区最先比较系统地研究先周历史的开拓者,《试论先周文化渊源》(《社会科学》1981 年第 1 期)认为庆阳是周部族的发祥地之一,后稷是传说人物,周人真正的始祖是不窋。《公刘迁豳辨析》(《社会科学》1985 年第 1 期)认为公刘出生在庆阳,并非从武功迁至豳地,而是从北豳(庆阳北部)迁至南豳(宁县、正宁、旬邑一带)。从知网上查知,两篇文章被学术界下载了 800 多次,引用了 30 多次。

李先生的秦直道研究,在学术界产生了很大的影响。史念海先生在《黄土高原历史地理研究》一书的前言中说:"我的这番考证,后来得到李仲立同志的证明。李仲立同志在子午岭北段实地探索,证明我的考证并非虚语。李仲立同志撰写有《甘肃庆阳地区秦直道考察报告》,揭载于《甘肃社会科学》。据其所记,直道由南向北,经过合水县到青龙山,沿合水、华池两县分水岭向西北延伸,纵贯华池县境,经过老爷岭、墩儿山,到陕甘两省交叉处,直过营崾崄"(前言第 11 页);"子午岭北段的直道遗迹,后来得到李仲立同志的考察……现在也有些人侈谈直道,话说的不少,可能就没有登上子午岭,走过这段直道,更不要说子午岭的北段了"(前言第 27—28 页)。这段话既是对李先生研究成果的认可,也是对其不辞辛苦开展田野调查工作的赞赏。

李先生在陇东老区研究方面取得的成就,得到广泛的认可。《社科纵横·陇上社科人物》称赞这些成就"全面地、系统地肯定了陇东老区政权建设和教育发展的成就,阐述了各个历史时期的特点,揭示了发展规律,赋予地方特色,具有现实意义,填补了学术研究的空白。"《陇东老区教育史》总结了陇东老区继承教育传统,改造旧教育,贯彻党在三个历史时期教育方针政策,服务革命战争,多种形式办学、扫盲,提高中、小学教育质量等方面的经验和教训,为陕甘边老区教育史的编写提供了资料,第一次系统地阐述了我党在陇东老区不同阶段教育的发展历程和宝贵经验,对庆阳全区教育事业的发展起到了很好的借鉴和促进作用。1990 年 7 月获甘肃省教委 1979—1989 社会科学优秀成果二等奖,1991 年获中共甘肃省委、甘肃省政府第二届优秀图书奖。这本书的出版也受到中央领导同志的关注。曾在庆阳老区工作过的中央领导习仲勋同志为本书题写书名,耿飚、张才千、马文瑞等为本书题词。这也充分表明老一辈革命家时时事事对庆阳老区人民的深深关怀之情。学术界对这本书也很重视,西北师范大学教授宋仲福先生在编著的《中国现代史》中也多次引用《陇东老区教育史》。著名先秦史学家、陕西师范大学教授斯维至先生看到《陇东老区教育史》后说:"不但可以见其辛勤搜集整理之功,而且可以见其古今一贯的历史科学方法,是一部很有特色的教育史的专著"。1995年10月,湖北省图书馆中文编目部致信说:"由于您可贵的探索精神,《陇东老区教育史》大作,其观点真知灼见,带有填补学术研究领域空白的性质,……定会使读者受到教益"。

作为教育管理工作者和一线教育工作者,李先生认识到教育实习是师范院校一个十分重要的教学环节,必须将教育理论和教育实践密切结合起来,搞清楚为什么和怎么做的问题。结合实际体会编写的《教育实习概论》阐述了教育实习的作用、组织形式和方法、教育实习的内容、目标管理、质量管控、成绩评定、实习指导教师的基本条件与工作职责等,系统地探讨了教育实习的基本规律和原则,还简要阐述了国外教育实习动态及其启示。著名教育家、西北师范大学教授李秉德先生在为该书撰写的序言中评价说:"这本书的体系是相当完整的,它把实习各方面的重大问题都说到了。内容也相当丰富,甚至还介绍了7个国家的教育实习的情况供我们参考,使读者开了眼界,可以看出本书的编者们的编写态度是严肃的,他们为编写这本书是下了很大功夫的。"李秉德先生曾经在五十年代主编过《教育实习》,由于诸多原因未能出版,看到李先生主编的《教育实习概论》后感慨道,这本书"在一定程度上弥补了我对那段往事的遗憾"。 该书受到教育界的欢迎,1992年获甘肃省教委优秀教材二等奖。河南教育学院教务处于二十世纪九十年代致信庆阳师专教务处负责同志索购,希望以这本书作为学习和指导他们学院教育实习工作的教材。

四

本书所收录的26篇文章,大致代表了李先生数十年来研究先秦秦汉历史、革命传统、史学理论、教育教学管理等四个方面的学术成就,是对李先生庆阳教学和研究工作印迹的存留和回放。对于一所知名高校而言,学有专攻是对学者的基本要求。而地方高校的教师,却不得不考虑特定区域文化资源的特点进行跨时代、跨领域的研究,研究领域显得有些庞杂,但这一点也不影响对问题的深入探讨。李仲立先生的研究就是这样, 他所作的研究的聚焦点大多与陇东这块文化厚土有关。

李先生治学的严谨,在对于黄帝问题的认识上得到充分体现。李先生认为,传说中的黄帝并不是什么神和仙,而是真实存在过的部族和人物,是上古时代的英雄人物,是中华民族的人文初祖。对黄帝时代历史的剖析,不仅对我们认清黄帝文化的内涵、实质、精神、特征,以及黄帝文化与中华文化、传统文化的关系,而且对于认识社会发展与文化发展的联动作用具有重要意义。二十世纪九十年代,庆阳一些文史工作者有意拔高当地历史,不断抬高甘肃正宁黄帝陵,大有争取正统和独尊地位以压倒他处的气势。李先生冷静分析黄帝陵(冢)问题,认真梳理了其中较有代表性的七种说法,建议不要厚此薄彼,应将其作为一种文化现象来对待,认为"从文字记载上讲,时间有先后之别,但很难说有什么真假之分,因为都是根据传说而记载下来的,而且这七处都有一定的依据,只能视为是从不同角度、不同层面来反映了黄帝文化地域的广泛性和内核的多样性,都是值得珍视的宝贵的历史文化遗产。"对于古代王正编纂《真宁县志》时将历代流传的关于黄帝冢的材料删除,李先生很不赞成,"如以王正之轻率地'削去',那么正宁县黄帝冢传说历史就被淹没了。从这个意义讲,王正对待传统历史文化的态度是不够端正的,对待历史是不严肃的。"不跟风虚说,不厚此薄彼,也不厚彼薄此,不轻易否定前人的记载,这就是史学工作者应该持有的实事求是、无证不信,信以传信、疑以传疑的态度。

对于周先祖文化的研究,李先生认为不窋以来,周人长期居豳,可以说是庆阳的拓荒者。周祖文化既是周部族起始阶段的文化,也是一种区域文化,是与周部族活动联系在一起的地域文化,其特色是窑洞文化、非纯农业文化和质朴文化。对于秦直道的研究,结合历史文献和实地考察,对秦直道子午岭段的走向、重要遗址、遗迹、历史地位和久远影响做出了系统的研判,以丰富的史实和科学的论证澄清了许多问题。

对于革命传统的研究,李先生认为,老区革命传统是关于党的建设和社会主义精神文明建设的重要课题,也是对全国人民进行传统教育的主要内容。本书收录的两篇文章,大致反映了李先生在这一领域的主要观点。《老区革命传统简论》分析了老区革命传统的形成、内容和实质及其历史地位《区域地理环境和优秀文化传统的统一——南梁精神解读》认为,以南梁为中心的陕甘边根据地是经过多次革命实践,在血与火的考验中,在与"左"倾机会主义的斗争中逐步建立起来的。特定的区域地理环境,特有的历史文化传统是陕甘边根据地创建的客观条件。正是刘志丹、谢子长、习仲勋等老一辈无产阶级革命家在创建陕甘边革命根据地过程中形成的将区域地理环境和优秀文化传统相统一的南梁精神的结晶。这些论述在今天传承红色基因,赓续红色血脉的革命传统教育中依然有重要的参考价值。

李先生立足庆阳,大多文章围绕庆阳历史文化资源展开论述,但不局限于只是做一些"小历史"的研究。本书收录的关于中华人文始祖研究的系列文章,则反映出作者开阔的视野、丰赡的资料积累、深厚的学术功底和极强的研究能力。

历史学是中国传统学术的大宗,在古代目录学四部(经史子集)中排在第二位。可是在二十个世纪八九十年代社会上出现了"史学危机"的说法,认为历史科学在现代化建设中丧失了作用。如果不予以澄清,则有可能影响历史学的健康,动摇和损害史学工作者的研究热情。回应社会的诘难,坚定史学从业者的信心,成为当务之急。李先生认为"史学价值即史学的有用性、有效性、集中体现在它的有益于社会有益于人生"。对于史学危机的声音也不是一味地批驳，而是冷静地分析其产生的原因，"八十年代以来的史学危机呼声体现了史学工作者和社会大众不满史学的现状，要求史学与时代接轨，积极参与社会创造的愿望。"只有了解了根源，才能对症下药，提出解决问题的有效途径，如改进研究方法、调整研究选题、提高史学成果传播的效益、改进史学表述的手法等。对于史学价值的研究，体现了史学工作者"以良史之忧忧天下"的优良传统。

对于一个终身从事历史学的教学者，专注于史学价值和教育教学方面的研究，则是出自内心的责任。教育教学中要不要改革，如何改革等问题，是在工作和学习中遇到的现实问题，不能回避，只能面对。李先生坚持历史唯物主义和唯物辩证法思想，阐明历史科学价值和按照教育自身的规律，根据教育层次和受教育对象的不同，从实际出发，从有利于学生健康成长，成为热爱党、热爱中国特色社会主义事业接班人的要求对教学管理、教学方法、教材内容、课程体系进行全面的改革。书中收录的关于学风教育、爱国主义教育、教育教学改革、专业改造等问题的研究，则具有普遍性的意义，反映了一位教育工作者崇高的教育情怀和使命担当。

由于体例的要求，本书不可能尽揽李先生的学术成果。为了弥补这种缺憾，本书以《李仲立论著目录》作为附录，使读者可以通过这个简要的索引，对李先生四十年学术生涯及其成就进行学术巡游，了解其大概，理解其思想。

五

陇东地区有着深厚的文化底蕴，无论是古代文化还是现代红色文化都有许多得天独厚的丰富资源，如先周历史、秦直道、陕甘边根据地史、陕甘宁边区史等,既有鲜明的区域特点,又具有不可替代的全国意义。由于特殊的地理位置和复杂的历史原因,很长时间被学界忽略,出现研究迟缓,成果产出少,历史地位不被认可的窘状。陇东学院(原庆阳师专)的几代文史工作者自觉承担起调查、发掘、整理资料,开展深入研究的工作,不断缩短与全国学术发展的差距,不断打破闭门造车自说自话的局面,在诸多研究领域实现了与全国学界的接轨。在这诸多领域的研究工作中,李先生无疑是多有开创之功。李先生的学术活动,在三个方面不断得到回响。

一是社会效应的强烈回响。二十一世纪以来庆阳市注意对当地文化资源的发掘,首先是先周文化资源的开发运用,其次是陇东老区红色文化的研究,后来逐渐集中到周祖文化、革命历史、陇东民俗、岐黄文化的研究和传承,凝练成红色文化、岐黄文化、农耕文化、民俗文化四大特色文化。而对于上述四种文化资源的发掘和整理,如果要进行学术史溯源,都绕不开李先生。庆阳连续举办的农耕文化节、香包民俗文化节等,都能从李先生的研究成果中找到事实证据和理论支撑,因此在多次节会期间举办的研讨会中都要邀请李先生。《中国文物报》《甘肃日报》《陇东报》《庆阳师专报》等先后刊发《李仲立等实地考查证实我省境内确有秦直道》《李仲立刘得祯等实地考察证实我区境内确有秦直道》《李仲立教授调查证实秦直道曾经过甘肃》《子午岭上看秦直道》《李仲立刘得祯实地考察解疑释惑秦直道横穿庆阳子午岭主峰》《史学疑团被解甘肃确有秦直道》等文章,介绍李先生等人秦直道研究的重大学术进展,在社会各界引起了巨大的反响。庆阳媒体广泛宣传的"秦直道是古代第一条高速公路",实际上是演绎李先生"就陇东境内的直道而言,可以说是我国第一条山区公路""甚至可以视为当时一条高速公路"的观点,两者的区别只在于一个严谨平实,一个夸张渲染,实际上是用大众化的语言、普及化的形式传递历史文化研究的火炬。李先生《论秦直道与秦长城的关系》较早关注到秦长城与秦直道的关系,认为庆阳境内秦昭王时所建之长城遗迹之存在,为我们论述直道与长城的关系提供了难得的线索和依据,"秦长城与秦直道间各自形成的军事防御体系,在一旦发生战争的情况下,它们间相互作用,相互联系,相互影响,相互促进,则大大地强化了秦对匈奴的抵御能力,强化了秦王朝的军事防御体系。这一点,西汉王朝与匈奴的战争中表现得非常突出。"文章发表多年之后,纪录片《黄土大塬》脚本中的一段话生动地诠释上述观点:"如果说长城像一面横挡着的盾,那么秦直道就是一柄直刺而出的矛;如果说长城是一张拉开的弓,那么秦直道就是一支即将飞出的箭"。这一形象的说明,恰好表明了战国秦长城与秦直道在历史上的重要作用和相互关联,很好地印证了《论秦直道与秦长城的关系》的基本观点。

二是学术研究的持续回响。范仲淹戍守庆州,是其仕途的一个重要转折点,以前却很少有学者论及。李先生 1986 年在《西北史地》发表《范仲淹在庆州》,以丰富的史料和缜密的论证,阐明了范仲淹知庆州的历史地位和历史贡献,开启了庆阳学人研究范仲淹知庆州历史与功业的先河。现在有关范仲淹知庆州的研究已形成一支颇有影响的地方文史学者群体,在全国已经形成气候。陇东学院有着研究区域历史文化的传统,几代学人对区域历史的探讨虽然侧重点不尽相同,但大致都离不开先周历史、义渠戎国、战国秦长城、秦直道、范仲淹戍边、陕甘边根据地史、陕甘宁边区史、以老区精神、南梁精神为代表的老区革命传统等重大课题,可以说都是对以李先生等为代表的前辈们的研究薪火传递,是历史知识传播和学术观点接受、传承、创新的结果。

三是专业设置、学科建设的悠长回响。1978 年 12 月 28 日国务院批准成立庆阳师范专科学校后,李先生积极为开办历史专业做准备,他被任命为历史科副主任,全面负责历史科工作,还兼任班主任。在二十世纪八九十年代,省内几所师专中只有庆阳师专设有历史系,其他几家均为政史系。那一代学人一开始就认识到历史学的作用,四十多年来为庆阳、平凉、定西等地培养了大量优秀的中小学历史教师,也为庆阳师专和升本后的陇东学院历史学科的发展奠定了基础。2019 年陇东学院的中国史学科被确定为省级重点学科。在撰写省级重点学科申报书的过程中,学科团队成员仔细盘点了四十年来本单位中国史学科在教学和科研方面取得的成就,根据主要研究领域、特色与优势,凝练出三个学科方向。结果发现,每个方向上都有李先生的早期成果,都有那一代教师筚路蓝缕以启山林的足迹。龚自珍自称"一事平生无齮齕,但开风气不为师",意思是我平生所作所为只有一件事情是幸运的而没有招致毁伤,那就是我只以著书立说来开启一代风气,绝不开门招集生徒、好为人师。套用这个诗句,我们觉得李先生对于陇东学院中国史学科的发展的贡献是"一事平生有嘉誉,亦开风气亦为师"。李先生的研究成果,特别是关于秦直道、先周文化以及陇东革命文化方面,都有独到的历史见解,是陇东历史文化研究的源头活水,是陇东学院历史学专业的创设、中国史学科的发展、历史研究工作的起点和来时的路。

作为后学,作为陇东学院一位普通的史学工作者,我深受李先生的影响。记得二十世纪九十年代刚从偏僻的农村中学调进庆阳师专不久,没有一点学术积累,也找不到一个研究课题,只是乱翻资料苦苦思索,陷入"独上高楼,望断天涯路"的窘迫境地。李先生热情鼓励我结合实际、找准方向,在史学危机论的情况下,以史学理论为切入点,探讨史学价值。后来涉足农耕文化研究,是在阅读李先生关于先周文化论述的基础上展开的;再后来又作了一点有关南梁精神方面的研究,是在拜读了李先生《陇东老区教育史》《陇东老区政权史》以及他在《庆阳师专学报》上发表的《陇东革命根据地史稿》之后慢慢介入的;我对秦直道沿线佛教遗存的考察以及撰写《秦直道与子午岭沿线的佛教遗存》,是在《甘肃庆阳地区秦直道考察报告》的启发下着手进行的。我在撰写《庆阳通史》上卷时,也多次征引李先生的论述。现在有幸与董积生先生一起编选本书,使我有机会重新学习李先生的重要见解,系统了解李先生做人作文章的心路历程,也引起了我对所在单位学术发展以及我个人治学历程的回顾和返思。相信这本选集的出版,能够对先秦秦汉史研究、陇东老区历史研究、师范教育教学研究起到积极的推动作用。

《陇上学人文存·李仲立卷》得以编纂和出版,首先要感谢甘肃省社会科学院同志的支持和帮助,将李仲立先生及其学术成果列入丛书系列。其次要感谢陇东学院党政领导的关心和爱护,还有省内外学界前贤的启示和激励,未能指名道姓,请予谅解。第三要感谢李先生的夫人游利彬老师及其子女们。游老师在岗时除完成她自身的工作外,还协助李先生查找资料并承担着全部的家务,使他全身心地投入到学校管理和教学科研工作中,是李先生取得如此丰硕的教学科研成果的坚强后盾。李先生的子女们秉承家教,学有所成,均任教于省内各高校,可谓书香满门,他们对父亲的执着追求予以理解和支持。对于该书的谋篇布局、文章体例的统一、注释的规范处理等,李先生都一一审定;游老师和子女们也在李先生生平简历的梳理、论著目录的编订、出版程序的履行等方面做了大量的工作;特别是儿媳赵志霞为本书文稿收集、打印,付出了辛劳的工作,加快了书稿编纂的进程。最后还要感谢甘肃人民出版社和本卷责任编辑董积生先生,由于你们的认真高效以及精细校勘,减少了行文中的衍讹脱误,使本书增色不少。

董积生　刘治立

古代历史研究

黄帝与黄帝时代

人类早期的历史,都是口耳相传而被后人用文字记载下来的。远古历史上发生的事情、事件、出现的氏族、部落、人物等等都是传说历史。这些传说历史,有些演变为神话。而这些传说的历史或神话是含有其真实历史的素底。

我国历史上的黄帝,正是传说历史时期的人物。经过三千多年来我国众多人士的研究,传说中的黄帝并不是什么神和仙,而是真实存在过的部族和人物,并且还肯定黄帝是上古时代的英雄人物,是中华民族的人文初祖。

(一)

有关黄帝的文字记载,目前史学界已确定最早的是距黄帝时代已有二千多年的《逸周书·尝麦》篇。过去人们认为《逸周书》是伪书。李学勤先生认为《逸周书·尝麦》篇是西周文献,形成于穆王初年,这一认识得到学术界的认同。《逸周书·尝麦》载:"昔天之初,□作二后,乃设建典,命赤帝分正二卿,命蚩尤宇于少昊,以治四方,司□□上天未成之庆,蚩尤乃逐帝,争于涿鹿之阿,九隅无遗,赤帝大慑,乃说于黄帝,执蚩尤杀之于中冀,以甲兵释怒,相大正,顺天思序,纪于大帝,用名之曰:'绝辔之野',乃命少昊清司马鸟师,以正五帝之官,故曰:'质',天用大成,至于今不乱"。这是讲炎帝受到蚩尤的攻击,炎帝与黄帝联合战败蚩尤之事。迄后载黄帝事迹的有《国语》《左传》《世本》

《庄子》《管子》《尸子》《吕氏春秋》《穆天子传》《山海经》等十余种文献。

上述这些文献,虽然早出,一般地说它们对黄帝的记载,可信度很高,但也距传说的黄帝时代已有两千多年,不可避免地也存在着与黄帝时代的历史真实不完全符合的情况。如《逸周书·尝麦》说赤帝有二卿。"卿"这一称号在西周时才出现,炎帝时候是不可能有"卿"的称号,这只能是作者将西周人的观念无意中添加到传说时代去了。

秦始皇统一六国后,特别是从汉代到中华人民共和国成立,有关传说时代黄帝事迹的记载更多,遍及于经、史、子、集、类书和方志中(基本多是对《史记》所载黄帝事迹的增补、充实和诠释),大概有一百多种(不包括研究黄帝的论文),尤为重要的是司马迁著的《史记》。

司马迁,秉承父业,继为史官。从小就受到治史的熏陶育养,有很高的史智,又有阅读皇家所藏众多典籍、牒谱的优越条件,获得了广博精深的知识,上通天文历法,下晓地理博物。他还躬行实地调研考察遗址、遗物,走访长老与民众,对民俗、民风、民间故事、传说多有了解。司马迁治学严谨,勤于辨伪,不囿陈说,敢为人先。在对待远古传说上他十分谨慎。他说:"学者多称五帝,尚矣。然《尚书》独载尧以来,而百家言黄帝,其文不雅驯,荐绅先生难言之。孔子所传宰予问《五帝德》及《帝系姓》儒者或不传。余尝西至空桐,北过涿鹿,东渐于海,南浮江淮矣。至长老各往往称黄帝、尧、舜之处,风教固殊焉。总之,不离古文者近是。予观《春秋》《国语》,发明《五帝德》《帝系姓》章矣,……其所皆表见不虚"。他认为有关黄帝的传说有其历史的真实性。在《史记·货殖列传》中说:"夫神农以前,吾不知已"。又在《史记·大宛列传》中说:"《山海经》所有怪物,余不敢言也"。他以《世本》为依据,将《五帝本纪》作为《史记》的开篇,而《五帝本纪》中又从写黄帝史事开端。这就确立了以黄帝为首的五帝系统为我国的古史系统,去掉了附着在五帝身上的神话色彩,还原了传说黄帝时代的基本历史真相。其意义是深远的,这不仅肯定了黄帝在中国历史上崇高的历史地位,而且还认为黄帝时已有财产和人身的等级差别,有其管辖的广阔地域,构建了公共权力机关——国家机构,设官治民,并建立有一些制度,有历法、衣冠、礼仪、祭祀、图画,实现了部族的联合与统一,即"万国和"。在生产方面,有初始的农业、牧业、手工业。能制造和使用的陶器、铜器和玉器,这些都向人们表明中国古代社会有了很大进步,由野蛮社会进入到文明社会。不过在《五帝本纪》中没有明确讲到文字问题。朱希祖先生说:"孔颖达《〈书〉疏》引《世本》:'苍颉作书',又云'司马迁、班固、韦诞、宋忠、傅玄,皆曰仓颉为黄帝之史'。(《尚书》伪孔序《正义》),迁之作史,多采《世本》,孔氏之言,必非虚造,迁以仓颉为黄帝史,固信而有征矣。……《史记》之不托始于神农以前,……夫以神农以前为结绳之世,则以黄帝时始有文字,彰彰明甚[①]"。

(二)

《国语·晋语》:"黄帝之子二十五人,其同姓者二人而已,唯青阳与夷鼓皆为己姓。……凡黄帝之子,二十五宗,其得姓者十四人为十二姓,姬、酉、祁、己、滕、箴、任、荀、僖、姞、儇、依是也。唯青阳与苍林氏同于黄帝,故皆为姬姓。同德之难也如是。昔少典娶于有蟜氏,生黄帝、炎帝。黄帝以姬水成,炎帝以姜水成。成而异德,故黄帝为姬,炎帝为姜,二帝用师以相济也,异德之故也"。依《国语·晋语》说,黄帝与炎帝为同胞兄弟,黄帝长于姬水而姓姬,炎帝长于姜水而姓姜。可是《世本·帝系》则说:"少典生轩辕,是为黄帝。黄帝生玄嚣,玄嚣生侨极,侨

---

①朱希祖:《〈史记〉本纪起于黄帝说》,《史地丛刊》第 1 卷第 1 期。

极生高辛,是为帝喾。帝喾生放勋,是为帝尧。黄帝生昌意,昌意生高阳,是为帝颛顼。颛顼生穷系,穷系生敬康,敬康生句芒,句芒生瞽叟,瞽叟生重华,是为帝舜、及象生敖。颛顼生鲧,鲧生高密,是为禹也。黄帝居轩辕之丘,娶于西陵氏之子,谓之嫘祖,产青阳及昌意"。《大戴礼记·五帝德》和《大戴礼记·帝系》的记载与《世本》同,并且未说黄帝与炎帝是同胞兄弟。《史记·五帝本纪》依《世本·帝系》和《大戴礼记·五帝德·帝系》确立了黄帝——颛顼——帝喾——尧——舜的五帝系统。对于黄帝,司马迁写道:"黄帝者,少典之子,姓公孙,名曰轩辕。……轩辕之时,神农氏世衰。诸侯相侵伐,……而蚩尤最为暴,……炎帝欲侵凌诸侯,……黄帝二十五子,其得姓者十四人。黄帝居轩辕之丘,而娶于西陵之女,是为嫘祖。嫘祖为黄帝正妃,生二子,其后皆有天下。司马迁在《史记·三代世表》中说:"黄帝号有熊"。《史记·五帝本纪》也未讲黄帝与炎帝是同胞兄弟,也没有把炎帝说成神农氏。在先秦古籍中炎帝和神农是分开的。《逸周书》《管子》《吕氏春秋》等对神农、炎帝都各有事迹记载。《史记·封禅书》明确指出:"神农封泰山,云云,炎帝封泰山,云云"。只是在刘歆编《世经》后炎帝和神农合为一人。此后《汉书·古今人表》中也就有"炎帝神农氏"之称了。总之,汉以后神农炎帝连称累见不鲜。

汉代以后,由于国内形势发展,需要进一步发扬黄帝精神,加强国家的统一,反对分裂,因此,不少学者深入地挖掘黄帝的有关资料,展开对黄帝一生活动以及思想的进一步研究,写了不少的著作。这些著作中涉及黄帝的出生,黄帝一生所成就的事业及其发明、道德精神等等。首先,黄帝出生地问题。《国语》《世本》《大戴礼记》《史记》都讲黄帝为少典所产,或谓少典之子。或者说黄帝长于姬水,或说居轩辕之丘。司马迁又说姓公孙,号有熊等等,如何认识和理解,司马贞《史记索隐》:"少典者,诸侯国名,非人名也。"《史记·秦本纪》载:颛顼之苗裔孙曰女脩,吞玄鸟之卵而生大业,大业娶少典而生柏翳。少典是国名或部落名,而非人名。我们可以理解为少典国或少典部族的后代。可是东汉王符并不认为黄帝为少典娶有蟜氏之子。他说:"大电绕枢炤野,感符宝,生黄帝轩辕"。又云炎帝:"有神农首出常羊,感任姒,生赤帝魁隗。身号炎帝,世号神农,代伏羲氏。"(《潜夫论·五德志》)黄帝、炎帝的母亲的第二种说法。黄帝是少典娶有蟜氏所生,还是感应所生,只知其母,不知其父呢?三国时的谯周《古史考》:"有熊国君少典之子也"。晋人皇甫谧著《帝王世纪》搜集的材料广泛,对黄帝事迹的记述也较完整。他说:"黄帝有熊氏,少典之子,姬姓也,母曰附宝,其先即炎帝母家有蟜氏之女,世与少典氏婚,故〈国语〉兼称焉。及神农末,少典氏又娶附宝,见大电光绕北斗枢星,照郊野,感附宝,孕二十五月,生黄帝于寿丘。长于姬水,龙颜,有圣德,受国于有熊,居轩辕之邱,故因以为名,又以为号。"这段话说明了1.轩辕黄帝是少典氏后代;2.少典氏与有蟜氏是世代通婚的部族;3.黄帝的母家与炎帝的母家都是有蟜氏,黄帝与炎帝本是表亲关系;4.轩辕黄帝出生于神农末期,生于寿丘;5.轩辕黄帝受国于有熊。不过,说附宝(即符宝)感怀孕二十五个月而生黄帝未脱其神话色彩。皇甫谧还明确指出:"有熊,今河南新郑是也。"可知皇甫谧认为轩辕黄帝出生在山东,后来到了河南新郑,成为有熊国国君。东晋王嘉《拾遗记》:"轩辕黄帝出自有熊之国。"即认为黄帝出自河南。北魏郦道元《水经注》卷二十二:"洧水又东迳新郑县故城中。……皇甫士安《帝王世纪》云:或言县故有熊氏之墟,黄帝之所都也。郑氏徙居之,故曰新郑矣。城内有遗祠,名曰章乘,是也。"唐人司马贞《史记索隐》:【黄帝】号有熊者,以其本是有熊国君之子故也。"即认为黄帝部落起先就在河南。唐人张守节《史记正义》:"黄帝有熊国君,乃少典国君之次子,号曰有熊,又曰缙云氏,又曰帝鸿氏,亦曰帝轩。母曰附宝,之祁野,见大电绕北斗枢星,感而怀孕,二十四个月而生黄帝于寿丘。"认为是出生于山东,成为有熊国君,并指出轩辕黄帝是少典国君之次子。南朝宋人裴骃《史记集解》同意谯周的说法,黄帝出于河南。还有《读史方舆纪要》卷四十七、《广舆记》、《焦氏易林》卷一、《十七史篡古今通要》卷一、《纲鉴易知录》、《太平寰宇记》卷九、《大明医统志》卷二十六,《新郑县志》卷三《人物·古圣》清康熙三十二年刻本等均主张黄帝为有熊之君。有熊在河南新郑;前述皇甫谧说黄帝生于寿邱,《史记正义》指出:"寿丘在寿东门之北,今在兖州曲阜县东北六里"。史籍所载,黄帝生于寿丘(寿邱)的有《云笈七签》卷一百、《宋书·志第十七符瑞上》、《通志》卷一、《宋朝事实》卷七、《皇王大纪》卷一、《路史·后记·疏仡纪·黄帝纪上》、《轩辕黄帝传》、《通鉴外记》卷一、《兖州府志》(明万历二十四年刻本)、《山东通志》清(宣统),明国四年铅印本;第三说法,《史记正义》:"〈舆地志〉云:'涿鹿本名彭城,黄帝初都,迁有熊也。'彭城在今河北南部的磁县。照此说则黄帝是由山东到河北磁县,再迁至河南新郑,《魏书·神元平文诸帝子孙列传》:"及高祖欲迁都,……【穆】罴曰'臣闻黄帝都涿鹿。以此言之,古者圣王不必悉居中原。'高祖曰:'黄帝以天下未定,居于涿鹿,既定之后,亦迁回河南。'"从这条记载看黄帝从涿鹿迁河南,应是在打败了蚩尤和四帝之后的事,与《史记正义》所说应不是一回事。这里所说的涿鹿应是《史记》中说的涿鹿,而《史记》未说黄帝以后从涿鹿再迁都邑的事。《金史·范拱传》:"轩辕居上谷,在恒生之西"。第四种说法:《水经注》:"渭水又东南合泾谷水……又西北轩辕谷水注之,水出南山轩辕溪。南安姚瞻以为黄帝生于天水,在上邽城东七十里轩辕谷。皇甫谧云:生寿邱,邱在鲁东门北,未知孰是也。"《直隶秦州新志》清乾隆二十九年刻本:"黄帝者,少典国君之子,母曰附宝,感电光绕斗而有娠,生帝于轩辕之邱,名曰轩辕(今清水县有轩辕谷,《史记正义》云生寿邱)。"《清水县志》清乾隆六十年抄本卷之十六补遗轩辕黄帝生天水辨"黄帝生于天水,不可得而知也。生于寿邱,亦不可得而知也,夫谓曰在鸟鼠西,何缘帝而谷名,而溪名?陇西轩辕国,有轩辕丘,何以去有熊,而娶西陵女?传云曰,诸侯皆尊轩辕氏,代神农为天子,是为黄帝。邑于涿鹿阿,迁徙往来,未尝宁居,理或然耳。然圣远而古,无多文字,亦不可得而知也。(《水经》云,黄帝生于上邽轩辕谷)。"郦道元没有肯定黄帝生于天水,也没有肯定黄帝生于寿丘。他只肯定了在天水一带轩辕谷、轩辕溪的存在。谷、溪以黄帝轩辕之名而名之,上邽城一带与轩辕黄帝总是有着密切的关系。第五种说法:《陕西通志·卷四十八帝系》清雍正十三年刻本:"有熊氏,少典氏之子,王承填而土行,色尚黄,天下号之黄帝,身五十二战而天下大服,乃达四面,广能贤稽功务法,秉数乘刚,而都于陈。(《路史·疏仡纪》)今宝鸡故陈仓,姚睦云:黄帝都陈仓非宛邱,故今陇右黄帝遗址甚多。(本注)"。第六种说法:明嘉靖《庆阳府志》卷十六寺观:"真宁县:承天观,在县城南一里抚琴山。旧名通圣观,唐开元间建,玄宗时梦群仙见罗底,诏坊焉。……乃建此观,曰"通圣",后改曰"承天"。兵部尚书李维《大宋宁州承天观之碑记》云:……兹县据罗川之上游,实彭原之属邑。气象葱蔚,原隰隐辚。人敦忠义之风,俗勤稼穑之事。轩丘在望,乃有熊得道之乡,幽土画疆,本公刘积德之地。……时大中祥符二年,岁次己酉,二月十五日建,……考《真宁志》云:此观在县东二十里王保村底家庄及其获玉仙处……今观址湮没。……后世乃改置于县之近地,而易以"承天"之名耳,"(甘肃人民出版社 2001 年版)真宁县即今甘肃正宁县。碑,今存于正宁县博物馆。第七种说法:《昌都县志》(民国)据 1990 年江苏古籍出版社等出版《中国地方志集成西藏卷》:"黄帝起于冈底斯山,建新宫于昌都,厥后沿黄河入主中夏,遗留子孙于故国"。以上诸说是对已见到的有关黄帝事迹记载的古籍资料所进行的梳理。而明言黄帝生地的仅山东,多言有熊氏出自河南。

但与生地相关的还有河北、甘肃、陕西,乃至西藏。就文献记载而言,以河南、山东为最多。而这些记载黄帝事迹的文献,是后人对传说历史的追记,不可能句句、事事都符合黄帝当时的情况,同时每一本文献的记载者所处的时代、环境、也不一样,所以差异的出现是必然的。总体来说,各大家还是围绕《史记》所记载的内容进行的扩展和丰富。这些记载不仅是对黄帝生地的探讨,也对黄帝部落活动地域提供了重要依据。从现代考古发现的情况看在河南有仰韶早期的裴李岗文化、河北磁山文化、陕西老官文化,甘肃大地湾一期文化。当然这些文化的年代比轩辕黄帝早,也可能比黄帝部落早。但是与黄帝年代相近的彩陶中、晚期文化、在河南、河北、陕西、甘肃都大量存在,在山东大汶口文化、龙山文化也是很丰富的。现在可以说是将文献与考古结合起来深入研究黄帝、黄帝部落兴起、黄帝文化兴起、形成和发展的最有利时机,这些分歧,将会逐步取得共识。

其次黄帝部落历史悠久。黄帝是人名,也是部落或部族名。《国语》说:"昔少典娶于有蟜氏,生黄帝、炎帝。黄帝以姬水成,炎帝以姜水成。"在《新书·益壤》:"故黄帝者,炎帝之兄也"。《新书·制不定》:"炎帝者,黄帝同父母弟也,各有天下之半"的说法。这种说法是不对的,前已说过。《春秋·命历序》:"炎帝号曰大庭氏,传八世,合为二百二十岁"。《通志·三皇纪一》同上。《古史考》:"炎帝之后,凡八代五百余年,轩辕氏代之。"《帝王世纪》:"炎帝生临魁,次帝承,次帝明,次帝直,次帝厘(来),次帝哀,次榆罔,凡八世,合五百三十年。"《史记·三皇本纪》同上。因而《史记索隐》:"然则炎帝亦少典之子。炎黄二帝虽则相承,如《帝王世纪》中间凡隔八帝,五百余年。若以少典是其父名,岂黄帝经五百余年而始代炎帝后为天子乎,何其年之长也!"由此可知,炎帝和黄帝也应是部落之名,表明炎帝、黄帝部落存在时间之长久,历史积淀之厚重。司马迁曰:"轩辕之时,神农氏世衰。诸侯相侵伐,暴虐百姓,而神农氏弗能征。……炎帝欲侵陵诸侯。"这表明轩辕黄帝和炎帝榆罔同处于神农氏世衰之世。

作为人名和部族名以"黄帝"之称,是什么意思?唐人司马贞《史记索隐》"案:有土德之瑞,土色黄,故称黄帝,遒神农火德王而称炎帝然也。"司马迁在说到黄帝完成了统一万国之后,曾说"有土德之瑞,故号黄帝。"其旨意是在于确立五帝以黄帝为首。不过确有"终始五德"说之痕迹。我们知道在春秋战国之际就有邹衍"终始五德"说。即土德后木德继之,金德次之、火德次之、水德次之。"有土德之瑞,故号黄帝"。顾颉刚先生早在1929—1930年编写的《中国上古史研究讲义》中指出:司马迁"可是一个人,终究是人,不是超人,所以虽以司马迁的执拗,敢特立于时代之外,也免不了受些时代的影响。"但是在《史记》之后刘向、刘歆父子所说的以及东汉王符《潜夫论·五德志》所说的"五德终始"则是不一样的。他们是木—火—土—金—水。即大昊、神农(炎帝)、黄帝、少昊、颛顼。这就成有别于《史记》,以大昊为先的另一古史系统。

《潜夫论·五德志》:黄帝轩辕"其德土行",是"五德始终"之说。《卜列》又说:"黄帝土精",更为神秘。还是《史记索隐》:"土色黄,故号黄帝"说得好。黄帝即黄地,黄帝部落,就是生活在黄土地上的人和人群。这些人住在黄河流域,喝的黄河水,吃的粟(小米)黍(糜子),亦称黄米,谷子、糜子成熟时也是黄色。《吕氏春秋·应同篇》:"黄帝曰:'土气胜',故其色尚黄,其事则土"。古代的氏族、部落多是迁徙不定,史籍所载殷商部族、周部族在其早期曾多次迁徙的史实足以证明。前面史籍所征黄帝部族在今西藏昌都、甘肃、陕西、山西、河南、河北、山东等地,也足以证明黄帝部族迁徙、往返、活动的区域都在黄河流域的黄土地上长期生活。黄帝部族和炎帝部族是世代通婚的部族,两者所处之地相距必然不甚远。如黄帝为有熊国君,在河南新郑,而在河南也有炎帝的传说;如黄帝生寿丘,炎帝都鲁;如在甘肃天水一带有轩辕谷、轩辕溪的记载,又有炎帝在陕西宝鸡的记载。《国语》:"炎帝成于姜水"。《水经注·渭水》:"岐水又东迳姜氏城南,为姜水"。姜水是渭水的一条支流,在今宝鸡市境内。炎帝亦称赤帝。炎帝因成长于姜水,故姓姜。(姜即羌,文化高者曰姜,文化低者曰羌)。《潜夫论·五德志》:"有神龙首出常羊,感任姒生赤帝"。《帝王世纪》:"神农氏姜姓也,母曰任姒,有蟜氏女登,为少典妃,游华阳,有神龙首,感生炎帝"。华阳,一般认为华山之阳,在陕西中部渭水与秦岭一带。皇甫谧还说炎帝初都陈。《路史·国名纪·黄帝后姬姓国》:"陈,今凤翔宝鸡故陈仓,有陈山,非宛邱。"一个部族迁徙后,另一个部族受其影响也可能迁徙,所以在一些地方既有炎帝传说,也有黄帝的传说。

　　第三:黄帝部族注重创新,新的发现发明多,经济实力逐步增强,部族生活明显改善。司马迁说轩辕黄帝"生而神灵,弱而能言,幼而徇齐,长而敦敏,成而聪明。"他很注重创新能力的发挥,史籍载传说神农发明了农业,《易传》《淮南子》等皆有记载。而最早的是《周书》:"神农之时,天雨粟,神农遂耕而种之。"粟那里是上天降下来的,是先民们从野生植物中发现、培育出来的。炎帝则改进了农业生产的工具。《易·系辞下》:炎帝神农氏"斫木为耜,揉木为耒,耒耨之利,以教天下。"耒耜的发明和运用,是农业生产的一次革命,使耕作由原先的生荒耕作(一次性种植后弃地)改变为熟荒耕作(荒地轮换耕种)这即节省劳动力,又提高了土地利用率,有力促进了农业生产的发展。黄帝部落善于学人之长,为己所用。《国语·鲁语上》:"黄帝能成命百物",是说能够给一百种事物命名。事物的名代表事物的本质,反映事物的内在联系。"成命百物"之说,表明以黄帝为首的部族认识自然、改造自然能力有很大提高。黄帝部族向炎帝部族学习进步的农业技术,使农业生产更加繁荣。司马迁说轩辕黄帝时"艺五种",刘宋人裴骃《史记集解》："郑玄曰：'五种，黍、稷、菽、麦、稻也'"。菽，豆类，大豆。司马迁还说："时拣百谷草木，淳化鸟兽虫蛾"，种草植树，草木丰盛，饲养猪、狗、牛、羊、鸡等各种家畜、家禽。黄帝元妃西陵氏女嫘祖教民养蚕。《皇王大纪》卷一：嫘祖"亲蚕为丝，以率天下。"《通鉴外记》：嫘祖"始教民养蚕，治丝茧以供衣服，后世祭为先蚕。"畜牧业、饲养业都有长足发展。黄帝部族还不断改进陶器制作，品种增多。《古史考》："黄帝始选瓦甑"。《事物记源》："黄帝作瓦碟"。《史记》记载轩辕黄帝发明创新的事物很多。从历算、甲子到衣食住行，从文字到礼仪，从安葬到祭祀等三四十项的发明创新不可能都是轩辕的发明创造，而有的文献都归附于轩辕身上。这些发明、创造使黄帝部族和归附它的别的部族的人们的生活都得到了改善。《吕氏春秋》："黄帝令伶伦作律"。《世本》："伶伦造磬。"《路史·疏仡纪·黄帝》："岐伯鼓吹铙角，灵鞭神钲，以扬武建威，厉士风政而威天下。"鼓、磬、角、铙、鞭、钲等乐器的发明和制作正五音的律管以及创作《咸池的舞乐》和《枬鼓之曲》，图画等，还发明和使用铜镜、玉器。这些反映了当时人们生活愉快，心情舒畅、祥和。司马迁说黄帝"披山通道"。《汉书·地理志》："昔在黄帝，作舟车以济不通，旁行天下，方制万里。"通道路，作舟车，不只是方便于黄帝万里行，也有利于广大群众出行。在社会管理上"经土设井"，按村庄"设丘'设邑"，管理井井有序。

第四：黄帝轩辕完成了部族、方国的统一大业，建立了中国历史上第一个国家政权。

《史记·五帝本纪》："轩辕之时，神农氏世衰。诸侯侵伐，暴虐百姓，而神农氏弗能征。"《鬻子·数始》："黄帝十岁便深知神农为政之非，立志改玄易辙，刷新政令。"（鬻子一书见《汉书·艺文志》小说家类。题为周鬻熊撰。原书无存。今《鬻子》为后人所撰，不晚于唐代）轩辕抓住机遇，一方面加强自身道德修养，以义待人，作教化民，另一方面"习用干戈,以征不享,诸侯咸来宾从。"就是要求族人和投奔他的异族人练习和提高作战能力。他一生领导和参加的战斗有数十次,《日下旧闻考》:"【补】黄帝百战,百战之数未尽闻也,与炎帝战于阪泉之野三,与蚩尤战于涿鹿之野七十二,其大略也。(《鹖冠子》注)"这些战斗对各部族的融合、文化的交流、实现统一起了促进和加速的作用。对黄帝一生起决定作用的有两次重大战争,即对炎帝的阪泉之战和对蚩尤的涿鹿之战。炎帝与黄帝本是世代通婚的部族,长期友好相处,相互学习,克服困难,共同徙居,炎帝榆罔与黄帝轩辕也是上天安排的两位领袖(见《逸周书·常麦》:"昔天之初,诞作二后,乃设建典。"《新书·制不定》说炎帝、黄帝"各有天下之半",但是,黄帝仁义,而炎帝"欲侵陵诸侯",不知何时黄帝与炎帝战于阪泉之野。(文献记载,黄帝、炎帝曾在甘肃、陕西居住,不知何时、何因又到了河北。可能由于自然灾害,也可能由于传染疾病的发生,也可能由于战争,或者是实现部族统一的需求离开甘陕,徙于中原。据徐旭生先生《中国古代史的传说时代》讲,黄帝、炎帝部先后由陕甘分别以不同的路线向黄河中下游地区迁徙。)也许他们到了河南、河北后,炎帝对黄帝族的迅速发展有所忌恨,欲与黄帝争夺天下,或是司马迁所说炎帝榆罔"欲侵陵诸侯",黄帝轩辕进行阻止而与炎帝作战。(古籍中对黄帝炎帝间战争记载不多,而且《通志·三皇纪第一》和《轩辕黄帝传》都将黄帝与炎帝之战记于在黄帝与炎帝共同战败蚩尤之后发生的事,不同于《史记·五帝本纪》)。《列子》:"黄帝与炎帝战败于阪泉之野,帅熊、罴、貔、豹、虎为前驱,雕、鹖、鹰、鸢为旗帜。"《轩辕黄帝传》:"黄帝又与榆罔争天下,榆罔恃神农之后,故争之,黄帝以雕、鹖、鹰、鸢为旗帜,以熊、罴、貔、虎为前驱,战于阪泉之野,三战而后克之。"黄帝对炎帝的战争,虽然削弱了炎帝的势力,原先受炎帝统领的部族头目(《史记》称诸侯)有的率部投奔了黄帝;炎帝族内有些人奔逃到东、南、西方去了。但是，黄帝对炎帝的战争用战争的方式阻止炎帝的侵陵行为，帮助他改邪归正，没有斩尽杀绝，因而仍让炎帝领导着大部分炎帝族人进行正常的生产生活。炎帝也想要继续与黄帝族保持友善关系，协助黄帝实现统一大业。正如《史记》说：黄帝"三战，然后得其志。"这就是炎黄之战取得的巨大效果。

在黄炎阪泉战争以后，黄帝、炎帝联合在河北涿鹿一带与蚩尤进行较长时期的战争。《史记》对这场战争的记载非常简略。司马迁说："蚩尤作乱，不用帝命，于是黄帝乃徵师诸侯，与蚩尤战于涿鹿之野，遂禽杀蚩尤。""不用帝命"即《逸周书·尝麦篇》：上天安排"命蚩尤宇于少昊，以临四方，司口口上天未成之庆"，蚩尤本是东夷族九黎部首领，但他乘"上天未成之庆时"到了河南、河北一带，一心想消灭炎帝族、黄帝族，独霸天下。他首先在涿鹿一带向炎帝发动了进攻，到处滥杀无辜群众，"争于涿鹿之河，九隅无遗，赤帝大慑，乃说于黄帝"。《尚书·周书·吕刑第二九》："王曰：若古有训，蚩尤惟始作乱，延及平民，"黄帝答应了炎帝的请求，黄炎二帝结为联盟，共同应对蚩尤的挑战。《史记·正义》："《龙鱼河图》云：'黄帝摄政，有蚩尤兄弟八十一人，并兽身人语，铜头铁额，食沙石子，造立兵丈刀戟大弩，威震天下，诛杀无道，不慈仁。万民欲令黄帝行天子事，黄帝以仁义不能禁止蚩尤，乃仰天而歎。天遣玄女授黄帝兵信神符，制服蚩尤'"。黄帝先以仁义去劝说他，让他放下武器，不要祸害平民，各执其事，和平相处。但是蚩尤持其通天文，部众多（一说有兄弟八十一人，一说有兄弟七十二人，应理解为七八十个氏族或部落）又拥有先进的铜兵器（刀、戟、大弩等），不听黄帝劝说，继续进行战争。《龙鱼河图》只说"天遣玄女授黄帝兵信神符，制服蚩尤"，那里是那么回事呢？在这场战争中，蚩尤曾使用多种战术攻击黄炎军士。如蚩尤利用出现风、雨、雾天时发动攻击，还搞火攻、伏击等，而黄帝"令应龙攻之冀州之野，应龙蓄水"，

(《山海经》)。这是黄帝应对蚩尤的火攻。"蚩尤请风伯、雨师,从大风,黄帝乃下天女曰魃,雨止"(《山海经》)。《纬书集成·河图编·河图稽命徵》:黄帝"而使应龙功蚩尤,战虎、豹、熊、罴四兽之力,以女魃止淫雨。""蚩尤作大雾,兵士昏迷",黄帝"于是作指南车,以示四方。"(《古今注》)。"蚩尤帅蝄蜽与黄帝战于涿鹿,帝命吹角为龙吟以御之。"(《通礼义纂》)。黄帝、炎帝与蚩尤的战争长达三年之久,进行了七十多次战斗,在战争中黄帝创造了许多新战术。《神机制敌太白阴经》是一部兵书,记载有黄帝创设了八种军阵的传说和天帝授黄帝兵符的神话。《宋史·兵志》:"黄帝始制八阵法,败蚩尤于涿鹿。"在战争过程中还发明了指南车、大车、华盖(伞)以及角、鼓、铙、鞞、钲等乐器,鼓舞军队的士气。最终战胜了蚩尤部,活捉了蚩尤,将他身首分葬异处。战争是很残酷的。马王堆三号汉墓出土帛书《老子乙本卷前古佚书·十六经》:"【黄帝】于是出其将钺,奋其戎兵。黄帝身禺(遇)之(蚩)尤,因而禽(擒)之。剥其革以为干侯,使人射之,多中者赏。……"①并将蚩尤的像画出来,挂起来,以示警告作乱者。但是黄帝对蚩尤所统领的部众则分别情况作了妥善的安排。一说见《拾遗记》卷一《高辛》:"轩辕去蚩尤之凶,迁其善者于邹屠之地,迁恶者于有北之乡。"二说见《逸周书·尝麦篇》则说:蚩尤被战败后,黄帝"命少昊清司马鸟师",意思是说黄帝请少昊作东夷人的首领。《山海经·大荒东经》:"东海之外大壑,少昊之国,少昊儒帝颛顼于此,弃其琴瑟。"这是讲少昊收养了九黎部人作为养子,九黎部人换姓,成为了黄帝大家族中的一员。以第二说为合情理。

---

① 唐兰:《马王堆出土〈老子〉乙本卷前古佚书的研究》,《考古学报》1975年第1期。

在战败蚩尤后①,《史记》:"而诸侯咸尊轩辕为天子,代神农氏,是为黄帝。"接着又说:"天下有不顺者,黄帝从而征之,平者去之,披山通道,未尝宁居。"即《银雀山汉墓竹简·孙子佚文·黄帝伐赤帝》所说黄帝"已胜四帝,大有天下,……天下四面归之。"四帝即太昊之后自号青帝、共工之后自号白帝、神农之后自号赤帝、葛天氏之后自号黑帝。黄帝在战胜了四帝的基础上才实现了各部族的统一,建立了中国历史上第一个以华夏族为主体的统一的国家政权。

恩格斯在《家庭、私有制和国家的起源》中说:"国家和旧的氏族组织不同的地方,第一就是它按照地区来划分它的国民","第二个不同点,是公共权利的设立"。此外,恩格斯还指出:"在新的设防城市的周围屹立着高峻的墙壁并非无故,它们的壕沟深陷为氏族制度的墓穴,而它们的城楼已经耸入文明时代"。在古籍中对黄帝建立起国家的描绘。1.疆域领土,"东至于海","西至于空桐","南至于江","北逐荤粥"。2.在涿鹿修筑城邑设国都,建立统治中心,"邑于涿鹿之阿",3.设立公共权力机构,设官治民,"置左右大监,监于万国。……举风后,力牧,常先,大鸿以治民。""官名皆以云命,为云师。4.有军队,"以师兵为营卫"5."获宝鼎",《史记·封禅书》:"黄帝采首山之铜,铸鼎于荆山之下"。鼎,是国家的重器,鼎之存在与否,标志着国家的兴亡。是国家的传家宝,犹如现代国家的国旗、国徽。此外还有占卜、祭示、封禅、造屋宇、作礼仪、制衣裳、冠冕、营殡葬。《世本》:"大桡作甲子","沮诵,仓颉作书"等等,正如司马迁说"顺天地之纪,幽明之占,死

---

①炎帝、蚩尤虽然曾危害过生民,并被黄帝战败,但他们在历史上曾起过进步作用,在历史上做过重要贡献。自古以来受到中华民族的敬重和祭祀。现在中国人仍将黄帝、炎帝、蚩尤称为三祖。他们所开创的文化,称为三祖文化。

生之说,存亡之难。时拊百谷草木,淳化鸟兽虫蛾,旁罗日月星辰水波土石金玉,劳动心力耳目,节用水火材物。物质文明、精神文明、制度文明、社会文明,都鲜明显现,"万国和"更是社会和谐的生动说明。

黄帝一生"迁徙往来无常处,以师兵为营卫"在战火中度过,是我国古代的一位杰出的军事家。他建立的中国历史上第一个以华夏族为主体的国家政权,表明黄帝轩辕已不是氏族部落的首领,而是王者。战争对国家的产生犹如助产士一样起着催化作用。黄与皇通。黄帝是中国第一个皇帝了,是中国历史上第一个开国元勋。

(三)

轩辕黄帝所建立的中国历史上第一个国家政权,标志着中国历史进入了黄帝时代。

黄帝时代,是指"代神农,是为黄帝"起,止于五帝。从广义说,黄帝时代应包括自黄帝族兴起,止于五帝。五帝即黄帝—颛顼—帝喾—尧—舜。

我们常说中国有五千年的文明史。如指从黄帝建立中国的第一个国家起的话,也有几种说法。《稽古录》记黄帝元年为丁亥年。又自注"元年丁亥,或云己丑、辛丑、丙子"这是唐宋时的几种说话。在《广黄帝本行记》:"自黄帝已酉岁至今大唐广明二年辛丑岁,计三千四百七十二年矣。"宋代人《轩辕黄帝传》:同意己酉说。"诸侯咸尊轩辕为天子,帝以己酉立,承神农之后"。刘宝才先生"依据《轩辕黄帝传》的记载计算,黄帝居位之年距秦灭东周之年2731年。秦灭东周是公元前256年,距今(指1993年——引者注)2249年,2731年加上2249

年为4980年。"①到2013年就整5000年。《轩辕黄帝传》所计之年,不一定准确。据有关报道国家已经启动的探源工程将会给我们中国进入文明的具体的数字。

我们将《五帝》作为黄帝时代,是因为,第一,从黄帝开始建立的国家政权至尧舜,其国体是邦国制。黄帝建立统一的国家,《史记》称"万国和"。《汉书·地理志》:"昔在黄帝,作舟车以济不通,旁行天下,方制万里,画壄分州,得百里之国万区。是故〈易〉称'先王(以)建万国,亲诸侯'。〈书〉云'协和万邦'"。可知"万国"之"国"不过一百里。《晋书·地理上》:"昔黄帝旁行天下,方制万里,得百里之国万区。则《周易》所谓'首出庶物,万国咸宁'者也。"《通典·州郡一》明确指出万国之称并非先存在。"黄帝方制天下,立为万国。"利于管理。《尚书·虞书·尧典》:"协和万邦",《大禹谟》:"万邦咸宁",《益稷》:"万邦黎献"。《说文解字注》:"邦:国也",《史记·五帝本纪》称尧"合和万国",《尚书》和《史记》邦、国、诸侯之称其意则同。第二,德高为帝,以德得天下,以德育人。这是从黄帝到尧舜的根本路线。首先是从黄帝到尧舜无不强调自身修身养性。《五帝本纪》讲黄帝"修德振兵",帝喾高辛"修身而天下服"帝尧"能明驯德",《尚书·尧典》称尧"克明俊德",舜更是以身作则,在家中虽然受到种种伤害,但他毫无怨言,反而尽心孝敬父母,疼爱弟弟,20岁就以孝悌之美德而闻名。《左传·昭公八年》:"舜重以明德。"总之,他严于律己,锻炼意志,完善其德行。他们教之以道,导之以德。"(《文子·上义》)《皇朝续文献通考》卷一百九十九:"黄帝、尧、舜、垂衣裳,洪水平,五伦讲,黎民于变愚变良。"黄帝时代实施的德治,在《尚书·皋陶谟》篇皋陶对黄帝时代实施"德治"的经

---

①刘宝才:《有关黄帝文字记载告诉我们什么》,《中华文化》1993年第2期。

验进行了总结。他说"允迪厥德，谟明弼谐"。认为只有诚心诚意实施德治，才能使邦国社会和谐，还强调"德治"主要是"慎厥身，修恩永，叙九族，庶明励翼，迩在远，在兹"。其次是德高居位，德盛为王。在五帝的传承上是鲜明的亮点。轩辕黄帝去世后未传其子。黄帝在位时将其子玄嚣(青阳)和昌意派往江水和若水(均在四川，另说是湖南和四川，三说是河南和四川)去开拓、发展，未能继位。"黄帝崩……其孙昌意之子高阳立，是为帝颛顼。"此为祖孙相继。颛顼崩，没有立其子或亲侄子，而是由"玄嚣之孙高辛立，是为帝喾。"此系族子相继。帝喾崩，立其子挚，挚为帝喾长子。这是父子相继。也许是由于当时没有合适人选，所以《史记》:"挚代立"。挚在位九年，由于德才平庸，谓之"不善"。其同父异母弟放勋居唐，谓之"唐侯"，智商高，品德优，深得人心，则立唐侯为帝尧。舜孝德非常突显，文明、温恭的美德广为人们传颂，且为朝廷官员所闻，经四方邦国君长推荐，才进入仕途任五典之官，让他进一步完善父义、母慈、兄友、弟恭、子孝五德，才逐步升迁，成了帝舜。以德居位，以德选人是"德治"的核心和根本要求，贯穿于黄帝时代。第三:《国语·鲁语上》说:黄帝时"以明民共财，颛顼能修之"。"明民共财"古人谓之明上下，等贵贱。等，非平等，而是等级。也就是区分贵贱等级。共财是指山林、河流、湖泊、沼泽为部族或者家族公社、农村公社所共有。由是观之，黄帝时的人群中存在着不同等级的人。在《尚书》《国语》和其他的古籍中都有记载。有"百姓""民""黎民"之分。"百姓"是指统治者，"民"是平民，家庭公社、农村公社社员，同时也包括一部分本族的破产者(也可叫债务奴隶)，黎民，一般释"黎"为黑，"黎民"为"黔首"。杨筠如《尚书覈诂》:"黎民当即九黎之民"。前已说过蚩尤被战败后，九黎部人被改姓成为黄帝大家庭内的成员(实际上是家庭奴隶)，黎民是奴隶。不管是哪个等级的人对于执政者来说都必须处理好，才能保持社会安定，生产有所发展。司马迁说黄帝"抚万民",就是救助万民。《万机论》:"黄帝之初,养性养民,不好战伐。"而黄帝战四帝就是为了救万民于水火。《傅子·阙题》:"黄帝除民之害,救之者也。不使不仁加乎天下,用武胜残,而百姓以济,此仁行于拨乱,黄帝是也。"《史记·三代世表》:"天下之君王为万夫之黔首,请赎民之命者,黄帝是也。"司马迁说帝颛顼"治气以教化民"和"养材以任地"。就是教育民众懂得理顺四时五行之气的道理,按照天地自然变化进行生产,保护树林、草场,教化民众要虔诚地祭祀祖先,祭祀鬼神,得到神灵的保护。《国语·鲁语上》:"能序三辰以固民。"韦昭注:"三辰,日、月、星。谓能次序三辰,以治历明时,教民稼穑以安也"。从帝喾以下都主要是固民,也就是安民,《史记》称"普施利物,不于其身。""知民之急"为民办实事、办好事,想民众之想,急民众之急。"抚教万民而利诲之"。对有困难受灾难的群众,进行物质上的救助,精神上的安慰,引导教育,鼓励增强战胜困难的信心。《史记》称帝尧时"能明驯德,以亲九族。九族既睦,便章百姓。百姓昭明,合和万国。"《国语·鲁语》:"尧能单均刑法以仪民"。《论语·祭意》:"尧能赏均刑法以义终"。在尧时曾遇到特大的旱灾,《淮南子·本经训》:"十日并出,焦禾稼,杀草木,而民无所食"。尧组织民众进行抗旱取得了胜利。尧时也遭到多年不遇的水灾,"汤汤洪水滔天,浩浩怀山襄陵",房屋毁坏,稼禾淹没,家畜、财产损失殆尽,人民困苦不堪,他一面组织抗洪,令鲧治水,到舜执政时又令禹平水土,令弃为农官,拯救饥民,教民拥种农作物。经过较长时间的努力,洪灾被战胜了,人民得以安居乐业。尧和帝喾一样特别注重历法问题,他专门令羲氏、和氏天地之官研制完善历法工作,令羲仲到东方、羲叔到南方、和仲到西方,和叔到北方,定点定时观察,测算日、月、星的变化情况,要求准确地制定出一月多少天,一年多少天,有无闰月,春分、秋分、夏至、冬至的时间等等以帮助农民做好春耕、夏种、秋收、冬藏,夺取好的收成。据《尚书·舜典》记载帝舜时对政府各部门负责人和地方长官十二牧进行三年一考核，考核的标准和重点具体要求，第一条就是不违农时，按季节搞好农牧业生产，改善人民生活；第二条就是关心人民，对远近臣民进行安抚和爱护；第三条是爱憎分明，亲近厚待有德之人，信任善良之人，拒绝奸邪之人；第四条，正确处理与后进部族的关系，各部族团结，社会稳定。《史记》也有类似记载，"命十二牧论帝德、行厚德、远佞人，则蛮夷率服。"从黄帝开始到尧舜的黄帝时代，根据具体情况，由抚民到教民、安民的具体措施，像一根红线贯穿始终（包括皋陶执法的公平、公正）体现了以民为本的根本思想，从而达到社会的安定、团结、和谐。

黄帝时代历史的剖析，不仅对我们认清黄帝文化的内涵、实质、精神、特征，以及黄帝文化与中华文化、传统文化的关系，而且对于认识社会发展与文化发展的联动作用。弘扬黄帝文化，推动社会主义文化大发展、大繁荣都有重要的意义。

黄帝冢陵庙传说钩沉及其相关问题

一

我国历史上的黄帝是远古时代传说中的英雄人物。他所做的事情,在传闻中成为神话。历史传说或神话,人和事绝非子虚乌有。

历史学家司马迁在认真研究当时留存的多种文献资料,并沿着当年黄帝的足迹进行实地调研考察后说:"余尝西至空桐,北过涿鹿,东渐于海,南浮江淮矣,至长老皆各往往称黄帝、尧、舜之处,风教固殊焉,总之不离古文者近是。予观《春秋》《国语》,其发明《五帝德》《帝系姓》章矣,……其所见皆不虚"[1]。他认为有关黄帝的种种传说有其历史的真实性,"择其言尤雅者,故著为本纪书首"[2]。《史记·五帝本纪》开创了自黄帝始的中国历史的古史系统。20世纪以来龙山文化特别是红山文化的发掘和研究将会有益于黄帝传说历史进一步得以认知。

黄帝,少典之子(少典国之后代),生于姬水,为姬姓。

黄帝与炎帝是有着血缘关系的两个部族的首领,他们互相学习,携手并进,克服困难,共同战斗,缔造了炎黄族团和炎黄文化。他们联

---

①司马迁:《史记》卷1《五帝本纪》,中华书局1959年版,第46页。
②司马迁:《史记》卷1《五帝本纪》,中华书局1959年版,第46页。

合同东夷族首领蚩尤作战，打败了蚩尤，蚩尤部落一部分南迁，一部分则加入了炎黄部落，"(黄帝)乃命少皞清司马鸟师，以正五帝之官。"①炎黄族逐渐壮大，此后，炎帝作害，黄帝为维护百姓利益，打败了炎帝，其部分炎帝族族众逃逸四方，乃至南方和西北。此后，黄帝又北伐荤粥(匈奴)为逐渐形成华夏族团奠定了基础。

黄帝一生，"修德振兵"，历经数十次战斗，足迹遍于全国。"东至于海，登丸山及岱宗。西至于空桐(崆峒)，登鸡头。南至于江，登熊、湘。北逐荤粥，合符釜山，而邑于涿鹿之阿"②。初步建立了国家，定都于涿鹿，被称为黄帝。

在黄帝领导下，"治五气，艺五种，抚万民"，他要求臣民按照季节，开展农事种植活动，披山通道，造舟通航，建造屋宇，制作衣裳，创造文字，运用历书，发明医术，推行丧葬，着力解决臣民衣食住行、病痛生死及其行为礼仪等诸多问题，保障人们生活改善和提高，创造了当时群众所需要的物质文明、精神文明和社会文明。在各生产活动中强调节约资源，保护生态，司马迁说"时播百谷草木，淳化鸟兽虫蛾，旁罗日月星辰水波土石金玉，劳勤心力耳目，节用水火材物，有土德之瑞，故号黄帝"③。《五帝本纪》所记载黄帝业绩折射出了中国历史所显现的文明曙光。

黄帝以他的英雄品格和对民族、国家、人民所做出的伟大贡献，理所当然地被中华儿女(包括海外华人、华侨、华裔在内)视为自己的人文初祖(主要是文化的认同，而非血缘继承)。

①《逸周书》卷6《尝麦解》，见《文渊阁四库全书》，台北商务印书馆第202册，第6页。
②司马迁：《史记》卷1《五帝本纪》，中华书局1959年版，第6页。
③司马迁：《史记》卷1《五帝本纪》，中华书局1959年版，第6页。

二

传说黄帝曾到各地名山访仙、学仙,与神相会。《史记·孝武本纪》载"中国华山、首山、太室、泰山、东莱,此五山黄帝之所常游,与神会。黄帝且战且学仙。……百余岁然后得与神通。黄帝郊雍上帝,宿三月。……黄帝采首山铜,铸鼎于荆山下。鼎既成,有龙垂胡髯下迎黄帝,黄帝上骑,群臣后宫从上龙七十余人,龙乃上去,余小臣不得上,乃悉持龙髯,龙髯拔,堕黄帝之弓。百姓仰望黄帝既上天,乃抱其弓与龙胡髯号,故后世因名其处曰鼎湖,其弓曰乌号"①。司马迁还在《史记·封禅书》中也有类似的记载。他对黄帝逝世传说的记述可谓神话,黄帝并不是什么神仙,由于他的英雄业绩给人民带来了福祉,在他逝世后,广大臣子如左彻、扶微等以及广大民众为他起冢、立庙、立主、置园等进行祭祀,表达缅怀之情。一般地说,有冢(陵)便有庙,但有庙不一定就有冢(陵),所以黄帝庙、三皇庙多达数十处。故黄帝冢(陵)庙所在地传说不一,但绝非空穴来风。

司马迁认为黄帝是人,不是神。前已说过他沿着黄帝足迹走了很多地方进行考察。特别是在随汉武帝北巡朔方中还沿秦直道线进行过考察②。认为"黄帝崩,葬桥山"③。桥山黄帝冢(陵)庙应该说是司马迁亲身耳闻目睹。他又在《史记·孝武本纪》中说汉武帝想长生不老,曾在桥山祭拜黄帝。"其来年冬(元封元年,公元前110年)上议曰:

①司马迁:《史记》卷12《武帝本纪》,中华书局1959年版,第468页。
②秦直道起于陕西淳化县北梁武帝村秦林光宫北行,沿桥山主岭至定边县南,再由此东北行进入鄂尔多斯草原,并渡过黄河到达内蒙古包头市西南,这是一条由南向北的快捷公路,谓之直道。
③司马迁:《史记》卷1《五帝本纪》,中华书局1959年版,第10页。

'古者先振兵泽旅（释旅），然后封禅。'乃遂北巡朔方，勒兵十余万，还祭黄帝冢桥山，泽兵须如。上曰：'吾闻黄帝不死，今有冢，何也？'或对曰：'黄帝已仙上天，群臣葬其衣冠'。"①汉武帝在桥山祭拜黄帝的史实再次证明黄帝冢（陵）庙在桥山是确切无误的。司马迁之后的一些史学家如班固等也确认了黄帝冢在桥山。《汉书·楚元王传》说："黄帝葬于桥山，尧葬济阴，丘垄皆小，葬具甚微"②。但不知什么原因未明确指出黄帝冢（陵）庙在桥山什么地域内，属什么行政管辖区，这在客观上就形成了黄帝冢（陵）庙所在地域的不同认识。在甘肃省地处桥山附近的庆阳市内有正宁、宁县、合水、华池等县；在陕西省地处桥山附近的有栒邑、中部鄜县、安定等县。因此，在桥山就出现了黄帝冢（陵）庙的几种说法。

（一）黄帝冢（陵）庙陕西省中部县说

班固在《汉书·地理志》中对黄帝冢的方位讲得比较清楚，他说："上郡，……县二十三，肤施，有五龙山、帝、原、水、黄帝祠四所。独乐，有盐官。阳周，桥山在南，有黄帝冢，莽曰上陵畤"③。肤施县（治所在今延安），有黄帝祠；阳周有黄帝冢，位于桥山以南的地方。或者理解为阳周县管辖着桥山，桥山之南有黄帝冢。独乐、阳周、五龙山、桥山都是上郡管辖之地。《太平寰宇记》卷三十五《关西道十一·坊州·中部县》："桥山，《山海经》云：蒲谷水源其山下，水流通，故谓桥山。又《史记》云：黄帝葬桥山。今陵冢尚在。大历七年置庙，开元[宝]二年敕修庙祭祀。"《册府元龟》载大历四年（769年）四月"鄜坊等州节度使臧希让上言，坊州有轩辕黄帝陵宫阙，请置庙，四时享祭，列于祀典，从之"。

①司马迁：《史记》卷12《孝武本纪》，中华书局1959年版，第472—473页。
②班固：《汉书》卷36《楚元王传》，中华书局1962年版，第1952页。
③班固：《汉书》卷28《地理志》，中华书局1962年版，第1617页。

在明代，洪武三年（1370 年）朱元璋遣使臣到全国各地调查，查明各行省有历代帝王陵寝 79 处（包括黄帝冢陵）。据《明史·礼志》载，洪武四年（1371 年）经"礼部定议"合祀帝王三十五，"在陕西……中部（今黄陵县）祀黄帝……"又派祕书监臣陶谊等人对黄帝陵庙进行勘察、修葺，筹备祭祀仪式。同年朱元璋还规定祭祀黄帝由皇帝或派遣大臣祭祀。桥山黄帝陵列为国家祭祀始祖的圣地，要求每次祭陵的祭文，日期，数量，主祭，陪祭官员姓名都要刻石立碑。又特遣中书省管勾甘赴黄帝陵致祭。《挥麈前录》卷二"祖宗朝重先代陵墓，每下诏申樵采之禁，至于再三，置守冢户，委逐处长吏及本县令佐常切检校，罢任具有无废阙，书于历子。太昊葬宛丘，在陈州。炎帝葬长沙，在潭州。黄帝葬桥山，在上郡，今坊州界。……"此后三年一大祭，大祭时由皇帝亲写祭文，由太常寺派遣大臣携带香帛、贡品来桥山祭祀。从明代以后陕西省中部县黄帝冢（陵）庙被认为是国家认同的黄帝冢陵。

《读史方舆纪要》卷五十七《陕西延安府》载："中部县桥山，在县治北，亦曰子午山，亦曰子午岭。自庆阳府绵亘于延安西境，其南麓跨于县界。志云：沮水至县北，穿山而过，因以桥名，传说黄帝葬衣冠于此。汉武帝巡行朔方，还祭黄帝于桥山"。

从明代起陕西省《大明一统志》嘉靖二十一年（1542 年）《陕西通史》刻本，清雍正十三年（1735 年）《陕西通志》刻本以及清嘉庆十二年（1807 年）《中部县志》刻本，清道光七年（1827 年）《陕西志辑要》（朝版谢氏赐书堂刻本），《大清一统志》商务印书馆 1934 年版重印本；民国 33 年（1944 年）《中部县志》铝印本，1955 年《黄陵县志》（西安地图出版社出版），2005 年《陕西省志·黄帝陵志》（陕西人民出版社出版），2007 年黄帝陵管理委员会、黄帝陵基金会《黄帝陵整修纪实（1990—2006）》（陕西人民出版社出版）等，志书都对中部县（今黄陵县）黄帝冢（陵）庙做了详细的记载。（限于篇幅，不逐一列举）。

(二)黄帝冢(陵)庙陕西省安定县说

王莽自称黄帝之后,曾修九庙,将黄帝庙称为"黄帝太初祖庙",并将黄帝冢之地改名为"上陵畤"。北魏《水经注》作者郦道元曾对黄帝冢进行考察,在《水经注》卷2《河水》中讲"奢延水又东,走马水注之。水出西南长城北阳周县故城南桥山,王莽更名上陵畤,山上有黄帝冢故也。帝崩,惟弓剑存焉,故世称黄帝仙矣"。按此说黄帝冢在延安府安定县。

(三)黄帝冢(陵)庙甘肃省正宁县说

班固《汉书·地理志》肯定了黄帝冢在上郡阳周县桥山之南以后,《魏书·地形志》载:"阳周前汉属上郡,后汉、晋罢,后复属,有桥山,黄帝冢、泥阳城、高平城。独乐前汉属上郡,后汉、晋罢,后复属"。又说:"襄乐前汉属上郡,后汉、晋罢,后复属。肤施二汉属上郡,后汉、晋罢,后复属。有五龙山,黄帝祠"。唐朝人李泰是唐太宗李世民的第四子,在唐初,他所主持编撰的《括地志》对黄帝冢(陵)的记载更为明确,不仅表明在桥山以南的方位,而且还有距罗川县城的里程。他说:"黄帝陵在宁州罗川县东八十里子午山"[①]。《通典》卷第一百七十三又讲了罗川县与阳周县的渊源关系,说:"罗川,汉阳周县,今县城是也。后魏为显州,隋改为罗川,天宝初改为真宁。有桥山,黄帝葬处。"天宝系唐玄宗后期的一个年号,在742—756年间。在《元和郡县志》中说:"宁州真宁县,本汉阳周县地,属上郡。后魏置泥阳。惠涉二护军,孝文太和复置阳周县,隋开皇十年改为罗川县,天宝元年改为真宁县。子午山,亦曰桥山,在县东八十里。黄帝陵在山上,即群臣葬衣冠处。"《舆地广记》卷十四《陕西永兴军路下》也讲:"改罗川县为真宁县有桥山

[①]司马迁:《史记》卷1《五帝本纪》引《括地志》,中华书局1959年版,第6页。

黄帝所葬。"《太平寰宇记》卷三十四《关西道十·宁州·贞宁县》载:"黄帝冢,在桥山上。《汉志》:'上郡阳周县桥山有黄帝冢。'"《风土记》:"阳周县南有黄帝陵,在子午山。"桥山亦称子午山或子午岭。《大明一统志》卷三十六《延安府·真宁县·中部县》也载:"子午山,在合水县东五十里,一名桥山,南连耀州,北抵盐州,东连延安,绵亘八百余里。其在真宁县,相传黄帝葬衣冠处。轩辕庙在子午山旁,有黄帝陵。"在明初太祖朱元璋已下诏在陕西省中部县祭祀黄帝陵的情况下也承认真宁有黄帝冢("相传黄帝葬衣冠处")存在的传说,但又使用了"黄帝陵"的说法,似乎黄帝陵、冢不是一回事。对于黄帝庙又写为"在中部县东三里"但又不得不承认它是移建的,说"旧在桥山陵旁,宋开宝中移建于此,有刺史李恕记"。明朝嘉靖二十一年(1542)刻本《陕西通志》卷十一《土地·神圣遗址》也写道:"黄帝庙有三,一在中部县东三里,旧在桥山陵旁,宋开宝中移建于此,有刺史李恕记;一在真宁县城东,《方舆胜览》云,真宁在阳周之地垠,故有庙;一在城周县西南二十里。"这也承认在真宁有黄帝庙。

《庆阳府志》又如何记载的呢?现在所见的仅有明、清两朝的三部。明嘉靖三十六年(1557年)傅学礼编纂的《庆阳府志》卷一《建置》:"真宁县。秦属北地郡,汉上郡阳周县。晋陷于戎。东魏置泥阳,惠涉二护军,寻置泥阳郡,后周废,隋初改罗川县,属北地郡,唐天宝初改为真宁县。"卷二《山川》载合水县"子午山,在县东五十里,一名桥山,南连耀州,北抵葭州,东连延安。松木槎牙,兽群潜没,绵亘八百余里,延至真宁县,黄帝曾葬衣冠于此。盖出《方舆胜览》云"。又载:真宁县桥山,"在县东七十里,黄帝葬衣冠处。汉武元封间巡狩还,祀黄帝于此"。卷九《祀典》载"真宁县,轩辕庙,在县治东。"《方舆胜览》曰阳州之桥山有黄帝冢,与真宁接垠,故立庙。卷十七《古迹》载真宁县"阳周城,在县城北三十五里。秦末陈余与章邯书曰:'蒙恬为秦将,北逐匈奴开榆中地数千里,竟斩阳周,即此地。一名驰武城,西魏置显州,后废,见《方舆胜览》。"又载"真宁县黄帝陵,在县城东子午山旁有黄帝陵。……今按延安府中部县桥山有黄帝陵,未知孰是·本朝载《祀典》三卷"。在《景致》中又说:"阳周故城,在县北三十里,一名驰武,俗讹为迟悞,本汉县也。秦将蒙恬赐死处即此,西魏置显州,后周废。"特别值得一提的是《庆阳府志》编纂者傅学礼很有见地地写了有关黄帝陵的一段话。他说:"真宁县桥山陵寝,在县东子午山傍,黄帝葬衣冠于此。延安中部县亦有黄帝陵。教谕王正,志真宁以为误载,乃削去。然旧志纂修皆出,该博君子考据未为不的。而正以己见去之,或尚未安也。今姑仍之,以俟知者。"清顺治十七年(1660年)杨藻风编纂的《庆阳府志》亦有两处载真宁县黄帝葬衣冠处。同时也讲:真宁县,秦属北地郡,汉上郡阳周县。清乾隆二十六年(1761年)赵本植编纂的《庆阳府志》亦载"正宁县有黄帝陵,在县城东子午山旁",也说在县东70里相传黄帝葬衣冠处,同时也表示"今按延安府中部县桥山有黄帝陵,未知孰是本"?在清代的两部《庆阳府志》中均载有轩辕庙,在今正宁县。赵本植编纂的《庆阳府志》中还增加了一处轩辕庙。即合水县"轩辕庙,在子午山旁"。明嘉靖三十六年(1557年)傅学礼编纂的《庆阳府志》中未记载庆阳府境内有轩辕庙。

(四)黄帝冢(陵)庙河北省涿鹿说

明嘉靖四十年(1561年)纂《宣府县志》刻本卷17《祠祀考》载:"魏兴光元年(454年),魏修黄帝祠于涿鹿……黄帝祠在涿鹿县桥山。魏自天兴中建,诸帝东巡,幸率亲临以祀,或遣官代之,至是诏修祠宇云。"清康熙五十一年(1712年)纂的《怀来县志》刻本卷三《地舆》:"桥山,旧《镇志》:两山相近,中有一石如桥,阔五尺长丈余,可通行,因名。"《魏书·太宗本纪》:"神瑞二年(415年)六月,幸涿鹿登桥山观温泉,使使者以太牢祠黄帝。"有泰常七年(422年)九月,幸桥山。遣使者祠黄帝、唐尧庙。"《畿辅通志》:"在保安州东南山上有轩辕台。"卷九《祀典》载:"轩辕庙,《通志》《水经注》:涿鹿城东一里,阪泉上有黄帝祠。《镇志》:在桥山,魏天兴中建。"乾隆二十二年(1757年)编纂的《宣化府志》刻本卷六《山川志》记保安州桥山有黄帝祠、轩辕台、黄帝庙。在道光年间的《保安州志》,光绪时的《保安府志》《大清一统志》,民国时的《磁县志》以及当代编写的《涿鹿县志》都有上述类似的记载。北魏拓跋氏亦称其先出自黄帝,所以北魏皇帝登桥山,为黄帝修祠、庙,并派使者为代表到黄帝祠庙进行祭祀。《魏书·太宗记》:"(神瑞二年)四月……壬申,幸涿鹿,登桥山,观温泉,使使者以太牢祠黄帝庙。"县志所载也是有据的。

(五)黄帝冢(陵)庙在今北京市说

清光绪十年(1884年)《顺天府志》刻本《地理志六·祠祀下》载平谷县轩辕黄帝庙,在县北渔子山。卷八《冢墓》说:"平谷县,黄帝陵在县东北渔子山。《日下旧闻考·长安客话》:世代黄帝陵在渔子山,今平谷县东北十五里,凤皁窿然,形如大冢,即渔子山也。其下有轩辕庙。复按云:《史记》黄帝崩,葬桥山。魏王象、缪袭等撰《皇览》云在上郡。《地理志》谓上郡阳周县。《括地志》谓在宁州罗川县东八十里子午山。今平谷之陵,人多疑流传之误。然帝既都涿鹿,则葬于此,理亦有之,抑衣冠之葬,或者非一处也。《大清会典》:告祭轩辕陵,本朝仍旧制,在今陕西鄜州之中部县境①。

(六)黄帝冢(陵)庙山东省曲阜说

《竹书纪年》(今本):"黄帝轩辕氏,母曰附宝,见大电光绕北斗枢星,光照郊野,感而孕,二十五月生帝于寿丘。"《帝王世纪·自皇古至

---

①司马迁:《史记》卷1《五帝本纪》,中华书局1959年版,第65页。

五帝第一》也说附宝"生黄帝于寿邱"。《宋书》卷20《志第七·符瑞上》亦载"生黄帝于寿丘"。寿丘,今之山东曲阜。《大明一统志》卷23《兖州府曲阜县·寿张县·钜野县》载:"轩辕寿陵,在曲阜县东北二里,相传黄帝轩辕氏葬此,本名寿丘。"

(七)黄帝冢(陵)庙河南省灵宝县说

清雍正时期编的《河南通志》民国3年(1914年)河南教育司印历次补修本卷48《祠祀》载:"河南府黄帝庙,在宜阳县西。世传轩辕黄帝铸鼎于此,故立庙祀之"。乾隆时续的《续河南通志》民国3年(1914年)河南教育司印历次补修本卷十四《舆地志·坛庙》载:"陕州,黄帝庙,在阌乡城东南铸鼎原。相传为黄帝上升处,自汉以来有庙,明万历间知县黄方复建。国朝乾隆十二年(1747年)知县梁溥重修,清祀。"卷十五《舆地志·陵墓》载:"故轩辕陵,在阌乡县南十里铸鼎原。"《大清一统志》商务印书馆1934年重印本载:"陕州直隶州陵墓,轩辕陵在阌乡县南铸鼎原。本朝乾隆十一年(1746年)重修庙宇"。民国21年(1932年)编的《新修阌乡县志》铝印本卷十一《祠祀》载:"黄帝庙,在城东南十里铸鼎原,有唐王颜碑铭。" 明万历壬寅(1602年)知县黄方,清乾隆十一年(1746年)知县梁溥,道光二十四年(1844年)知县李福源,光绪十六年(1890年)知县孙叔谦,屡次重修,现颇残毁。当代编《灵宝市志》1992年(中州古籍出版社出版),第40篇《文物与旅游》载:"黄帝陵位于灵宝县西二十里处的阳平镇东北五公里黄帝岭之西端。黄帝陵冢高6米,周长42.5米,陵之南5米处即黄帝庙和魁星楼(已毁),庙院约3500平方米,庙南方圆3公里,即故称之铸鼎原,亦即黄帝铸鼎处,陵冢正南8公里处,即是巍峨的荆山。"

黄帝庙建于西汉武帝时……崇祯二年(1629年)县令李服义复建……十六年,流寇破城,庙、楼毁。清康熙、乾隆、光绪七年……修葺,现黄帝庙皆成废墟,仅有黄帝陵一冢及唐贞元十七年(801年)石碑一通。……碑名"轩辕黄帝铸鼎原碑铭"……铭并序 137 字……据考古调查,在黄帝陵的西北 3 公里处有 3 万平方米新石器时代遗址,陵的西南 3 公里处仍有面积 20 余万平方米的新石器时代遗址,陵的正南 3 公里、东南 4 公里处均有较大面积的古文化遗址,这些地方古人类的活动时间皆同属于黄帝时代。

综上所述,这七处黄帝冢(陵)庙的地址是人们所常说到的。从文字记载上讲时间有先后之别,但很难说有什么真假之分,因为都是根据传说而记载下来的,而且这七处都有一定的依据,只能视为是从不同角度、不同层面来反映了黄帝文化地域的广泛性和内核的多样性,都是值得珍视的宝贵的历史文化遗产。当然传说也有附会的,也有"屡层"的。如对七处中的任何一处黄帝冢(陵)庙做仔细的研究,便会发现不少矛盾和不实之处。譬如说中部县的黄帝庙是从桥山西麓移植去的,有黄陵石碑为证,而桥山西麓并非中部县辖地。又如中部县汉为翟道县,非阳周县,而黄帝冢在阳周县桥山之南。又以正宁县黄帝冢(陵)庙而言,正宁县虽处桥山之南,但在汉时是否为阳周县亦有争论。作为庆阳人的李梦阳(明代著名文学家)不承认桥山有什么衣冠冢,他说:"黄帝骑龙事杳茫,桥山未必葬衣冠。"作为历史应该去掉其附会、屡层,还原其历史的本来面目。可是由于时代久远,地名变异,行政区划变更等诸多问题,短时期内很难彻底弄得清楚明白的,何况有些只是在特定地域内的民间传说,我们姑且借用"模糊数学"的概念,只能信其有,而不可信其无。

三

(一)对黄帝的祭祀应成为中华民族的一项重要活动

中华民族有祭祀先祖的光荣传统。"国之大事,在祀与戎。"[1]黄帝逝世后,臣民们为了表达对黄帝所施恩泽的缅怀和对其英雄品格的追慕,取竹木立庙而祭,取衣冠置墓而守,或画像,或削木为像而拜。在三代至战国时期,当政的君主作为自己的远祖在宗庙祭祀,秦汉以来则将黄帝视为天地第一神,作为天神进行郊祭,同时也在宗庙祭祀。北魏皇帝为表明他是黄帝的后裔,曾在河北涿鹿桥山祭祀黄帝,这是继汉武帝后又一次在黄帝活动遗址地方建庙祭祀。唐朝曾提出要在帝王陵寝所在地祭祀,但黄帝陵寝所在地没有明确,只好仍在祖庙中和郊祭中祭黄帝。从隋朝开始建立伏羲、炎帝、黄帝的三皇庙,祭祀三皇逐渐普及到了民间,对黄帝并未单独祭祀。元代改三皇庙为药王庙,将三皇作为药师之祖祭祀。明代朱元璋认为黄帝不仅是医家祖师,更是中华民族的远古祖先,确定国家在陕西中部县祭祀黄帝,三年一大祭,必须由皇帝亲自参与或者派遣大臣参加,每次祭祀的情况都要刻石立碑等,奠定了国家在中部县祭祀黄帝的格局。清代至民国基本延续这一格局,只是有损益罢了。从上述情况可以看到对黄帝的祭祀活动仅仅是当权者的政府行为,是从维护自己的统治利益出发,缺乏广泛性、民众性。如有民众去祭祀黄帝,只不过是去求医、求神。从笔者所见到的一些府志、县志乃至省志中没有看到群众如何对黄帝祭祀的活动。就是有黄帝冢(陵)庙传说的地方,也没有关于群众祭祀黄帝的记载。民众虽有祭祀的传统,也只是从血缘关系出发,而且

---

[1]《左传·成公十三年》,华夏出版社1994年版,第87页。

一般也只是祭五服之内的祖先。我们所以要祭祀黄帝是因为黄帝开启了中华文明,铸造了中华民族的民族精神,黄帝是中华民族的根,是中华文化的魂,是国家、民族、家庭生存发展的象征,是统一、和谐、团结的凝聚力,是艰苦奋斗、海纳百川、包容开放、进取创新的精神动力。近年来著名学者许嘉璐先生曾在《光明日报》撰文,倡议对黄帝在新郑举行国家级别的祭祀活动,同时在有关地域内还可举行地方性的祭祀活动。这一倡议就是要让祭祀黄帝的活动应扎根于民众,将政府行为变为民众自觉的行动,成为民众的一项重要纪念活动,提高整个中华民族,中国人的人格品位。这种纪念活动,不完全是追求修豪华黄帝庙、塑黄帝像等工程,而是定期深入地开展黄帝文化宣传活动,或黄帝遗迹旅游活动,使民众了解黄帝是人,不是神,了解黄帝业绩、精神以及黄帝在中国历史上的地位作用等,真正从内心中敬仰黄帝,发扬光大黄帝文化精神。

(二)黄帝文化是中国传统文化的源头,屏弃黄帝文化就不是真正意义上的中国传统文化

中国有五千年悠久的文明历史,根植了自己丰富的传统历史文化。人们提起中国传统文化,往往异口同声地说儒家文化,津津乐道诗书礼乐易春秋、君君臣臣父父子子三纲五常等。好像只有孔子创立的儒学才是中国传统的历史文化。"儒"是什么?儒是一种职业,在古代就是进行巫术活动,在甲文中就有儒字,徐中舒认为甲文中的儒像人以水冲洗全身斋戒沐浴之形,卜辞中有子需即子儒,是武丁时的名儒[①]。许慎《说文解字》:"儒,柔也,术士之称。"他们精通当时社会需要的礼仪与知识。作为一个思想文化体系而言,儒学形成于东周时期。儒学文化非常重视"礼""乐"。礼乐文化是中国的传统文化,中华民族

---

①参见徐中舒:《甲骨文中所见的儒》,《四川大学学报(社科版)》1975 年第 4 期。

以礼乐文明著称于世,礼乐并非孔子的发明,在他以前,周公制礼作乐,是继承和改造了商人的礼乐文化而成为"周礼"。商人的礼乐又是继承了古人的礼乐。"礼,履也,所以事神致福也。"①礼起于祭祀,礼与乐是不分离的。远古时期各部落都有自己的乐舞,黄帝之乐名《承云》,礼乐起源之早,是因为它与原始宗教以及祭祀活动相联系的。是祭祀的主要仪式,起着沟通人与神的作用,黄帝时期已使用巫卜,《归藏·启筮》:"黄帝与炎帝斗涿鹿之野,将战,筮于巫咸"。《淮南子·本纪训》:"仓颉作书而天雨粟鬼夜哭",仓颉进行巫术活动时也可能使用了龟卜。《文献通考》及《通典》都讲"黄帝祭祀上帝于明堂"。《史记·五帝本纪》黄帝"鬼神山川封禅与为多焉,获宝鼎,迎日推筴。……顺天地之纪,幽明之占,死生之说,存亡之难"②。黄帝时已有封禅之礼、军礼、祭祀之礼,等等。礼、乐不可分离。儒家的礼乐文化是继承和发展了黄炎礼乐文化而逐渐丰富的。

孔子思想的核心是"仁"。仁者爱人。"己所不欲,勿施于人。""仁"就是要体现在爱心上。孔子要求统治者"为政以德"。总之,儒学文化的基本内容大体是 "礼乐德教""天人合一""行德政""民本主义"等等。而这些基本思想,都可以在黄帝文化中找到源头。《史记·秦本纪》:"夫自上圣黄帝作为礼乐法度,身以先之。"③就是说黄帝以礼乐为准建立社会秩序,规范各种行为、制度,并带头遵守、实行。他还提倡德教、德政。"修德振兵","抚万民"④。《韩诗外传》卷八:"黄帝即位,施惠承天,一道修德,宇内和平。"《盐铁论》卷五《道德第二十二》:"上

①段玉裁:《说文解字注》第一篇上,上海古籍出版社 1981 年版,第 2 页。
②司马迁:《史记》卷 1《五帝本纪》,中华书局 1959 年版,第 6 页。
③司马迁:《史记》卷 5《秦本纪》,中华书局 1959 年版,第 192 页。
④司马迁:《史记》卷 1《五帝本纪》,中华书局 1959 年版,第 3 页。

自黄帝,下及三王,莫不明德教。"《吕氏春秋》卷十九《上德》:"为天下之国,莫如以德,莫如行义,不赏而民劝,不罚而邪止。此神农、黄帝之政。"《史记·三代世表》:"天下之君王为万夫之黔首,请赎民之命者帝,有福万世。黄帝是也"①。黄帝以家为基,以民为本,注重解决民生问题,在抚民安民上做出了创造性举措,达到了人与社会的和谐。正如《易》曰:"黄帝、尧、舜垂衣裳而天下治"。他还主张"天人合一",人与自然和谐,《史记·太史公自序》:"维昔黄帝,法天则地。四圣遵序,各成法度。"②《皇王大纪》卷一:"轩辕明于天地之道,体神而起数,倚数而观象,……德配天地之至也。"

中国传统文化还应包括道家、墨家、法家、阴阳家、兵家、农家、医家等思想文化学派,而这些学派其中某些思想也是与儒家学派相通的,而且是互补的(这是另一个题目,在此不赘述)。就道家、墨家、法家、阴阳家、兵家、农家、医家等思想内涵,也是以黄帝文化紧密相连。黄帝一生经历多次战斗,在与蚩尤战斗中采取了很多战术、战略,所以《事物纪原》认为中国兵法始于黄帝。唐太宗李世民与李靖在讨论兵法中也说到黄帝的兵法问题。黄帝强调修德振兵治理天下,同时也主张德法并用,在《管子》卷十五《任法》中记载:"黄帝之治天下,置法而不变,使民安其法者也"。申子也有类似的说法。黄帝更是主张调和阴阳,治理阴阳之气。《文子》卷上《精成》:"老子曰:昔黄帝之治天下,调日月之行,治阴阳之气,节四时之度,正律历之数,……"《黄帝内经·素问》卷二《阴阳应象大论第五》:"黄帝曰:阴阳者,天地之道也,万物之纲纪,变化之父母,生杀之本始,神明之府也"。特别是老庄道家的思想文化与黄帝文化的联系更为密切。在西汉初年文景之治被认为

①司马迁:《史记》卷13《三代世表》,中华书局1959年版,第506页。
②司马迁:《史记》卷130《太史公自序》,中华书局1959年版,第3301页。

是黄老之学的产物,以黄老之学命名,更见其道家思想与黄帝文化的源流。《古史》卷一:"黄帝之书,战国之间犹存,其言与《老子》相出入,以无为(为)宗"。《论衡》卷十八《自然篇第五十四》:"黄老之操,身中恬澹,其治无为,正身共己,阴阳自和,无心于为而物自化,无意于生而物自成。〈易〉曰:'黄帝、尧、舜垂衣裳而天下治'。垂衣裳者,垂拱无为也。……〈易〉曰:'大人与天地合其德'……其德与天地合,故知无为也"。

传统历史文化无论形式和内容都是丰富多彩的,并且根据不同历史时期的不同要求,也是与时俱进的。在损益中推陈出新,在创新中稳步前进,在新时代里,对于某些历史文献可以做出新的诠释,以适应当今社会潮流和贴近人民生活的要求。但不能没有黄帝文化这个根,这个中华魂,和黄帝时代铸造的民族精神、民族气节和民族品德。只有根深叶茂,才能在新的历史起点上,实现中华民族的伟大复兴。

(三)对待传统文化的态度应成为衡量人的品德和有无作为的内容之一

一个国家,一个民族要兴旺发达,都希望人们成为贤良之人,成为勤于学习,敢于实践,勇于奋斗的人。一句话,希望成为对国家、民族有用之人,即有作为的人。有无作为,衡量的标准、内容,在不同时期是不一样的。就对待传统文化而言,也反映了一个人的气质,人格,精神。做史学的要讲史德,做官的要讲官德,所谓"官德"最起码的要求就是不利用手中的权力去坑害人,要为老百姓办些实事,不说假话,不欺骗人等。《册府元龟》讲道在大历四年(769年)四月鄜坊节度使臧希让上言坊州有轩辕黄帝陵阙,请置庙四时享祭,列于祀典,从之。1995年西安地图出版社的《黄帝县志》在第三章《轩辕庙》又写为"大历五年(770年)"。在之前《水经注》作者提出"奢延水又东,走马水注之。水出西南长城北阳周故城南桥山,王莽更名上陵时,山上又黄帝冢故也",即在陕西安定县的看法,在唐初,李泰在他主编的《括地志》中又认为"黄帝陵在宁州罗川县东80公里子午山"。但是,唐代对黄帝陵寝所在地未确定。"大历"是唐代宗的年号,不论是四年还是五年,臧希让是一位地方官,他从民心出发,向当今皇帝进言要求在坊州重新修建黄帝庙,祭祀黄帝,并列入祀典,这是很有胆识的举措,用现在的话讲,就是他向中央政府争取到了"修建黄帝庙,列入祀典"的项目,这个项目关系着我们民族的根和国魂的问题。表明他对弘扬民族文化传统,特别是黄帝文化的高度自觉性。他的这一举措可以说为明代确定黄帝陵寝在坊州奠定了良好的基础。从这个意义上讲,他可算一位"有作为"的地方官。在明朝嘉靖三十六年(1557年)由傅学礼主编的《庆阳府志》中提到编《真宁县志》的王正,要将过去旧志上写的黄帝冢在真宁县(今甘肃正宁县)这个重大的传说历史一笔勾销,不予记载,而以所谓的新八景去代替。如以王正之轻率地"削去",那么正宁县黄帝冢传说历史就被被淹没了。从这个意义讲,王正对待传统历史文化的态度是不够端正的,对待历史是不严肃的。而编《庆阳府志》的傅学礼以真宁县桥山黄帝冢被《真宁县志》削去一事在卷17写道:"教谕王正,志真宁以为误载,乃削去。然旧志纂修皆出。该博君子考据未为不的,而正以己见去之,或尚未安也。今姑仍之,以俟知者"。傅学礼对王正的批评是有道理的,他认为对待历史传说文化,特别是黄帝文化应是一件严肃的事情,不能以个人的意念出发,想写就写,想削就削,前人的传说是有依据的,目前没有新的证据的情况下,仍应从旧志记载,从而避免了真宁黄帝冢被湮没。这可算得上是一位"有作为的地方官吧"!争名人权贵出生地、墓葬地或名胜地的事情在史籍中,特别是在地方史志中是常见的。一般说来都要举出有说服力的客观证据。而在清雍正十三年(1735年)《陕西通志》刻本所载，卷七十一《陵墓·中部县》说："今中部县地，与征宁相去三百余里，土埌相接，征宁之地，既无桥山。旧志传征宁有桥山、黄帝冢，非也。（《雍胜略》）"。尽管这段话是引《雍胜略》书上的话，好像有证据，但这话是不正确的，征宁为真宁之误，真宁之地有桥山，不是无桥山。中部县与真宁县相距并非三百多里，像这样不求实地写在县志中，恐怕也算"乱作为"吧！清光绪十年（1884年）《顺天府志》刻本，通州《地理志六·祠祀下》卷八《冢墓》平谷县"黄帝陵，在县东北渔子山。《日下旧闻考·长安客话》：世传黄帝陵在渔子山，今平谷县东北十五里，风皋窿然，形如大冢，即渔子山也。其下有轩辕庙。复按云：《史记》黄帝崩，葬桥山。魏王象、缪袭等撰《皇览》云在上郡。《地理志》谓上郡阳周县。《括地志》谓在宁州罗川县东八十里子午山。今平谷之陵，人多疑流传之误。然帝既都涿鹿，则葬于此，理亦有之，抑衣冠之葬。或者非一处也。《大清会典》：告祭轩辕陵，本朝仍旧制，在今陕西鄜州之中部县境。当我读到这段文字时，深深感到《志》的编纂者只用207字既表示了对该地黄帝传说历史文化的认同，又尊重了学者们关于黄帝文化的研究成果；既表达了对中国传统文化承传的意志，又履行了政府的有关决定，充分体现了编纂者是一位严谨、客观、求实的学者，也是一位有责任感，有作为的官员。

总之，在当今改革开放的新时代里，应努力提高继承传统文化的自觉性，大力弘扬中华传统文化，从传统历史文化中汲取有益的营养成分，增强我们建设中国特色社会主义先进文化的自信心，抵制虚无主义的历史文化观。

黄帝在制度文化上的开创性贡献

随着人类社会的形成，为适应社会的需要必然在人们社会实践过程中生成一定的社会体系，这种社会体系被称为社会制度。社会制度反映着社会性质，不同的社会形态有着不同的社会制度。原始社会的社会制度就是公有制社会，奴隶社会的社会制度就是奴隶主占有的奴隶制社会制度。我这里所说的制度文化是指每一类型社会的社会制度中还有与之相关联的政治制度、经济制度、文化制度、婚姻制度、宗教制度、教育制度等等。制度就是要求社会成员共同遵守的规则和办事的程序、步骤、方法等，是用来规范人们在社会组织中的行为，并将社会成员单个人的力量组成合力进行有效的社会活动（包括生产活动、政治活动、交际活动、宗教活动等），抵抗自然和人为的灾害，保护人的生存和发展。在一定意义上讲，制度起着法律的作用和道德养成的作用，包含着法律与道德规范的双重意义。制度是在实践过程中逐步产生，经历着由不完善到完善的发展过程。制度具有稳定性，它一旦确立就不能朝令夕改。制度又具有更新、改革的属性，不能僵化不变，根据社会或事物发展变化的需要增添新的内容，或用新的制度代替旧的制度。

实现原始部族方国大联合或统一的轩辕黄帝，正处于原始社会末期向文明社会前进的关键时期，它所开创的制度文化具有文明社会的性质，同时也带有原始社会的某些特征，但它对引领人们走向文明社会具有十分深远的历史意义。

一、职官制度

司马迁在《史记·五帝本纪》中说轩辕黄帝"东至于海,登丸山,及岱宗。西至于空桐,登鸡头。南至于江,登熊湘,合符釜山,而邑于涿鹿之阿,迁徙往来无常处,以师兵为营卫。官名皆以云命,为云师,置左右大监,监于万国。……举风后、力牧、常先、大鸿以治民。"①这段文字说明了两个问题,即职官制度产生的前提条件(或历史背景)和职官制度的内容。产生职官制度文化的前提条件就是轩辕黄帝实现了部族或方国间的联合统一,即"合符釜山""邑于涿鹿之阿",只有在这种特定的历史条件和环境中才能产生职官制度。当时所出现的职官制度从内容上看是很简朴、单纯的。"官名皆以云命,为云师,置左右大监,监于万国","举风后、力牧、常先、大鸿以治民"。"官名皆以云命,为云师"是根据《左传·昭公十七年》载郯子回忆"昔者黄帝氏以云纪,故为云师而云名"②。为什么要以云纪?从郯子回忆其祖少暤氏说:"我祖少暤挚之立也,凤鸟适至,故纪于鸟,为鸟师而鸟名"。因此《左传·昭公十七年》疏引服虔曰:"黄帝将兴,有景云之瑞"。《辞海》云:"一种彩云,古人以为祥瑞之气,是太平的征兆。"王逸注《楚辞》:"景云,大云有光者"。

黄帝设臣,司马迁只举四人,则是根据孔子言:"黄帝取合己者四人,使治四方,不谋而来,不约而成,大有成功,此之谓四面也"(《尸子》卷下)。黄帝"置左右大监,监于万国"之说,司马迁据战国以来何种文献不太清楚,不过他对黄帝创立的职官制度是经过缜密研究,不会妄说。在他之后不少学者在著述中所载黄帝时所设官职名目较多,

①司马迁:《史记》卷1《五帝本纪》,中华书局1959年版,第6页。
②李梦生:《左传译注》,上海古籍出版社2004年版,第1079页。

什么将、相、三公、司徒、司空,地方有州官,基层有井、里、隣等等,很规整,层次等差很清晰,多为后世职官而附会,令人难以置信。那时的职官是根据社会生产生活的需要而设置的。《史记·集解》应劭曰:"春官为青云,夏官为缙云,秋官为白云,冬官为黑云,中官为黄云"可知黄帝时以春、夏、季夏、秋、冬季节时序设官职,以便指导群众遵循春生、夏长、秋收、冬藏自然规律进行生产劳动和生活安排,使人与自然协调和谐发展。《史记·五帝本纪》:"顺天地之纪,幽明之占,死生之说,存亡之难,时拊百谷草木,淳化鸟兽虫蛾,旁罗日月星辰水波土石金玉,劳动心力耳目,节用水火材物"①,就是这个意思,也是表明为官治民的基本内容。《汉书·百官公卿表》:"自颛顼以来为民师而命以民事"②。颛顼为黄帝之后,其官也是以办民事为其基本内容。黄帝时候的职官也没有专供其奴役的民众养他们。《商君书·画策》讲黄帝之世"官无供备之民"。根据人们的需要设官,如解决"存亡之难"设立医官,如伯岐主医。又如制造生活用品的,有主管陶器生产之官等等。

二、监督制度

司马迁说黄帝"置左右大监"。我们理解"监"为"观"之意。这是很有特色的,所监之国或为方国有"万国和"之说,或为氏族部族之类的族团,每个族团都有自己的首领,或谓酋长之类。由于那些族团或方国首领在河北釜山参加了"合符"会议,表示愿意接受轩辕黄帝的领导。"设左右大监"在于观看那些族团或方国首领是否有反叛行为或其他不轨行为。如有则即时规劝或制止,如没有则采取进一步增强联合与团结的措施,此其一;其二是了解各地域人民群众的生产生活状

①司马迁:《史记》卷1《五帝本纪》,中华书局1959年版,第6页。
②班固:《汉书》卷19《百官公卿表》,中华书局1964年版,第721页。

况,有什么需要帮助解决的困难和问题,以促进生产的发展和生活的改善。这种对族团或方国首领的监督制度是我国监察制度的滥觞。到西周时正式形成监国制度。《周礼·大宰》:"乃施典于邦国,而建其牧,立其监"。武王灭殷后派管叔、蔡叔、霍叔对殷进行监督,谓之三监。在秦汉中央集权专制制度建立之后,监察制度进一步完善。

三、等级制度

《国语·鲁语上》:"黄帝能成命百物,以明民共财",这是讲社会中的人都要明白自己的身份。这就是说黄帝时候人有贵贱等级的差异。所谓共财是与财产私有相对而言的。"黄帝能成命百物"这是出现等级社会财产私有的物质基础。因为在这以前社会中的人没有贵贱之分,没有社会地位高低、上下之别,没有财产的私有,大家都是平等的,这是生产水平低下所致。"能成命百物"是讲能够对许多事物叫上名称,事物的名称往往代表事物的本质特征,从而使这一事物和其他事物相区别,表明人们对事物的认识水平有了提高,有新的发现,反映着人的创新能力的增强,这样社会财富必然因此有所增加,出现了财产私有。那时财产的私有主要表现在对生产工具和饲养牲畜的占有,在考古发掘中发现多处新石器晚期遗址墓葬中所葬生产工具、生活用具以及猪下颚骨有多有少的区别得到了证实。而山川、河流、土地、矿产等仍属部族或部落所共有。在部族战争间,战胜的部族将战败部族的人变成自己的奴隶。《逸周书·尝麦篇》记载黄帝战胜蚩尤后,将其九黎部族(蚩尤为大首领)变成黄帝部族的奴隶,"命少昊清司马鸟师,以正五帝之官,故曰'质'"。就是说叫少昊去管理九黎部族,将他们收为自己的养子,让九黎部人换姓,成为黄帝大家族中的一员,实际上成为黄帝大家族的家内奴隶。有的文献还记载对战败的蚩尤部众其善后者迁于邹屠之乡,其恶者以木械之,迁于有北之乡。

即指定区域进行管制,人的尊卑地位十分明显。

　　等级制还表现在人的穿戴上。穿衣戴帽现在看来很平常简单的事,在远古就不是那么平常简单的事。庄子说:"古者民不知衣服,夏多积薪,冬则炀之"(《庄子·盗跖》)。先民们往往是光身子、赤脚,以后才披着草衣或兽皮。《十七史纂古今通要》卷一指出:"昔之皮革蔽体者,今(指黄帝之世)始有冠冕章服"。《世本》:"[黄帝宦]胡曹作冕,伯余作衣裳,于则作扉履"。所以不少古文献都讲黄帝时人们能穿衣裳和鞋,还戴帽子,人已经像人,不与禽兽一个样了。这是人类生活的一大进步,是人生活质量的改善和提高。黄帝时还将穿衣戴帽作为区分人的社会地位贵贱高低等级的重要标志。一般的民人穿麻织布衣,用麻织的鞋。在陕西华县柳子镇遗址发现了麻布织物残迹。孔子说:"黄帝穿衣裳系有带子是"黼黻衣,大带,黼裳"(《大戴礼记》卷第七《五帝德第六十二》)。黼(fú 音府)黻(fú 音弗)衣。即纹饰黼,作黑白相间的花纹,作斧形刃白身黑,黻,作黑青相间的纹饰作亚形,黼裳,裳的纹饰只作黑白相间的纹饰,作斧形刃白身黑。《士冠礼》疏引《世本》"黄帝作冕旒"。"旒(liú 音流)指旌旗下边悬垂的饰物,冕旒是古代冕冠前后悬垂的玉串。《历世真仙体道通鉴卷之一轩辕黄帝传》讲黄帝战蚩尤时"帝服黄冕,驾象车,交六龙"。黄帝元妃嫘祖养蚕。《皇王大纪》卷一称嫘祖"亲蚕为丝,以率天下"。《古今事物考》卷五:"西陵氏之女嫘祖,为黄帝元妃,始教育蚕,治丝茧以供衣服",被后世称之为先蚕,并祭祀之。1926 年李济先生在山西夏县的仰韶文化遗址中发现了半个蚕茧,经鉴定为家蚕茧。1958 年在浙江吴兴钱山漾遗址中出土了绢片、丝带、丝线等织品。黄帝以蚕丝为衣裳或许可能,而与民以麻布为衣裳相区分。不仅衣裳的料质不同,而且还有特殊的纹饰。所以《周易·系辞传》说"黄帝尧舜垂衣裳而治"。《帝王世纪》也说:"始垂衣裳以班上下",《稽古录》卷一:"黄帝……于是始制轩冕,垂衣裳,贵有常尊,贱有等威,使上下有序,各安其分,而天下大治"①。《新郑县志》卷三《人物古圣》:"帝(黄帝——引者注)作元衣黄裳,以象天地之色。旁观草木之华,染五彩为文章,以表贵贱"等级之制甚明。

四、明堂制度

《史记·孝武本纪》曰:"初,天子封泰山,泰山东北阯古时有明堂处,处先不敞。上欲治明堂奉高旁,未晓其制度。济南人公玉带上黄帝时明堂图。明堂图中有一殿,四面无壁,以茅盖,通水,圜宫垣为复道,上有楼,从西南入,命曰昆仑,天子从之入,以拜祠上帝焉。于是上令奉高作明堂汶上,如带图。及五年脩封,则祠泰一,五帝于明堂上座,令高黄帝(高祖刘邦——引者注)祠坐对之。祠后土于下房,以二十太牢。天子从昆仑道入,始拜明堂如郊礼。礼毕,燎堂下。而上又上泰山,有祕祠其颠。而泰山下祠五帝,各如其方,黄帝并赤帝,而有司侍祠焉。泰山上举火,下悉应之"②。这是司马迁记述汉武帝刘彻到泰山封禅的情景,在此明确指出黄帝确立了明堂制度。历代诸多文献均加以肯定。《旧唐书·礼仪二》:"明堂之制,爰自古昔,求之简牍,全文莫睹。始之黄帝,降及有虞,弥历夏殷,迄于周代,各立名号,别创规模"。《事物纪原》及《古今事物考》列举《尸子》《管子》《周礼》等文献认为"明堂要自黄帝始也"。《通典·礼四·吉四》:"黄帝拜祀上帝于明堂(或谓之合宫)。其堂之制,中有一殿,四面无壁,以茅草盖,通水,水圜,宫垣为复道,上有楼,从西南入,名昆仑,天子从之入,以拜祀(汉公玉带所上制度)"。嘉庆《宣府镇志》明嘉靖四十年(1561)刻本卷十二《宫宇考》"黄帝筑合宫于涿鹿",认为涿鹿在保安。

---

① 司马光:《稽古录》,北京师范大学出版社1988年版,第3页。
② 司马迁:《史记》卷12《孝武本纪》,中华书局1959年版,第480页。

什么是明堂制度呢？明堂是集会、议政、祭祀等多种用途的场所。我们认为明堂制度至少有两个方面的涵义。一是从建筑方面说，先民们最早是住在天然的山洞、地洞、地穴或原始森林的大树上，可以说是与鸟兽同居，在考古发掘中有北京山顶洞人的发现可以证明。随着生产力的进步，社会组织的变化，人们的生活水平和生活环境得到改善和提高，在我国传说历史上有有巢氏之说，开始出现了建筑物，这只能是进入到新石器时代（现在一般认为距今 10000—12000 年进入新石器时代）在甘肃秦安大地湾遗址一期文化，（又称为前仰韶文化时期）距今约 8000 年。曾发现四处房址，为深地穴圆形攒尖顶式茅草房（有明显的柱洞和出入通道）。在此后二、三、四期仰韶文化遗址中发现房子由深地穴进化为浅地穴，再到地面上起建的建筑物，而且房子建筑面积逐渐增大，建筑结构更为复杂，特别是在第四期文化遗址中发现的 F901 号房址以主室为中心，向东西扩展两个侧室，左右对称，形成前堂后室，两侧出厢房的宫殿式建筑格局雏形。在南方浙江河姆渡文化遗址第四层也发现了大量的建筑基础，这是一个典型的干栏式建筑基础，出土的木构件有数千件以上。以桩木为基础，上面架大小梁，承托地板，形成架空建筑基础，然后在其上立柱架梁构成干栏式结构建筑。这种建筑物都有两层，房上盖有茅草，人一般住在上层。《越绝书》："黄帝之时，以玉为兵，以伐树木，为宫室凿地"[①]。《新语·道基》："黄帝乃伐木构材，筑做宫室"[②]。《尚书大传》辑校三："黄帝……上栋下宇，以避风雨"。《帝王世纪》："黄帝为筑宫室，上栋下宇，以待风雨"。《太平御览》卷七九三一《春秋内事》："轩辕氏以德王天下，始有堂室，高栋深宇，以避风雨"。这些记载为地下考古发掘

---

①李步嘉：《越绝书校释》，中华书局 2013 年版，第 303 页。
②王利器：《新语校注》，中华书局 2012 年版，第 14 页。

所证实，黄帝时代伐木筑宫室是可信的。从文字上看《尔雅·释宫》：
"宫谓之室，室谓之宫"。总而言之，宫、室都是屋的两名。详细地讲，宫
从门吕会意，门绕在外，吕居其中也。宫与室又是有区别的，宫是指其
外之围绕，室指其内。《左传》曰："室指宫也，此统言也，宫自其围绕言
之，则居中谓之宫"。我们通常说的五音（宫、商、角、徵、羽）中宫为首。
刘歆解释为什么宫为首呢？他说：宫，中也，居中央，唱四方，唱始施
生，为四声纲也。《易·系辞下》："上古穴居而野处，后世圣人易之以宫
室"，这个圣人一般指黄帝。黄帝所住之宫名曰合宫，后来人们将帝王
住址称为皇宫、宫殿。二是文化内涵，明堂是黄帝拜祀上帝的殿堂，也
是祭祀祖先的庙堂，古人认为，先人去世后上了天，或者是上了山，开
启了中国孝敬长老文化的举措，祭祀、拜祖。《隋书·牛弘列传》对设置
明堂的文化内涵讲得非常清晰。说："窃谓明堂者，所以通神灵，感天
地、出教化、崇有德。〈孝经〉曰：'宗祀文王于明堂，以配上帝'。〈祭义〉
云'祀于明堂教诸侯孝也'。黄帝曰合宫。尧曰五府，舜曰总章。布政
兴治，由来尚矣"[1]。明堂也是议政、行政、宣明政教之地。《管子》曰：黄
帝有明堂之议。在夏为世室，殷人称重屋，周人曰明堂。夏商周三代直
至后世天子除祭祀祖先外，也是议政宣政、朝会和重大的庆典场所。

　　此外，轩辕黄帝时代还建立有礼仪制度、殡葬制度、历法制度、抚
民利民制度、度量衡制度、史官制度、社会管理制度、丘里邑社族聚等
等制度初步形成了中国上古制度文化基本轮廓。这些制度在后来的
时代不断发展和完善，使中华泱泱大国几千年间连续不断地傲立于
世界东方。

---

①魏征：《隋书》卷49《牛弘传》，中华书局1973年版，第1030页。

中国的家庭奴隶制始于黄帝

中国奴隶制性质是家庭奴隶制,什么是家庭奴隶制呢?恩格斯指出:"这个家庭的主要标志,一是把非自由人包括在家庭以内,一是父权"①。"在这里它不是直找地而是间接地成为生产的基础,作为家庭的组成部分,不知不觉地转入家庭(例如内宅的女奴)"②。马克思也说:是"隐蔽地存在于家庭中的奴隶制"③。从这些论述中可以看到,家庭奴隶制是指奴隶与奴隶主同处于一个家庭之中,奴隶作为家庭的一员参加动;家长有很高的权威,家庭奴隶制并不是什么家内奴隶制。因为奴隶制"从一开始就是同田间耕作的劳动有关的"④。

中国的家庭奴隶制始于黄帝,这是因为家庭奴隶制只有在父权制家庭产生后才能出现。马克思说:"父权家庭制属于野蛮期的最晚期且在文明期开始以后还保持了一些时期"。这种家族"最突出的特点是:把处于以前未曾有过的奴隶境遇和依赖地位的一些人包含在家族成员内"。在罗马家族也是"奴隶和仆役成为家族的核心,并使家

①恩格斯:《家庭、私有制和国家的起源》,《马克思恩格斯选集》第4卷,第52页。

②《马克思恩格斯全集》第20卷,第676页。

③《马克思恩格斯全集》第3卷,第25页。

④恩格斯:《家庭、私有制和国家的起源》,《马克思恩格斯选集》第4卷,第53页。

族名为父权家族"①。

黄帝所处的绝对年代不太清楚,就相对年代说,大致相当于大汶口文化和山东龙山文化时期。地下发掘的资料表明,中国的奴隶制也是随着一夫一妻制家庭的确立而出现的。在大汶口文化、龙山文化、齐家文化中都盛行单人葬,或成年男女合葬墓以及个别的一男二女合葬墓,说明一夫一妻制家庭已确立。正是在这些文化遗址中反映了奴隶制因素的出现。大汶口墓地的四座男女合葬墓中,一座有一儿童共三人,三座是二人的一次葬,男的在墓穴正中,女的在扩出的长方坑内,这可能是父权制下妾、奴隶或妻的殉葬,还有一些墓里有被杀殉的妻妾或奴隶,反映了家长的权力。在大汶口一座墓中随葬有十四个猪头骨,表明牲畜成为家庭中私有财产的标志。在少数的大型墓葬里,随葬器物除石器、陶器外,还有象牙、玉器等,最多的随葬品竟达180 余件,有的墓葬中只有很少的随葬品,可见贫富悬殊。

文献记载,黄帝时,农业畜牧业生产有很大进步。《史记·五帝本纪》载:轩辕"艺五种"。《集解》引郑玄曰:"五种,黍、稷、菽、麦、稻也"即五谷。"淳化鸟兽虫蛾"(《五帝本纪》),言畜牧业种类亦多,甚至可以养蚕。文献与考古材料相互为证。

生产发展使剩余物增多,掠夺性的战争频繁进行。《五帝本纪》载:"轩辕之时,神农氏世衰。诸侯相侵伐,暴虐百姓"。这时,中国境内出现了华夏部族与夷狄诸部族间为争夺财产和权力进行激烈争斗。在这场战争中,轩辕帮助炎帝打败了蚩尤,接着轩辕又经过了三战,打败了炎帝,至此,"诸侯咸尊轩辕为天子,代神农氏,是为黄帝"。黄帝已不是一般的部落首长,而是王君。黄帝"邑于涿鹿之阿",有都邑,

---

①马克思:《摩尔根〈古代社会〉一书摘要》,第 36 页。

"以师兵为营卫,官名皆以云命,为云师。置左右大监,监于万国",国家组织的雏形已经具备。

考古发掘中,早在半坡遗址、姜寨遗址、甘肃马家窑文化中都有铜的发现,甘肃武威皇娘娘台、临夏大何庄和秦魏家等齐家文化遗址中出土有红铜器。这也证明黄帝时"采首山铜,铸鼎于荆山下"(《史记·封禅书》)、《索隐》引《管子》曰:"蚩尤受卢山之金而作五兵"以及《管子·地数篇》讲"葛卢之山发而出水金从之,蚩尤受而制之以为剑铠矛戟"的记载不是不可信的。黄帝与蚩尤作战时已使用了铜兵器是可能的。而金属器的使用,具有划时代的意义,表明黄帝时进入到奴隶制。

《史记·五帝本纪》:"黄帝二十五子,其得姓者十四人"。《国语·晋语》:"黄帝之子二十五宗,其得姓者十四人,为十二姓:姬、酉、祁、已、滕、箴、任、荀、僖、姞、儇、衣是也。唯青阳与苍林氏同于黄帝,故皆为姬姓"。这里的姓,并不是氏族部落。马克思说:"处于蒙昧野蛮状况的部落,是没有家族姓氏的……[家族的姓氏并不是早于文明]"①。只有进入到奴隶制才有"姓"。

黄帝时期的奴隶制就是家庭奴隶制。黄帝把蚩尤打败后,九黎部一部分人成了黄帝族的奴隶。"命少昊清正司马鸟师"(《逸周书·尝麦》),意思是说黄帝请少昊出来作东夷人的首领。《山海经·大荒东经》载:"东海之外大壑,少昊之国,少昊孺帝颛顼于此,弃其琴瑟"。这就是讲少昊收养了九黎部人作为养子,九黎部人换姓,成为黄帝大家族中的一员,这就看出,九黎部被战败后,一部分人既是黄帝的奴隶,又是黄帝大家族中的成员。收养子这种习俗源于氏族社会,马克思说:"收养一个男俘虏或一个女俘虏的个人,就把他或她当作自己的兄弟姊妹;倘若是一个做母亲的收养,则把被收养者看做自己的子女,以后就永远在各方面把收养者像真的亲人一样看待了"①。(对待战俘,在氏族社会,起初并非如此,而是将其杀死。)由氏族社会收养子的习俗发展到家庭奴隶制是很自然、很方便的事,是顺理成章的事。

在古史中,黄帝十二姓中有蛮夷戎狄,过去多不得解。其实,就是黄帝将战俘变成了奴隶,并让其改换姓氏,成为黄帝大家族的成员,故在蛮夷戎狄族中有与黄帝十二姓同姓者。已姓,《世本》为少昊之后,而祝融八姓中也有已姓;骊戎是姬姓;狐戎是姬姓;白狄中也有姬姓,这正是黄帝实行家庭奴隶制的反映。

黄帝时期的家庭奴隶制是建立在农村公社基础上的。《国语·鲁语》:"黄帝能成命百物,以明民共财"。过去都以此说成是原始共产时期,实则是说财物是黄帝创造的,财物本为黄帝所有,再分配给大家,这就掩盖了剥削与被剥削的关系。不过这种说法,恰恰证明了黄帝时期的家庭奴隶制是建立在农村公社的基础上,并同农村公社相结合。一般地讲,农村公社是在家庭公社之后,以地域为基础,从公有制向私有制过渡的社会组织。在中国,早在轩辕为天子之前,各部落之间在和平交往或战争过程中,突破了血缘关系,建立了以地域为基础的联盟。如华夏族与蛮夷的联盟。现出了许多的家庭公社和农村组织。黄帝时期家庭奴隶制出现后,还保留着农村公社组织。《孔子家语·五帝》:"古之平治水土及播殖百谷者众矣;惟勾龙氏兼食于社,而弃为稷神,易代奉之"。《尚书·尧典》:"以亲九族,九族既睦,平章百姓;百姓昭民,协和成邦;黎民于变时雍"。这里明确的讲到了邦社。"邦",《说文》从邑,古文从田,甲文从土,指一定的地域内有土地。邑是村

---

①马克思:《摩尔根〈古代社会〉一书摘要》,第83页。

落，"四井为邑，四邑为丘，四丘为甸"。甸在甲文中作田，是村社组织，从邑，从土，从田，其意皆同。"社"，《说文》作"社"，释为"地主也，从示，土。《春秋传》曰：共工之子勾龙为社神。《周礼》：二十五家为社，各树其土所宜之木"。社是土地之神，有土地有人民的地方就有土地神的崇拜。斯维至先生说："古代国家，就是建立在广大众多的公社基础上的，此旧甲骨卜辞中出现"邦社"一词可以为证"①。农村公社的土地具有二重性，即公有制与私有制并存，不过它在世界各地的情形不一样。在中国农村公社与家庭公社结合，土地为公社所有，分配给各个家庭或家庭公社作为份地。在奴隶制出现后，黄帝成为所有财物的象征，即一切土地、物产为黄帝所有，而家庭公社和农村公社都只是名誉上的土地的占有者，公社成员通过自己所属的公社领取份地。黄帝时家庭奴隶制下，保留了公社的躯壳，这就是所谓"以明民共财"的真实内容。这就是中国的家庭奴隶制不同于希腊、罗马奴隶制之所在——土地不自由买卖。

《尚书》《国语》都有关于黄帝时期存在着"百姓""民""黎民"的记载，反映了阶级关系。"百姓，即统治阶级："民"包括公社社员，平民，同时也包括一部分本族的债务奴隶；"黎民"，一般释"黎"为黑，"黎民"谓"黔首"。蔡沈集传曰："黎，黑也，民首皆黑，故曰黎民"。杨筠如《尚书檄诂》："黎民当即九黎之民。《国语·楚语》'其后三苗复九黎之德，尧复育重黎之后，使复典之'。即黎民于变于事"。今从杨筠如说。"黎民"在当时是指战败和俘虏的九黎之民，以后泛指被俘之人，"黎民"应是奴隶。

总之，从生产关系，阶级结构，生产状况，政治、军事设施诸方面综合观之，中国奴隶制始于黄帝当是无疑的。

_____

①斯维至：《封建考源》，《先秦史论文集》，《人文杂志增刊》1982年。

中国传说历史时期姓氏文化刍议

——纪念先师徐中舒教授诞辰 120 周年

姓什么，叫什么名，是很平常的，是某人的代称，也可以说是代表人的符号。可是姓氏、宗族在中国历史上有着独特的意义。中国历史上建立的王朝，奴隶制王朝、封建制王朝都是以姓氏为中心，改朝换代鲜明的标识就是姓氏。从我国传统文化看强调做人首先要认祖归宗，而认祖归宗的核心要义是讲孝悌。历代封建统治者从巩固其统治出发，要求官员做到"出则事公卿，入则事父母"①。就是官员对朝廷要尽其忠顺，以事公卿，回到家中则尽其孝悌，以事父母。对于庶民群众也讲以孝为大，以孝为先，将认祖归宗、孝于父母、顺于兄长作为大事，并把孝与孔子的核心思想"仁"（爱人）联系起来，是"仁"的思想基础。"其为人也孝弟，……孝弟也者，其为仁之本与"②。所以谍谱学在中国历史上很发达。近代以来至今社会学、人类学、历史学、民族学的学者们对中国姓氏问题给予了很大的关注。先师徐中舒先生在课堂教学和他的论著中从多角度地讲到姓氏来源和亲属称谓的演变发展。姓氏、宗族是历史发展到一定阶段的产物，自姓氏出现以后，无论

---

① 《论语〈尔雅·释亲〉子罕》，《十三经注疏》下册，阮元校刻，中华书局 1980 年版，第 2491 页。

② 《论语·学而》，《十三经注疏》下册阮元校刻，中华书局 1980 年版，第 2457 页。

是对社会、国家、还是对个人都是一个不可忽视的重要问题。对个人而言不仅是认祖归宗的族系、孝敬父母的问题。孝敬父母长辈的另一方面就是抚育后代,就是常说的尊老爱幼,涉及养抚及亲情、族规、家教及个人的人品、道德、学识、身心及行为养成,关系着对国家社会有无贡献或贡献大小的问题;对国家、社会而言,它在维护社会稳定、安宁、和谐以及凝聚社会力量,助推社会发展进步、维护国家主权安全、维护民族团结、和睦、友善等方面都具有重要意义。姓氏文化是人类社会文化的重要组成部分。"娶妻避其同姓"①,同姓不婚是我国先民们长期社会实践经验的结晶,为近现代形成的生理学、优生学学科奠定了理论基础,对社会文明、生产发展和国民身心健康都起着重要作用。

(一)

中国传说历史时期和中国传说历史是两个不同的概念。中国传说历史时期是传说历史的时限性,中国传说历史是传说的内涵性,包括传说历史时期和非传说历史时期内的历史传说。

历史,简单地说是记事。在没有文字记载,只能依靠人们口口相传以及用岩画、图画、符号、结绳契刻等方式记事、记数或表意,为中国传说历史时期。其起始时期很难确定,一般是从中国历史的开端为起始,如人们常言盘古开天地、伏羲、女娲造人、燧人氏、有巢氏等等为中国历史的开端。近现代以来考古事业的发展,在上世纪 20 年代末北京周口店猿人遗骨和燃烧过的灰烬等物的发现,专家确定距今五十万年左右。其后著名历史学家范文澜先生把北京猿人称为"中国

---

①《国语·晋语四》,上海古籍出版社 1978 年版,第 356 页。

境内的原始人",写在他著作的第一章第一节中①。1965年在云南元谋县发现猿人的门齿化石、灰烬、石器等被称为"元谋猿人",专家确定距今约一百七十万年, 此后不少历史著作和教科书中对中国历史都从元谋猿人写起。如郭沫若主编的《中国史稿》第一册,人民出版社1976年7月版;张传玺《中国古代史纲》北京大学出版社1985年5月版;刘泽华等九人编著《中国古代史上》人民出版社1979年7月版等,这只能是当下人们的认识。

随着考古发掘的研究发展,有可能还会有新的突破。不过从已发现的元谋猿人和之前发现的蓝田猿人(1963—1964在陕西省蓝田县发现的猿人头盖骨、下颌骨和齿骨以及石器、动物化石等,距今约六七十万年)②以及最早发现的北京猿人(对北京猿人曾多次发掘,从1927—1937年以及新中国成立后的继续发掘)取得的丰硕成果,即先后发现的六个猿人完整和比较完整的头盖骨以及四十多个老少猿人的牙齿及各类肢骨以及大量的灰烬、各类动物化石和数以万计的石器石料,使我们对远古时代人们的社会生活、社会结构、生产力发展状况有了比较深化的理解,考古学家对彩陶文化早、中、晚期发现后,找到了尧时都城,也证实了夏代的存在,可是在夏代及之前的五帝时是传说的繁荣时期,殷商甲骨文的发现宣告了传说历史时期的终止。

伟大史学家司马迁是西汉武帝时代人,他著的《史记》以黄帝为首的五帝,是对黄帝为首的五帝时期的传说历史记载于殷周、春秋、战国、秦汉以来的文献和他本人对五帝活动地域的实地考察调研所

①范文澜著:《中国通史简编》修订本第1编,人民出版社1949年版、1964年8月第4版,第81页。

②汤因俊、计宏祥:《陕西蓝田猿人头盖骨的发现和意义》,《文物》1965年第1期。

做出的系统整理，虽然仍有矛盾错误之处，史学界至今仍认为是可信的。传说历史不仅五帝以前和五帝时期存在，春秋时代的孔子对于周、殷、夏以来的历史也深感文献不足征，就是《左传》《国语》《战国策》乃至《汉书》等史书中都有不少的传说历史内容。但是传说历史绝非伪造，不是空穴来风，必有其素地，不能随意否定传说历史，必须认真仔细研究，去伪存真。

（二）

历史学界普遍认为从元谋猿人开始我国历史便进入了原始社会的初级阶段——即原始人群阶段。虽然他们还不是现代人类，但也不属于兽类。由猿人到现代人经历了漫长的岁月，根据我国考古发掘的各种资料，表明在体质特征、身体各部位的变化，特别是四肢（手、脚）的变化，脑容量的多少，语言产生的情况和使用劳动工具、制造劳动工具能力的变化，生活能力方面的进步（获取生活资源的方式和生活资源种类的多少），特别是有无信仰观念、审美观念的追求等综合研究，认为人类的发展由猿人——古人——新人。新人阶段与现代人类差别不大，在中国新人阶段的体质表明为蒙古种人。人类进化过程起决定作用的是生产劳动，所以劳动创造了人类，劳动创造了历史是颠扑不破的真理。

人类社会的进步，社会财富的增多都与社会劳动生产力的提高和人类自身生产质量高低有着密切关系。因为生产力包含着生产工具和劳动者两方面的因素，在人类社会生产和人类自身生产中，人类自身的生产具有决定性的作用，而人类自身的生产质量的高低又与婚姻状况有着密切的关系。

人类社会发展经历了蒙昧、野蛮、文明三个阶段。恩格斯指出"这样，我们便有了三种家庭形式是与人类发展的三个主要阶段相适应的,群婚是跟蒙昧时代相适应的,对偶婚是跟野蛮时代相适应的,以破坏夫妇贞操与卖淫为补充的一夫一妻制是跟文明时代相适应的,在野蛮的高级阶段,在对偶婚与一夫一妻之间,插入了男子对女奴隶的支配和一夫多妻制"①。中国的先民们也经历了这样的发展过程。

从元谋猿人开始的原始人群是蒙昧时期,这时的群体是原始人的社会组织,是由群婚的几十人组成一个群体。其中任何一个成员都必须依靠群体的力量才能生活下去,他们共同制造生产工具——木棒、石器,共同寻找生活资源,过着群居生活。在这个群体中,两性关系没有规定和限制,婚姻是杂乱的,被人们称为乱婚或杂婚,不讲什么辈分,不懂什么直系和非直系,随意发生两性关系。这个阶段的社会生产力极其低下,社会发展非常缓慢,人们素质很低,寿命很短促,北京猿人在已发现的四十多个个体中活不到 14 岁左右的儿童就死去了。《礼记·礼运》:"昔者,先王未有宫室,冬则居营窟,夏则居橧(增)巢,未有火化,食草木之实,鸟兽之肉,饮其血,茹其毛。未有麻絲,衣其羽皮"②。这里只是"未有火化"与出土的元谋猿人、蓝田猿人、北京猿人的情况不太符合外,对衣食住行传说的叙述完全符合的。韩非《五蠹》:"上古之世,人民少而禽兽众,人民不胜禽兽虫蛇……,构木为巢以避群害,……曰有巢氏。食果蓏蛤,腥臊恶臭而伤害腹胃,民多疾病,……钻燧取火以化腥臊,……曰燧人氏。……古者丈夫不耕,草木之实足食也;妇人不织禽兽之皮足衣"③。商鞅《商君书·画策》也说:"昔者昊英之世,以伐木杀兽,人民少而木兽多"④,昊英可能是远

①恩格斯:《家庭、私有制和国家的起源》,人民出版社 1954 年版,第 71 页。

②《十三经注疏下册》,清阮元校刻,中华书局 1980 年版,第 1416 页。

③韩非:《五蠹》,《法家著作选读》,中华书局 1974 年版,第 38—39 页。

④高亨:《商君书注译》,中华书局 1980 年版,第 136 页。

古时代传说的部族首领。这些记载反映当时生产力极其落后,社会财富不多的情况下,人们生活的社会制度在很大程度上就会受到血族的支配,由原始人群社会到氏族社会乃至大家族封建社会便是如此。

野蛮时期距今约二三十万年,在其晚期由乱婚逐渐过渡到级别或称等级婚制。虽然不巩固,但为新的氏族社会的形成创造了契机。

山顶洞人与北京猿人同处周口店龙骨山上,是旧石器时代晚期遗址,发现了至少 8—10 个个体,发现了大量骨石装饰,有骨针、有穿孔的兽牙、石块,说明不仅有钻孔技术,还有爱美意识,有固定的墓地在住洞的下层,尸身周围撒有赤红色铁矿粉,表明有宗教的萌芽。北京山顶洞人为新人时期,距今约一万八千年,原始人的社会结构也开始发生变化。在生产过程中首先出现了按年龄、辈分进行组合和分工,人类开始从流动的比较分散的原始群逐渐转变为比较固定的团体,这样就进入了氏族公社,这时的婚姻是按辈分年龄分级的婚配制度也得到了巩固,叫"彭那鲁亚"。就是共妻的兄弟和共夫的姐妹互称"普那路亚"(这是夏威尼语,意为亲密的伴侣)。不同辈分不同年龄不能婚配,在同辈同年龄的亲兄弟姐妹之间也不能通婚,这就是氏族外婚制。也就是说本氏族内同辈兄弟姊妹之间不能通婚,甲氏族的兄弟必须出嫁到乙氏族或丙氏族,与乙氏族或丙氏族内的同辈姐妹结婚,直到死后才回到甲氏族,安葬在甲氏族内,就是说甲氏族的姐妹一直生活在甲氏族内。在这种婚姻制度下,子女只认识自己的母亲,不认识自己的生父,氏族成员只能按同一始祖母计算世系,这就是母系氏族公社,这是氏族公社社会的第一个阶段。在母系氏族公社里,妇女担负着采集生产,在当时采集食物是人们生活的主要来源,并且还担负着看守住所、烤制食品、加工皮毛、缝制衣服、养老扶幼等沉重的任务,而成年男人主要是外出狩猎或捕鱼,在提供人们生活来源方面是处于次要地位。因此妇女成为氏族社会的核心,是氏族的组织者和领导者,这就是母系氏族社会,因此血缘族婚成为氏族社会的基础,也就是说如果没有血缘族婚,便没有氏族社会的产生,这也是远古先民由蒙昧进至野蛮时期重要标志。由于氏族外婚还不是对偶婚,男女间的婚姻关系还很不稳定,一个女人有多个丈夫,一个男人有多个妻子,因此在母系氏族社会阶段仍然只知其母不知其父,史籍中这类记载不少,如伏羲、神农、黄帝、太皞等乃至夏、商、周的始祖都是其母感应而生,知其母不知其父。《商君书·开塞》"天地设而民生之,当此之时也,民知其母不知其父,其道亲亲而爱私"①。母系氏族外婚制对一个部落而言,则是内婚制。部落内的几个氏族互相通婚,就形成一个母系大家族。司马迁说:黄帝"教熊、罴、貔、貅、貙、虎以与炎帝战于阪泉之野"②,这也许是表示黄帝部落中含有的几个内婚的氏族。

普那路亚婚姻制即婚配的等级制度,是摩尔根《古代社会》中提出的,是母系氏族社会的重要标志之一,而母系氏族是人类社会发展所必经历的阶段,对于这个问题近现代以来在我国不少历史著作中都未能举出具体的例证,只是做一般的推理性的论述,从20世纪50年代以来,随着新中国考古事业的发展,在一些历史著作中也多是以考古发现房屋大小以及墓葬等情况表明中国的母系氏族的存在和繁荣,也未能表明婚配的等级制度。先师徐中舒教授在1945年6月刊载《文史杂志》第五卷第五、六期合刊的《殷代兄终弟及为贵族选举制说》他第一次明确提出"殷代为氏族(或称部落)社会"的主张。认为"甲骨文王有王族,子有子族,有庸氏之族,有羽氏之族,有三族,有五族,皆氏族社会之徵"。又说"盖武丁(高宗)以前殷人仍在氏族社会时

---

①高亨:《商君书注译》,中华书局1980年版,第73页。
②司马迁:《史记》卷1《五帝本纪》,中华书局1959年版,第3页。

代，王子必须与其部族共同耕稼操作，故祖甲舊为小人，武丁舊劳于外，杂于小人之中，故能之小人之依，能知稼穡之艰难"①。他又于1951年1月7日刊载于成都《工商导报学林》副刊上的《论殷代社会的氏族组织》文中，他虽然认为"在中国史上关于氏族的资料，还是极端的缺乏或是过于零碎，就是中国四裔的兄弟民族的历史，也都是氏族组织解体以后，而以家族谱系为骨干来写成的，所以它的面貌一直是看不清楚的"②。但是他在马克思主义历史唯物史观指导下，信心满怀，运用甲文、金文及历史文献资料深入研究。《史记·殷本纪》所载殷代世系确是父系，而甲文所载"王族""子族""多子族"，父子不同族是母系社会。那么父系父子不同族如何理解，他借鉴澳洲土人中阿兰大部族有两个分族如A、B，每个分族又分为两个婚族，在两个分族婚级制下，必是父子不同级，而祖孙同级的例证。仔细研究在我国清朝末年保定出土的殷代遗物——三戈铭文，"只中间一戈以祖和父并列，其余两戈或列祖辈或列兄辈，（除中间一戈的祖日乙一名外）都是兄弟并列，这正是氏族社会兄弟同属一族的现象"，从称谓上看"上戈有大祖与祖之分，下戈有大兄与兄之分，这大概是每个婚级氏族都要从年岁上分为大小两个集团""殷代帝王中有大乙、小乙、大甲、小甲、大丁、大庚、大戊、小辛等称，大约就从这分别得名的"，"中间一戈有大父、中父与父之分，大概在这个婚级里是分为大、中、小三个集团的""殷代帝王有两代都以中、外并列，如'外丙、中壬''中丁、外壬'这似乎和大、中、小的划分不同，我颇疑为是母系和父系的过渡现象，中为父系，外为母系，甲骨外丙作卜丙，外壬作卜壬，大概母系继承是要占

①徐中舒：《历史论文选辑下》，中华书局1998年版，第763—764页。
②徐中舒：《历史论文选辑下》，中华书局1998年版，第801页。

卜的""这种父子不同族的氏族社会,当然是受了严酷的生产力的限制,自己的儿子不能养育在自己家中,而必须加入他(她)的兄弟的氏族里去共同工作,共同生活"[①]。这虽然是讲父系氏族,而父系氏族是由母系氏族发展而来的,他所说婚级的情况对我们理解母系前和母系氏族婚级的出现很有帮助的。他对殷代残存的氏族社会的研究并未停步,在1957年《历史研究》第五期《论西周封建社会—兼论殷代社会性质》;1962年《文物》第6期《四川彭县濛阳镇出土的殷代二觯》;1975年《四川大学学报》(哲学社会科学版)第4期《论甲骨文中的儒》;1978年《考古学报》第二期《西周墙盘铭文笺释》;1979年《四川大学学报》(哲学社会科学版)第1期《对古史分期问题的几点意见》等论文中对殷代残存的氏族社会组织结构、氏族习俗等进行揭示,殷人氏族为三大部落,每个大部族有十二个胞族,每个胞族有十个氏族,共三百六十个氏族,殷人小氏族中借用以日为名法,就是用甲、乙、丙、丁、戊、己、庚、辛、壬、癸十进位数作为代号,把小氏族中每个人分别清楚,男的别名男甲、男乙等,女的则名母甲、母乙等,其儿女小时有乳名,成人以后又组成子氏族,仍用纪日法的十个代号作为自己的名称(而他们小时乳名逐渐被人遗忘),因此也就出现了重名的现象。

综上所述,先师徐中舒教授从文献方面对中国氏族社会里所提供的婚级例证和对殷代氏族社会的解剖复原为我国氏族社会研究所做出的贡献是不能忽视的,我认为这一贡献有开创性,并不亚于在20世纪30年代初期他所提出的仰韶文化是夏文化的贡献。当然在现阶段除我们以往所知道的一些落后地区和民族地区如纳西族、白族等

---

①徐中舒:《历史论文选辑下》,中华书局1998年版,第802—804页。

母系社会遗迹外，新中国成立以后，特别是改革开放以来，党和国家非常重视对落后地区和一些民族地区的社会调查研究，不少学术团体、高校科研人员奔赴祖国各地调查研究。从那些调查资料（由于篇幅关系，在此不一一列举）中可看到在祖国不少地方存在有不同程度的乱婚、母系氏族及母系氏族向父系氏族过渡以及父系氏族血缘群婚的遗迹，如果将调查资料与地下考古发现和文献资料（包括甲文、金文）紧密结合，多角度的分析研究，我深信将会出现多部有特色的中国原始社会各发展阶段的人类社会文化发展史，展现祖国远古以来璀璨的文化。

（三）

姓，一般认为始于母系氏族公社时期，并认为与先民们的图腾崇拜有关。在今日的姓氏中有马、牛、羊、雷、风、云、花、桃等，这些可能就是原始图腾名称，在母系氏族公社出现的初期或更早，氏族或部落以某种动物或植物果实作为食物，其他部落或氏族就以其名称呼其为鱼、羊、鸟等氏族或部落。而鱼、羊、鸟就成为那个氏族或血族群的图腾，以后鱼、羊、鸟等为图腾的氏族部落就禁食自己氏族部落为图腾的某种动物、植物，认为他们的祖先就是由作为他们图腾的鱼、羊、鸟等这些动物转化来的，所以他们就对作为自己部落氏族的某种动物或植物很敬畏，氏族、部落及其成员的名称就是他们所敬畏的图腾名称。即所谓姓的由来，这种说法有一定道理，可是到目前为止很难得以实证，因此对原始血缘族群的理解存在着不少的歧义。或者是"姓"是会意字，最早见于春秋时期青铜器铭文《齐子中姜镈》的"性"字，意为人所生，因生而得姓。又云战国时期秦国刻石《诅楚文》有"蛙"意为女子所生为姓，因此，许多古姓都是女字旁，如姬、姒、妫、姤、妘、嫪、妊、姜、赢等①。高氏所云是有道理的，不过"姓"不是会意字。先师徐中舒指出"齐鲍叔镈（即子仲姜镈）则以保身、保兄弟，保子住（住从人，不从女）并言。这个姓（住）都应当作族字解。兄弟子姓，就是己族（兄弟属己族）和子族的意思，东方称姓是族的转变而不是婚姻的对象"②。

姓当如何解，段玉裁说："姓，人所生也。《白虎通》曰，姓者生也。人所禀天生气所以生者也。吹律定姓，故姓有百。……昭四年《左传》，问其姓，释文云：女生曰姓，谓子也。……"③。在这里，以《白虎通》所说"姓者，生也。人所禀天生气所以生者也。吹律定姓，故姓有百"。使人对姓的理解会发生错觉，我认为姓，从女、生，表明是在母系氏族公社时期才出现姓，如果只认为生就是姓，猿人、古时期都有"生"，但那时就没有姓出现。"姓"是一定历史阶段的产物，是族外婚制的产物，女子称姓，表明了出生的血缘关系，起着别婚姻的重要作用，即同姓不同婚。先师徐中舒教授明确表示"姓应作生解"，他只单取段注《左传·昭公四年》所载叔孙豹离开他的宗族，到达庚宗与一女子私通，女子送他走了，他到齐国后又娶了妻子，以后鲁国又招他回去并立为卿，之后在庚宗与他相好的女人相见，女人还给他献上野鸡。他向妇人"问其姓"，妇人答曰"余子长也"的故事。他据杜注"问有子否，问其姓（生产），女生（女子生产）曰姓，姓谓子也"解释说"问其姓"就是问他所生的孩子，姓就是出生的血缘关系。这种出生的血缘关系，最初是以母系计算，称为姓。同时他还以甲文有"多生"与"多子"并列一版为

①高剑峰编著：《中国一百个大姓》—《中国姓氏概论代序》，甘肃人民出版社1998年版，第1—2页。

②徐中舒：《历史论文选辑下》，中华书局1998年版，第810页。

③段玉裁：《说文解字注》，上海古籍出版社1981年版，第612页。

讲生是指血缘关系,说"多生"是殷王姊妹之子,"多子"是殷王兄弟之子,在母系社会里,姊妹之子就是自己的儿子,与己有血缘关系,故谓之生①。此外,姓还有一种解释:"姓,金文百姓字作百生,生是新的意思。……生指陌生的人,古代父系氏族只有贵族行亲迎礼,女子从夫居;至于平民,大都是先从妇居,等到生子长大后,挈其妻子返家,……"在这种制度下又称为赘婿,男子初从妇居时,妇家都称之为甥;反之,女子于归从夫家,夫家即称之为姓,甥与姓的初义就是新人的意思。这和称人为新"郎"新"娘"是一样的意思②。这是在父系社会初期或在边裔落后或少数族母系社会晚期对生的另外一种解释。

段注《说文》"舅":母之兄弟曰舅,《毛传》舅之言舊也。"甥"谓我舅者吾谓之甥③,与《尔雅·释亲》"谓我舅者,吾谓之甥也"(疏)《白虎通》"舅者舊也,老人称也"④相同。这只是表明舅、甥之称为姻亲之称。舊之意是什么?表明我国亲属称谓也有一个发展过程。亲属称谓"在母系社会里儿子跟着母亲和舅父居住在一起,舅即以其姊妹之子为己子(甥)"。从释民释亲属:"舅谓其姊妹之子曰甥,甥亦生也"。在母系社会甥只承认与舅有血缘关系,故其字从生,同时儿子对其父视为外人,称之为父。父金文作,像手持石斧之形,只是在舅家手持石斧劳作之人。父对自己的儿子亦视如外人而称之曰子,只是他人家的一个小孩子。这是在母系社会中产生的父子、舅甥称。在男子先从妇居,待生子长大后,挈其妇、子回到家中的父系社会里,《尔雅·释亲》称母之

①徐中舒:《历史论文选辑下》,中华书局1998年版,第990页。
②徐中舒:《历史论文选辑下》,中华书局1998年版,第808—809页。
③段玉裁:《说文解字注》,上海古籍出版社1981年版,第698页。
④《十三经注疏》下册,清阮元校刻,中华书局1980年版,第1416页。

昆弟为舅,东汉人孙炎释之曰'舅之言旧,尊长之称',这是儿子随父亲从母家回到父家后,回忆他旧日在母家和他母亲的兄弟共同生活时的情况,因而称之为旧舅。《尔雅·释亲》又称'父之姊妹为姑'。释名"姑,故也,言于已为已故之人也"。这是儿子幼年在母家时,他的父亲告诉他,他们还有一个古老的家,只有父亲的姊妹留在家中,因而就称他们为姑。杜预《左传·僖公十五年》注:谓我姪者,我谓之姑,这是姑欢迎其兄弟之子自母家来至之词,同时兄弟称其姊妹之子曰出,这是舅谓之姊妹之子自己家出至父家之词。舅、姑、出、姪这是父系社会的称谓"①。母系社会必然向父系社会转化,舅甥与父子关系的转化,就是母系社会向父系社会过渡的标志,母系社会的舅甥关系适用于父系社会,所以这两个字都要从男字作为偏旁,舅则是借用父系社会旧名而与甥相对应。而以"父名母姓谓种号"是母系向父系过渡中一种不巩固的父系外婚制②。

我国夏王朝就已经由母系家族进入父系家族制一夫一妻社会,贵族一夫多妻,夏王朝实行"父传于家天下",不过以夏后氏之称表明离开母系家族社会还不久。殷商王朝具有浓厚的氏族制遗俗,虽然有甲文有多生多子并刻一版上,但仍是实行父系家族制,父传子或兄终弟及,兄终弟及之后还是传子。不过在武丁祖甲之前是推举制,在祖甲以后实行了立太子制度,在殷代后期还出现了"宗",立宗庙等。西周时父系家族的小家庭增多,男子为家,妻则为室。姓、氏在古代社会是有区别的,男子称氏或者说古代贵族男子称氏,女子称姓。在周代女子出嫁必系以姓,以区别与夫家贵族之姓。一般平民没有姓,平民

---

①徐中舒:《历史论文选辑下》,中华书局 1998 年版,第 1358—1359 页。
②徐中舒:《历史论文选辑下》,中华书局 1998 年版,第 1360 页。

结婚往往先去妻家,待生子长大后才领着妻或子女回到本家,还有母系社会之遗俗。在同姓中,段注"姓者统于上者,氏者别于下者"①,仍有统与支的区别,支为分支。秦汉以后,氏亦为姓,已为学者共识。由姓到宗是一个发展过程,即由母系家族社会发展为父系家族社会。父系家族社会男耕女织,男子在生产中处于主导地位,妇女则处于次要或辅助地位,这是有母系家族发展为父系家族的根本性原因。父系家族社会是以男系标准计算血缘关系,就出现了宗和宗族。

宗、宗族是建立在父系家庭为社会基本组织结构基础上的。父系家庭的结构是夫妻成家,生育子女,待子女长大成家(女子出嫁,儿子成婚),这时家庭成员有父母、子女,就有父母、夫妇、子女及兄弟姊妹的血缘关系,这就是最初的核心家族,当子女长大完婚及离开父母,另建自己的家室,就这样演化为数个核心家室,不断演变就分为直系、非直系、亲疏等。其所以如此,也是有其经济上的原因,已经富有的家族害怕疏远的支系家庭分割他们的财产,就只能将疏远的排出于家族之外。周代贵族实行嫡长子继承制,长子与父母同处于一个家中,这就是宗室,而庶子则离父母另立家庭,如此进展下去就行成族组织。就西周王朝而言,实行嫡长子制和分封制,是在学习殷商"宗"的基础上进一步完善,长子为嫡,次子为庶,长子为大宗,次子为小宗。长子继承王位,次子则分封为诸侯,以巩固其统治。《尔雅·释亲》宗族疏《白虎通》云:"宗者何谓也,宗者尊也;为先祖主也,宗人之所尊也"②。也就是徐中舒所说的"周代的宗法,庶子不祭祖,不记禰

---

①段玉裁:《说文解字注》,上海古籍出版社1981年版,第628页。
②《十三经注疏》,清阮元校刻,中华书局1980年版,第2592页。

（父），即不为父祖立庙,祭必于宗子之家"①。《尔雅·释亲》宗族疏《礼记》曰"族者何也,族者凑也聚也。谓恩爱相流,凑生相亲爱,死相哀痛,有会聚之之道,故谓之族也"②。《尔雅·释亲》认为高祖至玄孙五世的亲属才是同姓之宗。在东汉班固的《白虎通义·宗族》中于五世宗族之上增至一百世之宗所出之祖。这是由于东汉时社会上宗族势力有较大发展的背景所致。

（四）

"姓"产生于母系氏族社会,但是对于某个姓是怎样在母系氏族公社外婚制下产生的,如羌、姜、夏人为姒姓,商人为子姓,周为姬姓等等,又如以图腾而言,羌为羊种,夏人兴于西羌,应是羊种,又所谓从白石,先师徐中舒又说是耒耜之耜,农业部族。殷商是"天命玄鸟而生商"。商非殷人之姓,殷商人为子姓等等,很少见到具体的阐述,也许可能那时没有文字记载下来。

如果我们从中国远古传说时代的历史这个角度去探讨中国姓的产生能否找到一些信息呢? 我国远古传说时代的历史,就是人们常说的"三皇""五帝"时代。乃自民间流传着的说书先生常言道"自从盘古开天地,三皇五帝到如今"。盘古或曰盘瓠。有的专家认为是中国南方民族传说中的祖先,在先秦的著述中没有见到有盘古的记载,直到东汉时应劭的《风俗通》才开始提到盘瓠,三国时期吴国徐整的《三五历纪》才开始记载开天辟地的盘古,其后梁代任昉《述异记》又说到盘古祠墓,到了宋朝刘恕《通鉴外纪》、罗沁《路史》中盘古才成了中国传说

①徐中舒:《历史论文选辑》下,《巴蜀文化续论》,第 1062 页。
②《十三经注疏》,清阮元校刻,中华书局 1980 年版,第 2592 页。

中开天辟地的祖先，这正验证了顾颉刚先生所说的："屡层的中国古代历史"，越后起之说越古老。盘古开天辟地之说不确。西汉武帝时代司马迁所著《史记》，其中本纪第一就是《五帝本纪》，以黄帝为首，含颛顼高阳、帝喾高辛、帝尧放勋、帝舜重华。这个五帝系统虽然有不少矛盾的地方，并且都成了黄帝的子孙后代，有其不合理之处，但也不应视为司马迁凭空编造的。

司马迁在《五帝本纪赞》说他"西至空桐，北过涿鹿，东渐于海，南浮江淮矣，至长老者皆各往往称黄帝、尧、舜之处，风教固殊焉，总之不离古文者近是。予观《春秋》《国语》，其发明《五帝德》《帝系姓》章矣，顾弟弗深考，其所表见皆不虚。《书》缺有间矣，其轶乃时时见于他说。……择其言尤雅者，故著为本纪书首。"①司马迁既亲身进行历史考查，又有《大戴礼记》中的《五帝德》和《帝系姓》的记载为依据，《尚书》中虽然没有明确记载，可是"其轶乃时时见于他说"，肯定黄帝为五帝之首是有根据的。《逸周书·尝麦》就记有黄帝事迹。在司马迁眼里黄帝是促成远古中国各部族基本实现统一的大英雄，他没有将炎帝列入五帝之中。少昊、太昊的传说战国时期已经流行，司马迁也未承认他们的正统的历史地位，也未纳入五帝系统。其他诸子书中所提到的三皇中有有巢氏、燧人氏、伏羲氏（伏牺氏）、女娲氏、神农氏等都没有放在正统的历史系列中，也许他们只是在某时、某地、某个方面做出贡献的人。对于司马迁《史记》五帝系统持不同见解的有"孔安国《尚书序》，皇甫谧《帝王世纪》，孙氏注《世本》，并以伏羲、神农、黄帝为三皇，少昊、颛顼、高辛、唐、虞为五帝②。先师徐中舒认为"这个三皇

①司马迁：《史记》卷1《五帝本纪》，中华书局1959年版，第46页。

②司马迁：《史记》卷1《五帝本纪》，中华书局编辑部按语，中华书局1959年版，第1页。

五帝系统是把东方民族传说的太昊、少昊与西方民族传说的尧、舜、禹糅合为一,其可靠性更在《史记》之下①。

徐中舒先生讲述先秦历史从未讲先民三集团之说,而且以他的思想、理论和方法,以黄帝为开篇,司马迁《五帝本纪》"黄帝居轩辕之丘,而娶于西陵之女,是为嫘祖。嫘祖为黄帝正妃,生二子,其后皆有天下:其一曰玄嚣,是为青阳,青阳降居江水;其二曰昌意,降居若水。昌意娶蜀山氏女,曰昌仆,生高阳,高阳有圣意焉。黄帝崩,葬桥山,其孙昌意之子高阳立,是为帝颛顼也。……颛顼崩,而玄嚣之孙高辛立,是为帝喾"②。他以黄河流域两大不同文化系统,即仰韶、龙山文化及远古氏族部落不断迁徙、融合的史迹论证黄帝之后代高阳、高辛从西至东两系统开荒伐树除草及修治水渠、造农田等,阐述其开创中华农业文明的功绩,为华夏民族的形成奠定了坚实基础,并从文化的角度阐明黄帝子孙文化的对立、沟通、交流融合,对促进中华文明的巨大意义,使学生受益匪浅,领会其治史之路径在于懂得社会之发展进程。先师徐中舒别开生面,对先秦历史的治理将另文阐述。

《周易·系辞下》载:"古者包牺氏之王天下,仰则观象于天,俯则观法于地,观鸟兽之文与地之宜,近取诸身,远取诸物,于是始作八卦,以通神明之德,以类万物之情。作结绳而为罔罟,以佃以渔,……"③,可知伏羲处于渔猎时代,也可能是农业初始阶段,以渔猎为主。可能是渔猎部族的首领。《庄子》中多次提到伏羲,对其事迹语焉不详。《世

---

①徐中舒:《历史论文选辑下》,《论尧舜禹禅让与父系家族私有制的发生和发展》,中华书局 1998 版,第 972 页。

②司马迁:《史记》卷 1《五帝本纪》,中华书局 1959 年版,第 10—13 页。

③《十三经注疏上·周易正义卷》,清阮元校刻,中华书局 1980 年版,第 86 页。

本》说伏羲"制俪皮嫁娶之礼",是说男子向女子求婚时以鹿皮为聘礼,如此说来伏羲则又是处于父系外婚制之时。在班固的《白虎通义》中既说伏羲处于很原始的"茹毛饮血"阶段,不知收藏,又说"定人道"行对偶婚,对其所处时代含混不清。班固还将太昊与伏羲、神农与炎帝合二为一。他说:"太昊帝,〈易〉曰:'炮牺氏之王天下也'。言炮牺继天而王,为百王先,首德始于木,故为帝太昊。作罔罟以田渔,取牺牲,故天下号曰炮牺氏"。"炎帝,〈易〉曰:'炮牺氏没,神农氏作'。……以火承木,故为炎帝。教民耕农,故天下号曰神农氏"①。《史记集解》称"皇甫谧曰:'〈易〉称庖牺氏没神农氏作,是为炎帝'"②。《史记正义》引"《帝王世纪》云:神农氏姜姓也,母以任姒,有蟜氏女,登为少典妃,游华阳,有神农首,感生炎帝,人身牛首,长于姜水,有圣德,以火德王,故号炎帝,初都陈,有徙鲁……"③自班固、皇甫谧之后史书多以伏羲与太昊、神农与炎帝合二为一。《帝王世纪》讲"太昊帝庖牺氏,风姓也,母曰华胥,燧人之世,有巨人迹,出于雷泽,华胥以履之,有娠,生伏羲,长于成纪,蛇身人首,大圣德"。在皇甫谧笔下伏羲是处于燧人氏时代,他的母亲华胥是踏人脚而孕,即感应而生伏羲,为风姓,因此,人们认为太昊伏羲风姓是中国最早的姓氏。

据《左传·僖公二十一年》载:"任、宿、须句、颛臾、风姓也,实司太昊与有济之祀,……"④,任国、宿国、须句国、颛臾国皆在今山东省境内。都是风姓国家,要主持对太昊和济水的祭祀。可见太昊曾是东方

①班固:《汉书》卷21下《律历志下》,中华书局1962年版,第1011—1012页。

②司马迁:《史记》卷1《五帝本纪》,中华书局1959年版,第3页注①。

③司马迁:《史记》卷1《五帝本纪》,中华书局1959年版,第4页。

④王守谦、金秀珍、王凤春:《左传全译》,贵州人民出版社1994年版,第277页。

部族的首领,风姓是传说历史人物太昊之姓,伏羲之成风姓是由于太昊与伏羲合二为一所为,太昊风姓是否为最早之姓呢?《荀子·正论》:"太皞、燧人莫不有也"[1]。将太皞放在燧人之前,而《吕氏春秋》则将太昊放在炎帝之前。比荀子、吕不韦年代早的,春秋时候的《左传·昭公十七年》载郯子所说太皞在黄帝、炎帝、共工氏之后,在少昊之前。"昔者黄帝氏以云纪,故为云师而云名。炎帝氏以火纪,故为火师而火名,共工氏以水纪,故为水师而水名,太皞氏以龙纪,故为龙师而龙名。我高祖少皞挚之立也,凤鸟适至,故纪于鸟,为鸟师而鸟名。凤鸟氏,历正也。玄鸟氏,司分者也。……自颛顼以来,不能纪远,乃纪于近。……"孔子认为郯子所说是可信的,"仲尼闻之,见于郯子而学之。既而告人曰:'吾闻之,天子失官,学在四夷,尤信'"[2]。风姓之风,可能是"凤鸟适至"之凤。凤鸟就凤凰。太昊、少昊即大、小昊,小为近,大为远,小人口少为原住地,大人口多为迁徙之地。有如史中所见大夏、小夏;大月氏、小月氏称呼一样。太昊之风姓传说可能是据郯子讲"少昊挚之立也,凤鸟适至"而为风姓传说。太昊、少昊都是我国东方部族的首领。太昊与伏羲所处地域是不同的,伏羲属西方部落首领,传说出生于甘肃。据郯子所说太昊在黄帝、炎帝、共工氏之后,所以太昊之风姓也不是传说时代最早的"姓"。

黄帝、炎帝是我国传说时代最早的姓。被称为《左传》的姊妹篇著作《国语》有明确记载。《左传》相传是左丘明所作,左丘明是春秋时代人,左丘失明不可能亲笔书写,可能是他所讲述,由他人代笔。《左传》被称为《春秋内传》,《国语》号为《外传》。《国语》应为春秋时代的著

---

①章诗同:《荀子简注》,上海人民出版社1974年版,第197页。

②王守谦、金秀珍、王凤春:《左传全译》,贵州人民出版社1994年版,第1270页。

作,著作时代比较早。《国语》载"昔少典娶于有蟜氏,生黄帝、炎帝。黄帝以姬水成,炎帝以姜水成。成而异德,故黄帝为姬,炎帝为姜,二帝用师以相济也,异德之故也"①。少典和有蟜氏是两个不同的氏族,也是互为通婚的氏族,是母系氏族社会的外婚制,少典非人名。因《史记·秦本纪》曾讲"秦之先,帝颛顼之苗裔孙曰女脩。女脩织,玄鸟陨卵,女脩吞之,生子大业,大业取少典之子,曰女华。女华生大费,……大费……佐舜调驯鸟兽,鸟兽多驯服,是为柏翳,舜赐姓嬴氏"②。这是讲东夷人与少典人互为通婚的氏族。黄帝长成于姬水为姬姓,炎帝长成于姜水为姜姓。黄帝与炎帝并非少典之子,黄帝部族与炎帝部族是由少典部族分化出来的两个相邻近、彼此间交往很密切,并能在面对灾害、强敌中互帮、互助、互救。他们都因出生并成长的地方而得姓。

如此之说是否就否定了姓氏因血缘关系而出现的呢,是否能否定了"姓"作生解呢?我认为是不能否定的。所谓"以姬水成"并不是有的人所说的黄帝姓公孙,以后长大了才改为姬姓的。西周才开始有公子、公孙的说法,黄帝不可能姓公孙。"以姬水成"的"成"《国语·晋语四》第357页注释十讲"成,谓所生长以成功也",是说炎黄二帝的事迹得到成功,都是我们的先祖,认为成是成功。从姓氏角度看,应理解为生长、成长,就是说由出生到长大成为大人都生活、生存在姬水旁。以出生和成长的地方为姓,与姓为生解并不矛盾。炎帝姓姜也如是解,开启了后世以出生地为姓,正如皋陶作舜理官而为李姓始祖,开启了后世以官为姓氏一般。随着社会的进步,有以官名为姓的、以山水及地貌等地名为姓,或赐姓的都有,要从具体情况去分析某姓之由

①《国语·晋语四》,上海古籍出版社1978年版,第356页。
②司马迁:《史记》卷5《秦本纪》,中华书局1959年版,第173页。

来。现在在我国有许多地名、村庄都以姓氏为名,如张家庄、李家湾、董志、陈家河岸、熊家掌、翟家沟、上肖、下肖、黄官寨等等,而这些地名、庄名的出现都是以某姓氏长期在那里生活、繁衍形成,难道我们能说这些姓是这些地名、庄名决定的吗?要进行具体的分析。总之,姓氏的出现总是与婚姻血缘联系着的。

黄帝、炎帝姓氏的出现是有早期文献的记载,由于炎帝为姜姓,所以在其后的著述中也就有将神农(龙)写为姜姓,从而使神农(龙)与炎帝合二为一。如东汉贾逵说:"炎帝,神农也。"而三国时期的吴国韦昭虽将炎帝视为神农子孙,但明确指出炎帝"非神农可知也"①。

综上所述黄帝姬姓、炎帝姜姓应为中国传说时代可信的最早的姓氏。

---

①《国语·晋语四》,上海古籍出版社,1978年版,第357页注释九。

替鲧翻案

在我国古代，自然灾害发生极为频繁，据邓云特（邓拓）先生《中国自然灾害史》（商务印书馆 1937 年出版）中的统计，从公元前 1766 年——公元 1937 年的 3700 多年间，发生的水灾有 1058 次，若将旱、虫、风等灾害计算在内，则达 5258 次之多。特别是远古时代，灾害更为严重频繁，这不完全是由当时先民们抗灾能力低所致，而是出现过灾害群发期。在《自然灾害与减灾 600 问答》（地震出版社 1990 年出版）一书中，以"大禹"为名，命名为"大禹灾害群发期"可以为证。从科学的角度认识，水灾的出现是由天文因素、地球物理因素、社会因素等等。人类社会的政治因素（如共工与颛顼争帝、禹战共工等）极为个别，水灾发生的直接因素，则是天文因素、太阳黑子变化以及地球物理因素所致。据现代地质家的分析，河套平原、汾渭平原、华北平原的形成与黄河上中游黄土高原的自然侵蚀、沉积相关。自然侵蚀是一种地质过程，受自然演变规律支配，随着时间的推移而逐渐增多。这种自然侵蚀比人为的开垦荒地所造成黄土地的侵蚀要大得多，是 70% 与 30% 之比。在远古时代，黄河流域气温比现在稍高，地旷人稀，植被未遭破坏，先民们过着狩猎、采集、原始农业和畜牧业复合经济生活，人为造成的水土流失并不严重。因此，青藏高原、山陕峡谷流域和泾、渭、北洛河上游地带黄土地的自然侵蚀，是黄河中下游水灾发生的根本原因，因为在禹治水的传说和史料中均未见到出现长期大雨，或暴雨的记载便可证实。在远古时代，黄河、长江、淮河等无论大小、河，上游或是支流,河水顺其自然流动,随着时间消失,河道的河床日益增高,泥沙淤积,壅塞不能畅流,特别是黄河中下游地区更为严重,出现了河水泛滥成灾的局面,因而在我国历史上就有女娲补天、玄冥师和共工、鲧、禹等治水传说。其中禹的传说最多,受到后人的称赞、歌颂乃至神化。数千年来鲧被视为治水方法错误遭到后人的责备和辱骂。鲧被"殛"的真是治水方法错误吗?这个冤案应该翻一翻了。

《国语·周语下》:"昔共工弃此道也,虞于湛乐,淫失其身,欲壅防百川,堕高堙庳,以害天下。皇天弗福,庶民弗助,祸乱并兴,共工用灭。"说共工挖高山上的泥土,流到河里,用塞隔的办法去治洪水,害了天下人。共工并不是因用了隔塞的办法去治水而灭亡的。"祸乱并兴"则透露了共工被杀死的真正原因,共工是炎帝族后裔姜姓的一个部落首领,《左传·召公十七年》和《管子·揆度》讲:"共工氏以水纪,故为水师而水名"。是水官,对治水很有经验,随着自己部族力量的壮大,为与颛顼争夺联盟的领导权,发生了一场激烈的战争,《淮南子·天文篇》:"昔共工与颛顼争为帝,怒而触不周之山,天柱折,地维绝,天倾西北,故日月星辰移焉;地不满东南,故水潦尘埃归焉"。《吕氏春秋·荡兵》:"兵所自来者久矣,黄炎故用水火矣,共工氏固次作难矣"。共工用水攻,挖开他用不周之山泥土隆起的河堤,放开河水去淹没颛顼的部落,颛顼用共工的办法把水堵住,《史记·律书》:"颛顼有共工之陈(阵),以平水害"。最后,共工失败了,被颛顼杀死。《淮南子·兵略》:"颛顼常与共工争矣。……共工为水害,故颛顼诛之"。

帝尧晚年,社会矛盾日益尖锐,据《尚书·尧典》载洪水泛滥黎民阻饥,百姓不亲寇贼奸轨蛮夷猾华,内忧外困。特别是发生了规模巨大的水害。《尚书·虞书》:"汤汤洪水方割,荡荡怀山襄陵,浩浩滔天"。《史记·五帝本纪》《夏本纪》也说"汤汤洪水滔天,浩浩怀山襄陵,下民其忧"。《孟子·滕文公》篇对洪水做了进一步的描绘:"当尧之时,天下犹未平,洪水横流,氾滥于天下。草木畅茂,禽兽繁殖,五谷不登,禽兽逼人,兽蹄鸟迹之道交于中国"。平治水害,对稳定社会极为重要,尧向四岳征求治水人选,四岳一致推荐认为除鲧之外,再没有合适的人选。因此,尧接受了四岳的推荐,夏部落的首领鲧担当了治水的重担,进行了九年的治水,经过了三次考核(三年考核一次)。在舜摄天子政后,突然以"功用不成""治水无状""绩用弗成"为由,诬蔑鲧"负命毁族""方命圮族",列入"四凶",殛鲧于羽山。太史公为了使人相信鲧之被诛是治水失败,突出尧舜之贤明,在《夏本纪》中写为"九年而水不息,功用不成"。事实上,在《尚书的《尧典》《舜典》及《史记》中根本没有谈到鲧治水为什么失败,只是笼统地说鲧治水没有取得好的效果,我们仔细地看《尧典》《舜典》和《史记》,尧先征求四岳的问题是谁来当接班人的问题,接着才问谁能治水,再往后又是谈接班人的事。不难看出,问谁能治水是为后面写殛鲧的伏笔。治水,是表面的文章,破绽很明显,尧所关心的问题是领导权的问题,因此治水无绩不是鲧被殛的真实原因。同时,原来四岳向尧推荐鲧时就说过,如果让鲧治水不成再撤退下来也可以。鲧所以被"殛",是他不同意舜掌权,因此他第一步计划要取得三公之位;第二步,再取代尧使夏部落成为联盟的领导部族,他自己成为盟主。《吕氏春秋·恃君览》:"尧以天下让舜,鲧为诸侯,怒于尧曰:'得天之道者谓帝,得地之道者为三公。今我得地之道,而不以我为三公。'"从"今我得地之道"可见鲧治水是有成效的。《韩非子·外储说右上》:"尧欲传天下于舜,鲧谏曰:'不祥哉,孰以天下而传之匹夫乎?'举兵而诛杀鲧于羽山之郊。共工又谏曰:'孰以天下而传之于匹夫乎?'"尧不听,又举兵而诛共工于幽州之都。于是天下莫敢言无传天下于舜"。当时争夺领导权的斗争,在联盟内部是很激烈的,这是社会发展、私有制力量发展的必然趋势,曾与颛顼争帝的共工氏后裔共工(官名)也想争得联盟的盟主地位。

鲧为了实现自己的目的,曾支持、赞誉共工。所以《国语·周语下》说:"其在有虞,有崇伯鲧,拂其淫心,称遂共工之过,尧用殛于羽山。"共工曾与讙兜商议,让讙兜出面向尧推荐他为尧的接班人,《论衡·恢国篇》:"讙兜之行,靖言庸回,共工私之,称荐于尧",结果受到尧的痛斥。

与此同时,以舜为酋长的虞部族也逐渐发展壮大。《史记·五帝本纪》说舜"一年而所居称聚,二年成邑,三年成都"。后来尧将二女嫁给他,以此来控制舜,舜则利用是尧的女婿身份,形成支持他的轴心力量,向尧推荐高阳氏才子八人。高阳氏才子八人,即所谓"八恺""八元"参加联盟的管理工作。另一方面清除异己。所谓"四凶",是他争夺领导权的主要障碍,特别是鲧,更是他排斥打击的主要目标,因为鲧对于治水也是一位有经验的专家,同时还发明了修建城郭,《世本·作篇》:"鲧作城郭";《吕氏春秋·君守》:"夏鲧作城";《淮南子·原道训》:"夏鲧作三仞之城"。在部族内外威望很高,四岳反复向尧举荐治水是其证明。

在各个部族都在治水过程中,鲧领导的治水成绩突出,维护了本部族农田不受灾害,生产发展很快。特别是鲧受命领导尧部落联盟内整体的治水工作,为了抗击洪水,私自将尧宫殿内的土石用去填低洼之地,以填堵洪水。《山海经·海内经》:"洪水滔天,鲧窃帝之息壤以湮洪水,不待帝命"。郭璞注:"息壤者,言土自长息无限,故可以填洪水也"。《开筮》曰:"洪水滔天,无所止极,伯鲧乃以息石息壤以填洪水"。这虽为神话,但也有其真实的内容。《五杂俎·地部二》:"息壤,石也,而状若城郭"。这就是鲧用尧宫中的大石块或是石板做成的内装有土的器物,沉于水中,堵堤漏口的真实写照。尧早就感到鲧领导的夏部族是其威胁,便通过舜来打击他。这样,斗争越来越尖锐。现在尧的私利受到了损害,便决心惩处鲧。《吕氏春秋·恃君览》说鲧"怒其兽,欲以为乱,比兽之角,能以为城,举其尾,能以为旌,召之不来,仿佯于野以患帝"。《淮南子·原道训》还说："作九仞之城,诸侯背之,海外有狡心",他联合南方的部族,共同反对尧舜。鲧所进行的夺取领导权的斗争失败了,尧指示舜"殛"鲧于羽山。所谓"流共工于幽州,放讙兜于崇山,窜三苗于三危,殛鲧于羽山,四罪而天下咸服"[①],道破了舜为巩固自己的地位,争得盟主,用杀鸡给猴看的手段,达到杀一儆百的目的,这就是鲧被殛的真实原因。舜为了笼络夏部族,便指派鲧的儿子禹继续领导治水。故《国语·晋语五》:"舜之殛鲧,其举也兴禹"。

如果说鲧九年治水,没有成效,用堵塞的办法,治水不息,危害了民众,"方命圮族"成为罪人,那么为什么《国语·晋语八》载子产说:"昔者鲧违帝(尧)命,殛之于羽山,化为黄熊,以入于渊,实为夏郊,三代举之"呢?虽然子产是对晋平公讲治病的事,要他以天子之礼乐举行郊祭夏鲧。"三代举之",夏代的国君按时祭鲧,因同宗共祖,可以理解。那么商、周的天子祭鲧,正说明鲧在治水方面确是做出了重大贡献的,因为商人、周人的祖契、后稷据《史记》《尚书》记载是尧、舜的臣子,与鲧是同时代的人,一起生活过,他们是深知鲧的为人和功过。因此,"三代举之",证明鲧非罪人。禹对其父的言行是深知的,为了要继承父亲的未尽之业,想夺权成为盟主,对尧舜殛鲧之恨,深深地埋在心中。《史记·夏本纪》载,帝舜商朝,皋陶与禹等议政时,当皋陶提出"知人"和"安民"时,禹进一步阐述"皆若是,惟帝其难之。知人则智,能官人;能安民则惠,黎民怀之。能知能惠,何忧乎讙兜,何迁乎三苗,何畏乎巧言善色妄人?"《集解》孔安国曰:"禹为父隐,故言不及鲧"。禹以三凶为例,说帝尧在"知人""安民"上很为难,对其父鲧隐而不谈,言外之意,认为其父鲧根本不应列入"四凶"之内。《夏本纪》又说:

①《孟子·万章上》。

"禹伤先人父鲧功之不成受诛,乃劳身焦思,居外十三年,过家门不敢入"。禹表面上兢兢业业,勤勤恳恳,在领导治水上不要发生失误,而内心中铭刻父鲧的教训,完成鲧的遗愿。正如《国语·鲁语上》所说:"禹能以德修鲧之功……故夏后氏禘黄帝而祖颛顼,郊鲧而宗禹"。禹实现了鲧治水和鲧所希望的建立夏王朝的功劳,这样理所当然地鲧享受着夏王朝天子举行的郊祭。《山海经·海内经》:"禹鲧是始布土、均定九州",将禹鲧并列,认为他们都是始平水土之人。屈原对鲧被"殛"如同他自己遭受迫害一样,也是愤愤不平。《离骚》:"鲧婞直以亡(忘)身兮,终然殀乎羽之野"。《九章·惜诵》:"行婞直而不豫兮,鲧功用而不就"。在《天问》中又从反面提出了许多的问题,从正面肯定了鲧治水功绩,"顺欲成功,帝何刑焉?"禹"纂就前绪,遂成考功。何续初继业,而厥谋不同?"而且更气愤地说鲧、禹治水"咸播秬黍,莆蕾是营。何由并投,而鲧疾修盈?"正如袁珂所说:"鲧之功烈在古神话中犹未全泯也";又说:"为天帝者,乃不得不'卒命禹布土以定九州',鲧虽被殛潜渊,此一斗争则终获胜利,虽天帝之严威亦不得不暂未敛息,其为民望之所属因可见也。"①

鲧治水的方法是什么?《尚书·虞书》《诗经》《左传》《史记·五帝本纪》及《夏本纪》都未有明确的说法。《国语·周语下》有一段有关共工和鲧的文字,说共工"壅防百川,堕高堙庳,以害天下……祸乱并兴,共工用灭。"这是指与颛顼争帝的共工,说鲧"拊其淫心,称遂共工之过"这里的共工是指与颛顼争帝的共工的后裔,是被舜流放的共工,这里的"过"不涉及治水方法问题。《国语·鲁语上》:"鲧鄣洪水而殛死,禹能以德修鲧之功";《国语·吴语》:"公王既变鲧、禹之功,而高高下下,以罢民于姑苏";《山海经·海内经》:"洪水滔天,鲧窃帝之息

---

①袁珂:《山海经校注》。

壤以堙洪水,不待帝命";《韩非子·五蠹》:"天下大水而鲧禹决渎"。从这些记载看,鲧治水的方法为"堙""障""决""渎""高高下下"。"堙",堕高堙庳。韦昭注:"堕,毁也";"堙,塞也。高,谓山陵。庳,谓池泽",意思是用高山的土去塞池泽。非也。《说文解字段注》:"堙"乃"填",其意为久,或谓之坚固,而"塞"隔也。《广韵》曰边塞。"庳"之本意为"中伏舍",不专谓"池泽",可泛指低地。"堕高堙庳",是用高山上的土去将低地填高,使水不能流入,保证农田或房屋不致水淹。古人防水多用此法。"鄣",当为"障"。《祭法》谓:"《鲁语》'鲧鄣洪水'当作此障"。"障",韦昭曰"防也。"《说文解字段注》"障,谓围抱以拥水也",就是修堰塘、水池或河堤等,让其围抱以拥水也,从而达到防害或分流改道之目的。对鲧筑堤,赵逵夫先生考证屈原《天问》"鸱龟曳衔",认为鲧治水看到蛇同龟首尾相曳衔,受到启发,首先在堤身受力之处加筑"石龟"之类,以增加堤身的承受力[1],是很有见地的。《说文解字段注》"决","下流也",根据情况,一是让水畅流;二是断其下流之水。《说文解字段注》"渎","沟也,谓井间广四尺,深四尺者也。"拙作《农村公社和井田制》认为在农村公社中在一些平原地带有豆腐干式的井田存在[2]。鲧为保护井田不被水淹,掏水沟,通沟防水,"按渎之言窦也,凡水所行之孔曰渎",通孔让其水流,或者堵住河堤漏水之孔,断其水流。"高高下下",这是防水治水的一种态式,将壅淤河床之泥土挖起来堆积在河岸两边,筑成高高的堤防,而河床则低下,水流速度加快;或者是掏出堰塘、水池内的淤泥放在四周,加高了堰坎(堰堤),其内深下,其外高高。

---

①赵逵夫:《从〈天问〉看共工、鲧、禹治水及其对中华文明的贡献》,《社会科学战线》2001 年第 1 期。

②李仲立:《农村公社和井田制》,《先秦史论文集》1982 年。

鲧的上述五种防治水害的方法，是他在不同时期、不同地域采用的防水治水的不同方法，既有"堙"，也有"决"，并不是只"堙"而不"疏"。在当时的历史条件下可以说是代表了防水治水的最高水平，并为后人防治水害提供了有益的借鉴，在我国水利史上占有重要的地位，对发展我国的水利灌溉事业和防洪抗灾都做出了重大的贡献。

论不窋

　　周人先祖不窋，在周部族形成和发展中是一位关键性的历史人物,只有弄清楚他的活动和功绩以及在先周中的地位和作用,才能正确地阐明先周历史的发展和先周文化。

一、不窋失官去夏

　　有关不窋的活动,史籍记载仅寥寥数语。《国语·周语》载祭公谋父曰:"昔我先王世后稷,以服事虞、夏。及夏之衰也,弃稷不务,我先王不窋用失其官,而自窜于戎、狄之间……"《史记·周本纪》:"后稷卒,子不窋立。不窋末年,夏后氏政衰,去稷不务,不窋以失其官而奔戎狄之间。"这些记载只是说明在夏王朝衰败的时候,不窋不做稷官了,离开了夏王朝的统治中心,到边远的地方去了。到底什么时候去夏,没有明文记载,因此,长期以来存在着不同的说法。《史记集解》引韦昭曰:"夏太康失国,废稷之官,不复务农。"此为"太康失国说"。崔述《丰镐考信录》中则主张"《国语》所称夏衰,盖谓孔甲以后,谓在太康之时,误矣。"目前史学界除持有上述两种说法外,还有商王朝初期,不窋去夏说:"成汤灭夏后,商人进占晋南,周人又在不窋率领下北迁避居于晋中、陕北一带黄河两岸地区,生活在 方、鬼方、土方等戎狄之间。"[①]

―――――――――

　　[①]叶文宪:《先周文化渊源——兼论夏商时代周人的迁徙》,载《先秦史与巴蜀文化论集》,历史教学出版社 1995 年版。

我们认为要搞清楚不窋去夏的时间问题，必须将这一历史事件放在夏王朝整个发展的历史长河中进行全面、完整、具体的考察，才能得出比较正确的结论。

不窋是姬周部族的首领，他代表姬周部族参加了以姒姓为主体的夏王朝的联盟，并在夏王朝担任稷官。姬周族与夏长期以来关系密切，周的后人常常以"有夏"自称，按理推论，太康之时，面对着后羿、寒浞等夷人部族夺取夏王朝政权的严重关头，担任夏王朝政府稷官的不窋不可能叛夏自逃。史籍中未见叛夏的记载。《后汉书·东夷传》："夷人始叛"，这是可以理解的。有人认为不窋去夏，是因为"作为夏的同盟，周人不愿意屈从于夷人，只有'自窜'"[1]。这种说法也只是一种推断，没有史籍记载。太康失国后，夏王朝的政权仍在，与有穷国并存，所谓"因夏民以代夏政"，夏王朝的统治机构依旧，政府官员并未被后羿革除。如果不窋不愿意屈从夷人，仍可在夏王朝担任稷官，支持夏王朝开展的反夺权斗争，也没有"自窜"的必要。周人既未叛夏，是不是太康免去了不窋的稷官呢？也未见史书记载。相传周人的首领担任稷官由来已久，早在舜时弃已被任命为稷官。《史记·五帝本纪》："舜曰：'弃'黎民始饥。汝后稷播时百谷"，《史记正义》："稷，农官也。"而弃任稷官后取得了很好的成绩。"弃主稷，百谷时茂。"（《五帝本纪》）《史记·夏本纪》又载，禹治水时，后稷帮助禹治水，保证后勤供应，救济灾民。"命后稷予众庶难得之食。食少，调有余相给，以均诸侯。"《史记·周本纪》："弃……帝尧闻之，举弃为农师，天下得其利，有功。……后稷之兴，在陶唐、虞、夏之际，皆有令德。"《国语·周语》："昔我先王世后稷，以服事虞、夏"。不窋的前辈时代都担任稷官，德高望

①朱君孝：《周族的起源及其迁徙》，《西周史论文集》，陕西教育出版社1993年版。

重,在夏部族中有崇高的威信,太康虽然没有多大才能管理国家,不问政事,好游畋,也不至于有罢去不窋稷官之举吧!再说,国王外出游猎,史籍中记载的不少。古代社会经济不可能是单一的,多为综合经济,农业生产对于农业部族而言极为重要的,但那时也仅仅是粗耕农业,人们的生活还必须依赖于畋猎,捕捉野物,饲养家畜、家禽等,所以畋猎在古代社会本身就是一项生产活动(统治者的游畋不包括在内)。太康"不恤民事",但也不至于由于他本人爱好"游畋"而愚蠢到需要罢免农官而后快。无论从哪个角度讲,太康之时,弃稷不务,不窋去夏是不可能的。

太康之时,是否为不窋之时呢?主张不窋去夏"太康失国论"者认为不窋为弃之子,当处太康之时。关于周人先公世系,可以说在春秋时代很模糊不清。《国语·周语下》:"自后稷之始基靖民,十五王而文始平之,十八王而康(王)克安之。"《周本纪》所载后稷到不窋仅两代人,而经历了尧、舜、禹至太康,约三四百年之久,怎能使人信服?谯周根据《国语·周语》"世后稷,以服事虞、夏",的记载解释说:"言世稷官,是失其代数也。若以不窋亲弃之子,至文王千余岁唯十四代,实亦不合事情。"戴东原认为:从有邰始封至不窋应有十余世,汉初以来就这样相传的,"咸知不窋以上代系中隔矣。"[①]崔述也说:"不窋之父,乃弃之裔孙为后稷者,不窋非弃子也。"[②]以不窋为弃子之论而推论不窋在太康之时去夏是站不住脚的。据《史记·刘敬传》载"公刘避桀居豳"和《史记·匈奴列传》"夏道衰,而公刘失其稷官,变于西戎,邑于豳。其后三百有余岁,戎狄攻大王亶父,亶父亡走岐下,……作周。其后百有

①《戴东原集》卷一《周之先世不窋已上阙代系考》,上海商务印书馆缩印经韵楼刊本。

②崔述:《丰镐考信录》,商务印书馆。

余岁,周西伯昌伐畎夷氏。后十有余年,武王伐纣而营雒邑"的记载,可知公刘处于夏桀和商初之时,若以此向前推论,不窋去夏亦不在太康之时,这是很明确的。

不窋去夏,司马迁的记载和看法是正确的。他在《周本纪》中明确写道:"不窋末年,夏后氏政衰,去稷不务。"司马迁所言"夏后氏德既衰"专有所指。他说:"帝孔甲立,好方鬼神,事淫乱。夏后氏德衰,诸侯畔之。天降龙二,有雌雄,孔甲不能食,未得豢龙氏。陶唐既衰,其后有刘累,学扰龙,于豢龙氏,以事孔甲。孔甲赐之姓曰御龙氏,受豕韦之后。龙一雌死,以食夏后。夏后使求,惧而迁之。"孔甲是一位什么人,从他父亲帝不降将王位传给了孔甲的叔父这一点就可以知其大概。当时父传子已成为夏王朝王位继承的固定模式,帝不降这样做是冒着一定的风险,会遭到奴隶主贵族的反对的,但他还是将王位传给了他的弟弟扃。孔甲对此心怀不满,企图篡夺王位,并经常搞迷信活动,求神灵帮助。以后帝扃又将其位传给其子胤甲(廑)。胤甲去世后,不知出于什么原因,王位传给了孔甲。孔甲继位后,认为是神灵所庇,更加迷信,成天祭祀鬼神,不问政事。他无才无德,是一位昏君。他将龙视为"神物",认为是天赐给他的,将龙的饲养看成是最大的国家大事,花了大量的钱财,派人到各地寻求饲养者。要饲养人给他吃龙肉,逼得饲养人只得逃跑。这样的国王真是荒唐到了极点。更有甚者,他到没有草木的山上去打猎,这纯粹是戏游。《吕氏春秋·季夏纪·音初》:"夏后孔甲畋于东阳萯山"《山海经·中次三经》:"又东二十里曰和山,其上无草木而多碧瑶……"和山即东阳萯山,现为首阳山。在孔甲即位的前些年,夏王朝多次发生过严重的旱灾,群众缺粮食,人民挣扎在死亡线上,而孔甲继位后的种种言行更引起了人民群众的愤恨,一些王亲贵戚、诸侯、方伯也深为不满,内部矛盾逐渐激化,出现了"自孔甲以来而诸侯多叛夏"的政治危机。

不窋是一位有远见卓识的领导人，他见孔甲昏庸无能，荒淫无耻，只知迷信，不问政事，导致夏王朝处于政治腐败、国力衰弱，经济匮乏、人心不稳的态势之中，便主动放弃了所担任的稷官，从夏王朝政府中潜逃出去，率领周部族离开夏的统治中心地，隐姓埋名，去到夏统治的边远地区另辟蹊径，走自己的路，使周部族发展壮大起来。这就是《国语·周语》中所讲的"及夏之衰也，弃稷不务，我先王不窋用失其官，而自窜于戎、狄之间"的真实内容。所以不窋去夏不是受到什么外部力量的威胁，也不是夏王朝哪一位国王罢免了他的稷官，而是由于对以孔甲为代表的夏王朝的腐败政治的不满和发展周部族的强烈责任感这两方面的原因，促使不窋愤然出走，故谓之"自窜"。如果这样理解不错的话，不窋去夏的时间和原因可得到比较圆满的解决。

二、不窋窜于戎狄之间

不窋去官以后，率领部族"自窜"或者说"奔"于何地？目前史学界也有不同的说法：一曰奔邠（今陕西武功）[1]；二曰奔内蒙古东南部[2]；三曰奔甘肃庆阳[3]。笔者在 1980 年撰写《论先周文化渊源》中就认为不窋自窜于戎狄之间所指之地为甘肃庆阳，至今仍坚持这个看法。其理由：第一，韦昭《国语·周语》注曰："……不窋失官，去夏而迁于邠，邠西接戎，被接狄也。"古代邠地范围比较广大，且为戎狄杂居之地，

①杨升南：《周族的起源及其播迁》，《人文杂志》1984 年第 6 期。

②叶文宪：《先周文化渊源——兼论夏商时代周人的迁徙》，载《先秦史与巴蜀文化论集》，历史教学出版社 1995 年版。

③李仲立：《社会科学》（甘肃），1981 年第 1 期；姚政：《周族起源地考辨》，《先秦史与巴蜀文化论集》，历史教学出版社，1995 年 10 月；杨善群：《周族起源及其迁徙路线》，《史林》1991 年第 3 期；杨东晨：《论宁夏地区古族国的经济文化与华夏族的关系》，《固原师专学报》1995 年第 1 期。

庆阳亦为邠地,号为北豳。徐中舒师曾论证豳地包括"从庆阳邠地以东至于山系汾水流域皆属古代长林丰草野猪出没的黄土高原地带。"①周人不窋在夏任稷官,孔甲之时,今本《竹书纪年》说"居西河"。"西河"为何地?历史上有多种解释。今从范文澜先生《中国通史简编》(修订本第一卷第103页)河南洛阳至陕西华阴通称为西河之说。周部族当时居住在汾河流域的中下游,晋南之地。不窋率领周部族不可能再向南窜奔,往南则与夏王朝相距不远,也不能往北到今内蒙古自治区。周部族是以农牧业生产为特征的部族,他必然要选择距夏统治中心较远、又宜于发展农业生产的地方,使自己既不受到夏王朝的威胁和牵制,又能为周部族的发展提供良好的环境和机遇。陇东庆阳地区属华北黄土高原,古代森林茂密,内有泾河支流数条,黄土高原土质疏松,气候比较温和,是农业耕作区,山坡上也可放牧,其自然条件与周人原处地晋南差异不大,窜至陇东庆阳一带当时是比较理想的。正如朱君孝所说:"远古的秦晋高原……是一片宜农宜牧的沃野。……不窋率领族人先奔晋中、晋西北,再渡过黄河,逐步西迁,辗转而达陇东。"②第二,地方志书有明确记载。《括地志》:"宁、原、庆三州,秦北地郡,战国及春秋时为义渠戎国之地,周先公刘、不窋居之。"宁、原、庆三州为戎狄杂居之地,包括今庆阳地区、平凉部分地区、宁夏固原县及陕北部分地区,有比较大的活动地域。在这一片广大地域内,在戎狄势力的空隙中容易形成活动点、面,不窋率领的周人把今庆阳县作为活动的中心地,在环江与东河汇于马莲河之处修筑城池。《括地志》曰:"不窋故城在庆州弘化县南三里。即不窋在戎狄所居之城也。"

①徐中舒:《先秦史论述》,《四川大学学报》1979年第3期。
②朱君孝:《周族的起源及其迁徙》《西周史论文集》,陕西教育出版社1993年版。

唐代的弘化县即今之庆阳县。不窋故城在今庆阳县城内。《元和郡县志》《寰宇纪·关西道庆州》《古今图书集成·职方典·庆阳府部汇考》都有同样的记载。清代乾隆年间修的《甘肃通志》载,在庆阳县东十里地多花木,称为花坡,相传为"不窋遗园"。清代赵本植编《庆阳府志》卷三:"庆阳乃《禹贡》雍州之地,周之先后稷子不窋所居,号北豳……"卷三十一又载:"不窋,后稷之后,值夏德衰乱,窜居北豳,即今之庆阳也。子鞠陶,孙公刘,俱历世为兹人。《庆阳府志》还载不窋坟在庆阳县城东山巅。《庆阳府志》卷四十二载明朝李梦阳《秋怀》诗:"庆阳亦是先王地,城对东山不窋坟……"地方志书是记载地方或者某区域内历史文化的书,一般讲是有根据的。不窋窜居庆阳是可信的。第三,"不窋"的名字与庆阳有关。齐思和先生认为:"不窋则殆系真人,其名字怪异,显非华族。周人亦承认其属于戎狄之间,则其原为夷狄可知。"①不窋之名也反映了"居于戎狄之间"。还有人说:"不窋一名是对周人早期居于大洞穴时代的纪念。"②这种说法是不妥当的。《诗经·大雅·绵》载"陶复陶穴",就是说周人居住的是窑洞,而不是地面建造的房屋。笔者在《公刘迁豳辨析》一文中曾说过:"不窋的名字可能与住窑洞有密切关系。"《国语·周语》和《史记》记载,周人的首领曾"世为后稷",除有"弃"名之外,其余首领均未见其名,故有世系缺少之存疑。不窋其人可能当时也未有名,不窋之名是到"戎狄之间"即甘肃庆阳后,人们呼叫的,然后以"不窋"之名载入了史册。《说文解字注》:"丕,大也,从一,不声,丕与不音同,故古多用不为丕。"《说文》:"窋,物在穴中貌,从穴中出。"段玉裁注:"从穴出声。"《辞海》说:"'窋'同'窟',土室。""窋"是指动物或者人住在窑洞中,又从窑洞中突然走出

---

①齐思和:《西周地理考》,《燕京学报》第30期,1936年,第76页。

②葛志毅:《周人变戎复夏考论》,《中国史研究》1991年第4期。

来的意思。丕窋是指当时住在大窑洞中的人。所以被人们呼叫为不
窋。《诗经·大雅·绵》说周人迁岐以前是"陶复陶穴,未有家室"。周人
迁岐后,《史记·周本纪》云:"古公乃贬戎狄之俗,而营筑城郭室屋。"
这就清楚地说明周人住窑洞,"陶复陶穴"是在今庆阳幽地一带居住
的方式。不窋率周人到今甘肃庆阳后,利用当地黄土层厚的特点,在
泾河支流的马莲河沿川地带塬上挖窑洞住。"陶复陶穴",陶,与窑同,
古谓之陶,今谓之窑。"复",《说文》从穴做覆,云:"地室也。"段玉裁注
云:"《毛传》云:'陶其土而复之,陶其壤而穴之';土谓坚者,坚则不崩
压,故旁穿之,使其上有覆盖,陶其土,旁穿之也;壤谓柔者,柔则恐
崩,故正凿之,陶其壤谓正凿之,直穴之中谓中溜也。""复"与"穴"不
是土坚壤柔的问题,是不窋率周人到庆阳后,根据地形地貌的不同,
即在塬上或在川地上,河流两岸的半山腰间,塬边沟壑之地挖的两种
不同形式的窑洞——地坑庄和窑洞。窑洞修建方便,牢固安全,冬暖
夏凉,直到现在的庆阳地区不少群众仍居住在这两种形式的窑洞
里。不窋的名字正反映了周人在庆阳幽地居住的特点,也许那时人
们称住在大窑洞中的周部族首领为"不窋"。如果这种说法符合实
际情况,"不窋"之名也就成为"窜于戎狄之间"当在今甘肃庆阳又
一佐证。

三、不窋的历史地位

在研究先周历史中,很少有人论及不窋的作用和地位。事实上,
在先周的历史进程中,不窋对周部族的形成和发展起过重大的作用,
做出突出的成绩和贡献,其功绩是不可磨灭的。

不窋为夏王朝世系农官,是一位有远见的政治家,不固守成规,
因时因事而异,着眼于未来,根据夏王朝当时政治形势发展情况而主
动放弃稷官。他从当时中国地旷人稀、方国林立的实际情况出发,采

取去夏而窜于戎狄之间的策略，到距夏统治区域较远的落后地区去谋求周部族的生存和发展，充分显示出他是一位勇于开拓进取，具有强烈责任感和使命感的有胆识的谋略家。在他的带领下，周部族开始走上了发展自己力量的新的道路上。如果不是他去夏而窜于戎狄之间，周部族发展壮大的时间将会推迟，所以在周人形成和发展的历史上只有他才被称为真正的先祖。《左传·文公二年》："祀，国之大事也，而逆之，可谓礼乎？子虽齐圣，不先父食久矣。故禹不先鲧，汤不先契，文、武不先不窋。"这段文字是鲁国的君臣们讨论祭祀先君是否要按先后次序进行时的一种意见。认为要符合"礼"的要求，祭祀先君必须按照先君的次序进行，不能随意提前或推后，举到了夏、商周的几位君王，其中讲到不窋。虽然在这里不是对不窋进行历史评论，然而向人们说明不窋的历史作用和地位。鲁国是周公之子伯禽的封国，是周人的后代，他们承认了不窋是其最早的先祖，从而肯定了不窋对周人的发迹之功。从不窋开始，周人的历史是可信的。

不窋的历史功绩还表现在他率周部族到今甘肃庆阳后所实施的一些政策方面，这些政策的制定和实施确立了他的历史地位。

《国语·周语》："我先王世后稷，以服事虞、夏。及夏之衰也，弃稷不务，我先王不窋用失其官，而自窜于戎、狄之间，不敢怠业，时序其德，纂修其绪，修其训典，朝夕恪勤，守以敦笃，奉以忠信，奕世载德，不忝前人。"这是我们仅见的对不窋窜戎狄之地后所从事的活动和取得的功绩的记载。文字虽少，但内容具体丰富，包括政治、经济、思想文化、做人处事等多方面，对问题讲得很深刻、准确。总之，对不窋进行了正确的评价。

从《国语·周语》的记载中，我们大致可以归纳出如下几点：

第一，不窋到戎狄之间（今甘肃庆阳）后，面临着生存和发展问题，为解决这个问题，他日夜辛劳，从未有丝毫懈怠和放松。他把搞好农牧业生产放在首位,不违时序,组织生产活动,使农业生产得到了发展和提高。与此同时,针对部族中出现的一些思想认识问题,及时提出以道德来规范自己的言行,培养自己的情感和情绪,增强周部族的凝聚力,继承前人未竟的事业,为发展周部族做出贡献。

第二,强调用典章制度进行管理。不窋在加强典章制度建设方面做了不少工作。他认真地整理、制定各种典章制度,并以此来教育和引导族众要时时刻刻、谨慎小心地执行典章制度,避免在执行过程中出现的时松时紧、时宽时严的问题。

第三,当时周人在戎狄的包围中,如何处理好与戎狄的关系,也是一个很突出的问题。不窋提出了奉守厚道、忠诚、信用的原则来处理周族内部及周人与戎狄间的关系,从而使族内、族外和睦相处,共同进步,共同发展。由于不窋实施了正确的交往原则,为周部族的生存和发展创造了良好的社会环境。

这些措施取得了很好的社会效应,很快地修建起了"不窋城",这是周部族有史以来建立的第一座城堡,它标志着以不窋城为中心将周部族紧密地团结起来,增强了向心力。此外,农业、畜牧业生产均得到了较为迅速的发展和提高。虽然文献中没有留下数据来说明这一点,但公刘时出现"行者有资,居者有积蓄"①的情景,不是公刘一代人努力的结果,应包含从不窋以来所取得的社会效果。

综上所述,不窋不仅是周人最早的先祖,而且他在窜于戎狄之间后所采取的各种措施收到了很好的效果,取得了巨大的成就,为周部族形成和发展奠定了坚实的基础,成为周部族形成、壮大的最主要的奠基人,具有极为突出的历史地位和作用。

---

①《史记·周本纪》。

公刘出生在北豳

除"中国通史"的个别版本未明确提到公刘迁豳外,其余许多史学和文学论著都说到公刘迁豳一事,"自后稷……传至公刘迁居于豳(今陕西旬邑)"。"公刘迁居豳","到后世孙公刘时,农业更为发达,遂定居于豳,周人的诗歌《公刘》描写了公刘带领族人迁居于豳的情景"。"公刘从邰迁豳",表明公刘生于邰,这种说法则与史实不符。《国语·周语》载祭公谋父曰:"及其之衰也,弃稷弗务,我先王不窋因失其官,而自窜于戎狄之间"。《史纪·周本纪》不仅说公刘的先祖"不窋末年,夏后氏政衰,去稷不务,不窋因失其官而奔戎狄之间",而且说公刘继续居住在戎狄之地,即"公刘虽在戎狄之间,复修后稷之业"。说明公刘应出生在戎狄之地。所谓戎狄之地。据《括地志》载,指宁、原、庆三州之地,宁、原、庆三州,即今甘肃庆阳地区、平凉部分地区及陕北部分地区。邰即,《史记正义》引《括地志》云:"故城一名武功城,在雍州武功县西南二十二里,古邰国,后稷所封也"。邰与"戎狄之间"相距数百里,公刘不能出生在邰。

地方志对史籍作了很好的补充,清代赵本植编《庆阳府志》对公刘的出生地有明确记载:"庆阳乃禹贡雍州之地,周之先后稷弃之子不窋所居,号北豳,春秋时为义渠戎国,始皇灭义渠其地为北地郡,前汉因之……"又载:"按《旧志》,不窋后稷之后,值夏德衰乱,窋居北豳即今庆阳也,子鞠陶,孙公刘,俱历世为兹人"(卷三十一),宁州"本公刘旧属邑"(卷三),在"州西一里","周之先公刘居此,谓之北豳,春秋为义渠国,《元和志》,夏时公刘邑地也"(卷十一),今正宁"公刘旧疆"(卷四十一),从《庆阳府志》中,"俱历世为兹人""周之先公刘居此""公刘旧疆"等的记载,可以看到他出生在庆阳县,活动在宁县、正宁一带。

语言也是很好的佐证。在现代汉语中保留了不少古汉语成分,现在人们使用的某些语言则是若干年前古人所用的语言的残存或者转言。对这一问题的探讨,必然有助于对历史的考察。今庆阳地区群众中很流行"撤土""撤粪""相亲""相女婿""阴坡"(山)地、泉子等说法。这些说法在别的地区没有或很少,而同《诗经·大雅·公刘》的说法确是一致的。譬如"彻田为粮"的"彻",赵岐注《孟子·文公》:"犹彻取物也"。"撤土""撤粪"的"撤"与"彻"通仍为取意。"相其阴阳"的"相"《说文》:省视也。段注:"释古,《毛传》昏云相视也,此别之云省视,谓察视也"。"相亲"的"相"仍为察视之意。"相其阴阳",现在庆阳地区的农民群众仍保留区分山坡、土地的阴阳面种植农作物的习惯。"逝彼百泉"。至今这里的群众亦称某沟中有泉子、水泉,一般不说水井、水池,而且每搬至新的地方居住,首先就要查找水泉。

《公刘》篇还有"酌之用匏"一句,《说文》:瓠也。《诗七月》又讲"八月断壶","壶"即"瓠"之假借,葫芦断蔓,故称断壶。葫芦一破为二曰瓢。今庆阳地区沿川居住的农家,仍保留将葫芦一破为二做匏的习俗。如是比较,不难看出,《诗公刘》所用语言为北豳语言,当今庆阳地区农家使用的某些语言及日常生活用具是北豳之遗风。从语言的地方性及稳定性,反映了它们间的渊源关系,证实了公刘出生在北豳之地。

周祖文化研究

周祖文化是先周历史上的一个新问题,也是个复杂问题。因为它必然涉及谁为周祖及其居地问题,而这又是一个长期以来聚讼纷纭的问题。

不过,从《世本》到《史记》对周先祖的不同记载,从谯周到戴东原,从 20 世纪 30 年代的钱穆、顾颉刚到 20 世纪下半叶以来的徐仲舒、王玉哲、邹衡为代表的对周先祖的几次大讨论,使我们对这个问题有了一个比较清晰的认识。从谯周对后稷弃周先祖的疑惑,到徐仲舒师对"周人先祖应自不窋始"的肯定①。从钱穆对周人源于山西的提出,到邹衡"光社文化"为先周文化因素之一的论断,大体可窥见周人源流的端倪。这两大研究成果为我们进一步研究周祖文化排除了迷雾,开阔了视野。

周祖文化既是周部族起始阶段的文化,也是一种区域文化,与周部族活动联系在一起的地域文化,是有其特色的。本文主要是研究周祖在豳地的文化特色。

一、周祖与豳地

从《左传·文公二年》:"禹不先鲧,汤不先契,文、武不先不窋"的

---

① 徐中舒:《先秦史论稿》,巴蜀书社 1992 年版;《西周史论述上》,载《四川大学学报》1979 年第 3 期。

记载中看出周人自己认为不窋是其最早的始祖。《国语·周语》:"我先王不窋用失其官,而自窜于戎狄之间",只有不窋被称为先王,在周人的世系表中的其他人,包括后稷弃在内,史记中均未有单独被称为先王的。朱凤瀚先生认为"周人的世系与历史事迹自不窋时起,即独以姬姓族为主"①。

据《史记》载:周祖不窋末年,夏后氏政衰,辞去了稷官,奔于戎狄之间。戎狄之间在何地? 按《左传》记载,今山西、陕北、陇东一带为戎狄之区。《正义》引《括地志》:"宁、原、庆三州,秦北地郡,战国及春秋时,为义渠戎之地,周先公刘、不窋居之"。唐代的宁原庆三州,包括今甘肃庆阳地区全部和平凉地区、宁夏固原州、陕西北部、咸阳地区等的部分地域。而且《括地志》还讲:"不窋故城在庆州弘化县南三里,即不窋在戎所居之城也"。不窋可能从河南转于山西、陕北,最后落脚于今庆阳县城。其子鞠、孙公刘都曾生活在这里,周部族在此得以生存和发展。(关于不窋在庆阳的业绩可参阅拙作)②。

"窜于戎狄之间"是就戎狄族所居之地来说的,以地名而言称为豳。《集解》韦昭曰:"不窋失官,去夏而迁于邠"。《史记·周本纪》"公刘虽在戎狄之间,

复修后稷之业"。《刘敬传》:"公刘避桀居豳"。《匈奴传》说公刘"变于西戎,邑于豳"。《周本纪》:"公刘卒,子庆节立,国于豳。"豳地在戎狄之区无疑。

关于豳、邠《说文》中多次提到。《说文》邑部:"邠",从邑,分声。在"邠"字下又列"豳",有豳山,从山,从豩。阙。许慎认为豳、邠通用。因

_____

①朱凤瀚:《商周家族形态研究》,天津古籍出版社 1990 年版,第 246 页。

②李仲立:《论不窋——先周历史初探之二》,载甘肃省历史学会等编《史学论丛》第八集,兰州大学出版社 1998 年版。

为在古籍中通用。《诗经》作豳,《孟子》作邠。可是段玉裁则解释为"古地名作邠,山名作豳,而地名因于山名,……许氏原书当是豳、岐本在山部,而后人移之,并古今字为一字,抑或许书之变例有然,未能定也"。现据甲文,从山乃从火之讹。所以根本不是什么山名作豳,也不是什么山部。《说文》豕部:"豩":二豕也,豳从此。段玉裁注:"许书豳、燹二篆皆用豩为声也"。《说文》火部:"燹":火也,从火,豩声。《说文》水部,"汃":"凡水之属皆从水。西极之水也。从水,八声"。《尔雅》曰:"西至于汃国,谓之四极"。段玉裁注:"《释地》曰:'东至于大远,西至于邠……'。释文,邠本或作豳,说文作汃,同。……案,汃之作豳,声之误也,作邠则更俗矣,而可证唐以前早有以邠代豳音。许意西极汃国,必以汃水得名。……《南都赋》'砏汃輣轧'。李善汃音八,……大声也。此假借别为一义,其音亦可读如邠"。综上所述,豳、邠、燹,音皆同,与汾水有关,以猎取野猪为食之意。因而豳地是一个广泛地域,绝非今之栒邑或彬县之地。也并非清人文翔风《邠谷考》所云:"汃盖豳邠同而水表之,豳字两豕分附山者。豕也象也:分附者,子午岭分水以西也,而西立于其水际,故邠因之也,凡分则象八,邠人八从刀,故自分水以西为邠也",将邠地只局限于子午岭以西。且将庆阳排除在豳地之外,称宁州、真宁为北豳,淳化为南豳,同官、耀州为东豳,邠州永寿为西豳,三水为中豳,豳之腹[1]。

从历代行政区域的划分与设置看,所谓豳地,夏为雍州之一部分,秦时为北地郡和上郡的一部分。汉时为北地郡和安定郡的一部分。在北魏时,今宁县称豳州,辖西北地郡,赵兴郡、襄乐郡,州治所在今宁县县城。其过程是在北魏太和十一年设班州,十四年改班州为邠

---

①清《宁县县志·艺文志》,转载《陕西通志·艺文志》。

州，二十年改曰豳州。北魏豳州的设置可以说是古代豳地历史的再现。现今的栒邑或彬县大部分区域不在北魏豳州之内。而在今栒邑、彬县一带设置邠州，是唐朝时期，唐时析隋三水（今陕西旬邑）新平（今陕西彬县、永寿、长武等）置邠州。比在今宁县设豳州已晚了数百年。历史的渊源不是很清楚了吗？

认为公刘居豳的豳地在今旬邑或彬县，其主要依据正如《说文》段玉裁注所言：豳者公刘之国。《地理志》《诗笺》《郡国志》皆云豳在右扶风旬邑。《地理志》《郡国志》皆云旬邑有豳乡。徐广曰："新平漆县之东北有豳亭"。"豳乡""豳亭"不是公刘迁豳之地，因为公刘出生在今庆阳县，在夏朝末年，由于人口有了迅速的增长，"物力亦渐充，于是始择善地而迁"①。由庆阳县沿马莲河，葫芦河流域往南迁移，到达合水、正宁、宁县一带。《庆阳府志》载，宁县有"公刘旧邑"（卷七），或"公刘邑（卷十一），邑可释为村落，亦可释为都邑。正宁县有"公刘旧疆"（卷四十一）的记载不能视为建都立国之地，而"乡""亭"之说，显然不能解释为公刘的都城。随着周部族的发展壮大，周人的势力，有可能发展到今旬邑、彬县、长武、永寿一带是无疑的。

二、周祖文化特色

据《史记·周本纪》载自后稷至文王 15 代中，从不窋到古公亶父前期 12 代均居住在豳地，即今陇东庆阳地区为主，旁及山西、陕西、宁夏、甘肃平凉等部分地区。这里所说的周祖文化，主要是指豳地，今陇东庆阳地区所呈现的社会民俗、民风文化，它是先周文化的重要组成部分。（不是指先周考古文化。先周考古文化至今尚未找到周人早

---

①崔述：《丰镐考信录》一。

期的文化,包括山西、陕北光社文化,武功郑家坡遗址,长武碾子坡遗址,庄浪徐家碾遗址在内。庆阳、平凉地区,旬邑、固原等地对先周文化器物均有发现的报道,除合水九站遗址正式发掘外,一般均未正式发掘。同时,目前考古界对于先周文化的典型器物的认识还不够一致,如分裆鬲、联档鬲问题)从社会学、民俗学的角度讲,研究分析周祖时代人们的生产、生活、人际交往状况可以窥见其社会群体的民俗、民风。因为民俗、民风是一定社会生产方式,一定生活环境(包括自然环境)的反映,也是政治、经济、文化的普遍而深刻的表现,而且区域特征鲜明,特别是在封闭性很强的古代社会里。据周祖时代的生产、生活状况,我们认为周祖文化特色有:

1. 窑洞文化

庆阳地区是古豳地的一部分,属于秦晋黄土高原。自古以来人们以穴为居。不过周人与"穴"的关系更为密切,因为周祖不窋名与穴有直接关系,也与居庆阳有缘。齐思和先生认为:"不窋则殆系真人,其名字怪异,显非华族。周人亦承认其居于戎狄之间,则其原为夷狄可知"[1]。从《国语·周语》和《史记》的记载,周人的首领曾"世为后稷",除有"弃"名之外,其余首领未见其名,不窋其人可能当时未有名,不窋之名是到"戎狄之间"即甘肃庆阳后,人们呼叫的,然后以"不窋"之名载入了史册。《说文解字注》:"丕,大也,从一,不声,丕与不音同,故古多用不为丕"。《说文》:"窋,物在穴中貌,从穴中出"。段注"从穴,出声"。《辞海》说:"窋同窟:土室。""窋"是指动物或者人住在窑洞中又从窑洞中突然走出来的意思。丕窋是指当时住在大窑洞中的人。所以被人们呼叫为不窋。周人的"穴"有其特点,《诗经·大雅·绵》说周人迁

---

①齐思和:《西周地理考》,载《燕京学报》第 30 期第 76 页,1936 年版。

岐以前是"陶复陶穴,未有家室"即没有地面建筑。所谓"陶复陶穴",陶与窑同,古谓之陶,今谓之窑。"复",《说文》从穴作覆云:"地室也"。又于穴下云"土室也"。段玉裁注云:"(毛传)云:"陶其土而复之,陶其壤而穴之;土谓坚者,坚则不崩压,故旁穿之,使其上有覆盖,陶其土,旁穿之也,壤为柔者,柔则恐崩,故正凿之,陶其壤谓正凿之,直穴之中为中霤也"。"复"与"穴",不是土坚壤柔的问题。高平为原,低湿为川。在原上,正凿的窑洞为陶穴,在川地台上,河流两岸的半山腰间,或在原边的沟壑之地,旁穿的窑洞为陶复,陶复是半穴居的窑洞。今人称旁穿之窑为洞,正凿之窑为地坑庄,只不过这种地坑庄上下出入道不完全是正中而已。传说弃居邰(陕西武功)称"有邰家室"(《诗经·大雅·生民》)即在邰地时有地面建筑。《史记·周本纪》载:太王古公亶父从豳迁岐后,"贬戎狄之俗,而营筑城郭家室"表明周人穴居,"陶复陶穴"只是居豳时特有的居住方式和习俗。人们如何居住,往往是由自然环境、物质基础等多种因素决定,不是人们凭空的想象。同时,它必然会产生一种社会效应,形成具有一定文化内涵的社会效应。在周祖时代,窑洞不仅只是人们居住生活的场所、还是大家族长联系族人的纽带,如举行集会、娱乐、宴席、奖罚、分配和收藏食物的场所,也是讲故事,讲部落发生的历史事件,教养下一代的阵地,练习狩猎的阵地。因此,窑洞成为无所不包的教育活动、文化活动、社交活动的大舞台。

2. 非纯农业文化

长期以来,人们受《诗经》和一些历史著作的影响,认为"弃"发明了农业,是农官,视周部族为农业部族。这是缺乏具体分析的表现,西周对中国农业的发展在历史上的确做出过重大贡献,周王对农业生产也很重视,西周农业生产技术也有很大提高和进步,农业生产工具种类也增多,这些都是不可否认的。但具体到周祖文化讲,就不能认为是纯农业文化。农业的产生,并非某个人能够发明的。周部族作为农业部族是到周原以后的事,周祖从不窋起在豳地陇东庆阳居住。当时的陇东庆阳地是戎狄杂居之处,戎狄族虽不是游牧部族,也不是纯农业部族,当时周祖的情况应该说与戎狄族的生产情况相类似,经营着粗耕农业,与戎狄同俗。

《史记·周本记》讲得很清楚,古公亶父迁至周原后才改变戎狄之俗,其中就包括由粗耕农业向高等农业发展。粗耕农业时期对土地是不够重视的。《左传·襄公四年》载:"戎狄荐居,贵货易土,土可贾焉。"从《庆阳府志》的记载上,我们可以看到在今庆阳县、正宁县、宁县等地都有公刘邑,公刘庄,公刘住的"西姬峪"等,这些都表明到公刘时也多次迁徙易土。从地理环境看,周祖居豳时的陇东庆阳是森林、草原极为茂盛,植被很好,气候比现在温暖湿润,被开垦的黄土地少,水土流失也不严重,据科学家从土壤的角度分析,当时黄土土壤是未经风化或者微弱的风化,黄土颗粒内的矿物质,尚未溶解流失。保有较高的肥力,有利于农业生产。但是从雨水和气候方面分析,处于第4纪黄土堆积的气候是干燥性的, 从公元前5500年到前2000年正处于全新的黄土堆积期内,气候干燥[1]。而降雨一般又比较集中,时而干旱,时而又成水灾,当时又缺乏灌溉知识,因而在关中、陇东、晋西南等地都以粟这种抗旱能力强的作物为其主要生产作物, 而生产办法是刀耕火种,土地种一两年,肥力不足只好抛荒开辟新耕地。农业生产受自然灾害的影响很大,当时虽然地旷人稀,粮食作物经常使人处于饥饿之中。相对而言,向自然界索取,依靠茂密的森林和绿茵的草原,采集果实,猎取兽物,反而容易得多。周祖时代的生产状况应是以

①刘东生:《中国的黄土堆积》,科学出版社1965年版,第103页。

采猎为主,最好的情况也只能是半牧半农,是复合经济,不是单一的农业经济,长武碾子坡遗址大概是古公亶父迁岐前的遗存,在这里出土了不少的兽骨就是很好的说明。那种认为周祖时代,农业生产水平很高,是农业文化,显然是天真的理想。《诗经·豳风·七月》:"一之日于貉,取彼狐狸,为公子裘。二之日其同,载缵武功,言私其豵献豜于公"的诗句,也传递了周祖时代狩猎的信息,直到汉代班固还讲安定、北地"以射猎为先"(《汉书·地理志》)《国语·周语》:"我先王不窋自窜于戎狄之间,不敢怠业,时序其德"。正说明周祖不窋在庆阳开创了复合经济的文化之风,这就是从实际出发,因地制宜,按照自然条件,遵循自然规律,勤奋地进行复合经济生产。

3. 质朴文化

质朴文化是指文化性质而言,而别于礼乐文化和巧淫文化。只有弄清楚区域人文文化的性质,才能充分揭示区域人文文化的特点。周祖居陇东庆阳豳地所创造的文化是有其鲜明的地域人文特点。周祖生活在"戎狄杂居之地",与戎狄杂处,在戎狄族夹缝中生存,与戎狄同俗。戎狄族的人文文化最大的特点,《史记·秦本纪》载,戎人由余与秦缪公讲治国之道时说:戎人"上含淳德以遇其下,下怀忠信以事其上"。承认他们不是礼乐文化,而是质朴文化。用现在话讲是以德治国,强调道德素质。《国语·周语》祭公谋父说周祖不窋"守以敦笃,奉以忠信",他强调以奉守厚道、忠诚、信用为原则来处理周部族内部,特别是周人与其他戎狄族间的关系,使族内、族外和睦相处,共同发展。所以质朴文化,也可以说是诚信文化,内涵是诚实信用,合作团结。这种质朴文化及其反映的民风,在史书和地方志中多有称颂。《史记·货殖列传》称豳地"其民有先王之遗风"。《庆阳府志》:"不窋开之以朴,公刘作之以勤",事实上不窋也是讲勤劳、勤奋的。宋人张琰在《安化楼记》中写庆阳县"民淳而不争"。《庆阳府志》引《宁州图册》:

"性尚勇健,不事浮靡,学问相资,闾里相济。"《正宁县旧志》:"赋性忠朴,致力农祭"。这也反映质朴文风在庆阳根基深厚。

三、庆阳民俗中的周祖、周人文化因子

陇东庆阳历史文化悠久,早在旧石器时代,距今二十万年前就有先民们活动在这块美丽的土地上。庆阳也是部族、民族杂居之地,除周人、汉民外,有戎狄族,后又有氐羌族、鲜卑族等等,文化内容丰富,自秦以后,由于直道和长城的修通,又成为以匈奴为代表的草原文化和农耕文化的交汇点,文化奇光异彩,底蕴浑厚。由于从不窋以来,周人长期居豳,可以说是庆阳的拓荒者,在拓荒中,戎狄族人也奉献了他们的全部力量。

在庆阳的民俗中周祖、周人文化因子是特别明显。举其要者有三。

1. 窑洞习俗

窑洞在庆阳地区源远流长,经久不衰,越来越受到群众的青睐,认为经济实用,冬暖夏凉,是居住休闲生活的好地方。窑洞文化在近现代以来内容更为丰富,窑洞成为政府机关办公的场所,经济活动的中心,售药、治病、练功、习武、保障健康的场地,也是道德教育、文化教育、素质教育的大学校,弹、唱、歌、舞、演奏的舞台,棋、琴、书、画、对联、刺绣学习、交流的展览厅。总之,应有尽有,文化色彩浓郁,是周祖窑洞文化因子的极大扩散。

2. 敬老习俗

敬老爱幼是中华民族的美德,在庆阳一带敬老有其独特的习俗,以祝寿而言,这里的群众一般要60岁以上才过事祝寿,但如果家中父母或兄长健在,即使60岁以上也不能接受亲友的祝寿,只能给自己的父母或兄长祝寿。女儿出嫁,儿子娶媳时,如果父母(儿女的爷爷奶奶)健在,宾客只能向爷爷奶奶祝贺,而不能给子女的父母祝贺。这

种敬老习俗是周祖文化因子产生的效应。因为周祖时代是大家族制，孝是尊宗，而不是尊亲，孝不是子德，也不以父母为对象，孝的对象是祖考，是大家族长。儿子对自己父母的尽孝，是在大家族制解体，小家庭出现后才会形成。至于过生日、祝寿对若干岁数的约定俗成，这是周人文化因子的表现，从《诗经》中可以看到，周人对位尊、年老才称"公"，周王每年要宴请贵族中的年老者吃饭，按照周人的礼制，一般平民对70岁以上的老年人才进行祝寿。

3. 野祭、农祭习俗

庆阳野祭、农祭习俗很突出，《庆阳府志》称《旧志》载正宁县"至力农祭"，直到目前，庆阳广大农村中不少群众每到春季或四月八日，在郊野之地，烧纸钱，或烧柴火，祭祀天地或各种自然神，另外，每年腊月初八，农村中家家户户做"腊八粥"或称"腊八饭"。就是用粮食、蔬菜、果枣等八样，一锅煮成，有的用面粉做成各种动物形象。先供神仙、灶神，祭天地之神，然后除邻居相送，人食之外，还供家禽食之。有的地方在这一天还敲锣打鼓，谓之"炒腊八"。总之，意思是祈求神灵保佑来年风调雨顺，免灾除害，五谷丰登，六禽兴旺。这种习俗是周人文化因子的继承。《礼记·月令》："孟夏之月（阴历四月）……蝼蝈鸣，蚯蚓出，五爪生，苦菜秀。……是月也，驱兽毋害五谷"。《诗经·豳风·七月》"四之日其蚤，献羔祭韭"，是说在阴历四月初，豳地的人要用小羊和韭菜祭祀寒神。四月间，庄稼正在生长，也是各种害虫出没之时，也是霜冻之时，不管是"驱兽毋害五谷还是免除霜冻。总之，为获取农业丰收要进行农祭。

《礼记·郊特牲》："天子大腊八（郑玄注：所祭有八神也，……腊祭有八神……猫虎五……昆虫八。）伊耆氏始为蜡，蜡也者，索也。岁十二月，合聚万物而索飨之也。古之君子，使之必报之，迎猫，为其食田鼠也，迎虎，为其食田豕也，迎而祭之也"。《风俗通》云："〈礼传〉云：夏曰嘉平,殷曰清祀,周曰蜡"。蜡祭这是周人特有的称谓,是说周人在腊月"合聚万物而索飨",以感谢八种神的保佑而祭祀它们,求得来年的丰收。据《史记·秦本纪》载,在秦惠文王十二年时也决定举行周人这种蜡祭。秦是猎禽兽在岁终祭先祖。庆阳的腊八节正是周人农祭习俗的演变。

甘肃庆阳地区秦直道考察报告

1989年4月—5月,在甘肃省教委高教二处的支持下,并得到庆阳师专、地区博物馆等单位的配合协助,我们对庆阳地区境内的秦直道进行了考察。潘振东、孙立峰、李红雄、陈瑞林、寇正勤等同志分别参加了部分考察工作。

《史记索隐》苏林云:"正南北相直道也。"《史记正义》引《括地志》云:"秦故道在庆州华池县西四十五里子午山上。自九原至云阳,千八百里。"子午岭南北走向,位于陕西与陇东之间,为泾洛两河的分水岭。它北起陕西省定边吴旗和志丹县,南至铜川、耀县、淳化、旬邑等县市,东有甘泉、富县、黄陵、宜君诸县西半部,西有甘肃华池、合水、宁县、正宁诸县的大部分或小部。考察证实,直道始终沿子午岭从南向北途经庆阳地区四县。

一、秦直道在庆阳地区内的走向

直道由陕西淳化县北梁武帝村开始,就进入子午岭西端山梁——甘泉山。由旬邑县石门关入正宁县的刘家店,沿分水岭向北到陕西定边县。直道经我区内长约290公里。

直道进入正宁县刘家店、黑马湾后,沿陕甘两省分界线(分水岭)达调令关。北上经石窑、高庄、车皮湾、艾蒿店到烧锅梁,走出正宁县境,长约70公里,刘家店海拔1600多米,调令关海拔1775米,这段直道长约40公里,山势起伏较大,为慢上坡。艾蒿店海拔1722米,相距调令关约 20 公里，山势平缓，为慢下坡状。由于水土流失，部分直道路面宽约 4 米，今人继续沿用；部分路面废弃，已长满灌木，但路迹仍清晰可辨，最宽处在 5 米左右。

直道从烧锅梁进入宁县境内的五里墩，经芦邑庄、吊庄、鲁堡、南桂花园、北桂花园、兴隆关、兔嵝岘、七里店到合水县的午亭子，行完了宁县境，长约 60 公里。五里墩到午亭子海拔高度基本一致，为1560 米左右。这段山势起伏不大，路面平坦，梁峁上许多平地已开垦耕种，星星点点地住着农户，大部分直道改成 6 米多宽的汽车土路，仅留转弯处和山峁上部分直道遗迹，一般宽在 5 米左右，壑沟间森林茂密，灌木丛生。

午亭子位于宁县、合水两县交界处，属合水县辖。这里是南北、东西两条古道交叉地。东路经柳树庄、瓦川口，过葫芦河，到和尚原进入陕西富县境；西路经合水县境的凤凰窝，胡家岔、马家庄、红土寺、大山门到固城。直道由午亭子向北纵穿合水县境。经土桥、槐树原、马连嵝岘、朱家老湾、娘母子湾、油房庄、洞水坡岭（洞口）、黄草嵝岘到青龙山。黄草嵝岘海拔 1624 米，槐树原附近海拔 1652 米，所以这段直道向北稍微倾斜，长约 50 公里，60 年代时，因运输出山木材需要，沿古道修近 8 米宽的土路一条，故 90% 的直道被破坏，仅留起伏山脊上的残段，在灌木丛中直道痕迹仍清晰可见，路面呈凹形，宽约5 米。

直道从青龙山起沿合水、华池两县分水岭向西北方向延伸，到华池县的麻芝嵝岘，然后纵穿华池县境。经大红庄、墩梁、老爷岭、新庄畔、羊沟畔，黄蒿地畔、深嵝岘、高嵝岘、墩儿山、过打扮梁的雷嵝岘、五里湾、张新庄、田掌，进入陕甘两省交界的丁嵝岘、墩梁、直达营嵝岘。营嵝岘是直道与长城重合之处，也是一处交叉的十字路口，直道沿长城内侧向西北方向延伸，经营盘梁、南湾、箱子湾到白硷出长城，入陕西定边县的马崾岘(在铁角城以东的分水岭上),重合之处长约20公里,在华池县内长约110公里。青龙山海拔1633米,老爷岭海拔1672米,两地相距约40公里,这段直道向北是慢上坡。墩儿山附近海拔1400米,故从老爷岭到墩儿山为慢下坡。山势起伏大,道路崎岖,路面呈凹形,宽约5米。因梁峁多为蒿草,人烟稀少,古道基本保存完好。

二、直道沿线发现的重要遗址

在考察中不仅看到了直道残存的路面,弄清了庆阳地区内直道的走向,而且在直道沿线还发现了一批重要遗址,这些遗址也证明了直道在庆阳地区境内存在。现将发现的遗址简介于下:

1. 调令关遗址:位于正宁县东南,在一个比较平缓的崾岘南端山峁间。坐东向西,现有残窑洞二层,直道从第二层窑洞前的宽阔地边通过,崾岘南侧发现一段早期墙址,长约30米,残高3—7米,基宽约5米,夯土层厚6—7厘米,夯窝不明显,为五花土质,内含大量炭块,地表布满瓦片,断面所见文化层厚达3米,有粗绳纹板瓦和筒瓦以及宋以后的陶、瓷器残片。较完整的汉瓦长31、宽19、厚2厘米、凸面光平;凹面为布纹。

从实物可以看出这处遗址一直沿用至清。这里原有一条通往陕西黄陵的道路,位处关隘要道。

2. 高庄遗址:在正宁县境内,调令关北约20公里处。遗址位于南北长约百米,宽约40米的崾岘之中,范围约为70×30米。此处布满粗绳纹板瓦残片,筒瓦凸面多饰细绳纹,头部11厘米为光面,凹面饰芝麻窝纹,直径13厘米。这处遗址并不大,从瓦片分布可以看出,建筑物坐东向西,南北呈"一"字形,直道从门前经过。崾岘两边为深谷,地势十分险要,既可供食宿,又是要塞。

3. 艾蒿店遗址：位于正宁和陕西黄陵县接界处，属正宁县辖。这一带古道平坦，路迹清晰。遗址在直道大转弯的崾岘之东峁西侧，西侧为 200×100 米，断面所见文化层厚为 1—3 米，内含相当丰富，有大量粗、细绳纹板、筒瓦残片。汉代布纹瓦片及明清庙宇的脊兽、瓦当之类，遍地皆是。据当地农民讲，民国初年这里还有集市、庙宇，今废弃，现残留窑洞两层。崾岘长约 150 米，两端山峁高大，直道沿山峁东侧台地修筑。

4. 午亭子遗址：位处于午岭山梁崾岘处，今属合水县大山门林场辖。东约一华里许与陕西富县相接，这里山势平缓，有两个大弯，三个山峁相距很近，间隔约 500 米。中间山峁较高平顶，约 20 亩，高出直道平面约 200 米，左右山峁高出约百米。此处古道有两，绕中间山峁交叉，呈"十"字状，东西向为陕西富县通往合水、庆阳的一条古道。遗址中心在中间山峁南侧，以直道为中心，上现有四层残窑洞，下有八层窑洞。窑洞前都有较为广阔的台地，面积最大的约 40 亩，最小的也在 10 亩左右，左右山峁各有二层残窑洞，瓦片遍地皆是，文化层厚约 3—7 米，内含主要是粗绳纹板、筒瓦，瓦头凸面 1 至 2 厘米为光面，纹饰有纵的、横的以及印压纹等瓦片。汉代残砖破瓦极为丰富，也有相当多的宋代瓷片，明清遗物处处可见，有脊兽、瓦当、风铃之类。铁风铃上有"合水子午武镇"六字。

在午亭子中间的山峁顶部有一烽燧，呈冢状，残高 4 米，当地农民讲：1987 年出土了一块小石碑，横书"午云寨"三字，已失。东西山峁为东寨、西寨。峁顶有小型土墩，直道南北约 3 华里也各有一小土墩，四面分布，可能是早期路标，中间山峁西侧近直道处发现早期残墙一段，绕山峁呈弧状，长约 150 米，基宽约 6 米，残高 0.5 至 1.5 米，夯土层厚 6 至 7 厘米，直道从残墙的壑口处通过。

5. 华池县内直道与长城汇合后的重要遗址：林沟梁城障遗址：位

于元城乡碾子畔村与陕西吴起县长官庙乡曾岔村的交界处，在子午岭上的一座圆山峁上，城障的障墙呈正方形，四周保存较好，坐西向东，北、东、南三面较高，西侧稍低，残高4—5米，基宽4米，顶部宽1—1.3米，夯土层薄厚差异较大，在5—14厘米之间，城内面积1000平方米。城障中有方锥形烽墩，底边长12米，高11米，顶边长2.3米，夯土层厚约15—20厘米。遗物有粗绳纹板、筒瓦及少量的黑、白釉瓷碗残片。说明这处城障可能沿用至明清。

营盘梁城障遗址：位于元城乡吕沟嘴村，地处分水岭的一个圆山峁上，这里的长城沿山峁筑成半圆形，直道沿城内侧也形成弧状，在半圆形南侧有一块平地，面积约4200平方米，地内满布粗、细绳纹瓦片。出土一件空心铁铲，刃长13.5、宽5厘米。此处障墙保存较好，长约50米，高在4.5—5.2米之间，基宽5米左右，夯土层薄厚不一，约在7至15厘米之间。

6. 烽墩：在庆阳地区境内秦直道上，沿途发现的早期烽墩有17个（见附表）。据传当初五里一墩，今多数因年久失修，自然分化，遗迹已毁。已发现的17个烽墩，不能全视为秦汉时期的，但也不能排除在秦汉时烽墩基础上修建或增建的可能性。直道的某些地段的烽墩仍保存较好。艾蒿店有北五里墩、南五里墩，相距约六七华里。北五里墩位于一个大山峁顶部，周长约60米，残高6米，原形不清，现呈冢状。视野宽阔，南北垭口尽收眼底。南五里墩位于一个小山峁上，四周密布林木，周长约30米，残高5米，呈冢状，墩的基部以砾石为基础，基下约20米处，有残窑洞和大量灰烬。总的看修墩选择位置的特点是高于直道，位处山梁的制高点，四面视力无阻；二是选择在道路大转弯的山峁上，南北垭口清晰可见。

三、秦直道的修筑

《史记·秦本纪》载："三十五年,除道,道九原抵云阳,堑山湮谷,直通之。"《史记·蒙恬列传》云："始皇欲游天下,道九原,直抵甘泉,乃使蒙恬通道,自九原抵甘泉,堑山湮谷千八百里。"秦直道是始皇35年(公元前212年)至始皇37年(公元前210年)9月前修筑成的。第一,直道所经子午岭山区是沿子午岭主峰由南向北行进的,应该说主峰上早就存在着一条小道,直道是在原有道路基础上修建的,否则这条道路的测量问题在短时期内也难以顺利进行, 如果稍有一个山峁的差错,今人也很难出山。第二,在庆阳地区内直道附近曾发现一些新石器时代遗址和先周、西周、战国时期的遗址,墓葬等。如在这次考察中,在宁县罗山府林场所辖地,在岭西侧沟底,距直道约5公里的介家川和冯西沟小河交汇的台地内发现的新石器时代遗址, 面积约15000平方米,文化层厚1至2米。地表散布大量的彩陶盆、尖底瓶、细泥红陶钵、罐等陶片,并出土了黑色陶环、残石奔等器物,属仰韶文化类型。又如宁县湘乐宇村谢家庄发现的西周遗址,距直道虽40余公里,但可直通五里墩。在遗址内的墓葬里出土了一批西周重要的礼器,兵器及车马饰[1]。在正宁县月明柴桥等地发现了一批战国墓葬,位距直道有的仅几公里。出土了一批兵器,车马饰及服饰等器物[2]。这些遗址表明在直道修筑以前就有我们的先民们在这一带生活, 自然就有一定的道路。第三,从现存直道路面路基的考察情况而言,直道修

---

[1] 许俊臣、刘得祯:《甘肃宁县宇村出土的西周青铜器》,《考古》1985年第4期。

[2] 刘得祯、许俊臣:《甘肃庆阳春秋战国墓葬的清理》《考古》1988年第5期。

秦直道沿线烽墩一览表

名称	位置	形状	残高（米）	周长（米）
南五里墩	正宁县艾蒿店南 3 公里	圆形	5	30
北五里墩	正宁县艾蒿店北 2 公里	圆形	6	40
芦邑庄墩	宁县芦邑庄南 100 米	圆形	5	30
五里墩	宁县盘克五里墩	圆形	4	30
桂花园墩	宁县桂花园南	圆形	5	30
春树原墩	宁县春树原南 200 米	圆形	6	30
午亭子南墩	合水县午亭子南 200 米	圆形	5	40
午亭子北墩	合水县午亭子北 1 公里	圆形	5	40
涧水坡岭墩	合水县老城北 20 公里	方形	6	50
青龙山墩	合水与华池县交界处	圆形	4	30
墩梁墩	华池县老爷岭南 10 公里	圆形	4	30
营嶕岘墩	华池县元城庙梁村	圆形	3.1	13
山风梁墩	华池县元城南梁村	圆形	3.1	14
林沟嶕岘墩	华池县元城南梁村	圆形	2.7	14
林沟梁墩	华池县元城南梁村	方形	11	45
南湾墩	华池县乔川南湾村	圆形	3.8	16
箱子湾墩	华池县乔川箱子湾村	圆形	3.1	10

筑是在原路面基础上进行的，在修筑中也是就地取材进行加固的。对一些比较平缓的山脊稍加修整、铲平作为路基，垫土厚一般为 10—20 厘米，而在一些嶕岘之处，做过特殊加固处理。如调令关南约 5 华里的一个嶕岘，长约百米，宽 30 米，东南边坡度平缓，为原生土层，西北

边谷深坡陡,为挠乱土层,先用木材垫上,然后用土加筑厚约4米。艾蒿向南不到半里处有一嶙岵,长40米,宽约6米,两侧均用红砂端石(当地就有这种岩石)镶砌,内垫红黏土,厚约50厘米至1米。又如在芦邑庄向北转弯直道通过之处,曾挖土方高约3米,宽6米,长10米。总之,蒙恬主持直道的修筑,最多只用了二年半的时间,又要经过子午岭山区,工程艰巨,时间短,不是在原有道路基础上进行,在当时生产力条件下也是不可能的。至于路面的宽度也不可能像修驰道那样的宽度要求,我区境内的直道今存5米左右,估计当初也不过6米左右,只能通行两辆马车。上述是通过考察后,我们得出的对直道修筑问题的基本认识。

四、建议

直道修筑是秦王朝的重大历史事件,具有重要的军事意义,在历史上曾经发挥过重要的作用。这条道路通过子午岭山区,就陇东境内的直道而言,可以说是我国第一条山区公路,对陇东地区经济的开发起过重要作用(它文另述),有其巨大的历史价值。但是,长期以来未受到重视,未得到应有的保护,我们建议甘肃省人民政府,省文化厅,省博物馆应组织人力,投入必要的资金,对陇东境内的秦直道秦长城给予认真的保护和利用。这不仅有利于对人民群众进行传统历史文化的教育,是进行爱国主义教育的生动教材,也是开发资源加快建设山区、建设老区的有利因素。我们必须从历史和现实结合的高度来认识保护历史遗迹的重要意义。

论秦直道与秦长城的关系

《史记·秦始皇本纪》载:始皇三十三年(公元前214年)"西北斥逐匈奴","筑亭障以逐戎人"。三十四年(公元前213年)"筑长城"。三十五年(公元前212年)"除道,道九原、抵云阳,堑山堙谷,直通之"。为什么在筑长城后,秦始皇还要建直道?筑长城与建直道的目的意图和作用是否完全一致呢?只有回答了这些问题,才能深刻理解秦直道与秦长城的关系。

一、筑长城是一项重要的军事设施

这里所说的筑长城是指秦统一六国后所筑的"万里长城"。秦始皇时期在缘边地带修筑长城是一项重要的军事设施,其根本目的在于加强秦王朝的防御力量,抵抗游牧民族的侵扰,保证内地人民的正常生产和安定生活。

秦始皇之所以把筑长城作为一项重要的军事设施,这是秦国长期进行军事斗争的经验的概括和总结。从秦国发展壮大的历史来看,可以说是与在军事上采取修筑长城这一重要军事设施是密切相关的。战国时期,魏、赵、韩、燕、齐、楚、秦等国为加强自身的军事防御力量,各自都利用一些关隘,山河等险要的地形修筑长城。秦国筑长城的历史比较悠久,在商鞅变法以前,秦国力十分薄弱,《史记·秦本纪》载:"往者厉、躁、简公、出子之不宁。国家内忧,未遑外事,三晋攻夺我先君河西地,诸侯卑秦,丑莫大焉"。秦国对加强自身防御力量的要求更为急迫,因此,秦国最早采取修筑长城这一军事设施。秦简公时"堑洛,城重泉。"据《史记·六国年表》:"堑洛"为简公7年(前408年)。"堑"是挖的意思,"堑洛"就是挖掘洛河岸边的山崖。"洛"是指今陕西渭水以北的洛河,不是今河南洛水。这条长城南至华山下的华阴,北至黄龙山下。这是秦国筑的第一条长城。

秦始皇修筑"万里长城"已是秦人第四次修筑长城。秦国历史上多次修筑长城的记录,反映着秦国军事力量的上升和领土的扩大,反映着秦国统一战争在不同历史阶段中所取得的胜利。

采取筑长城这一军事设施,在当时历史条件下不仅在统一战争中对付中原各国行之有效,而且也是阻止游牧民族侵扰的有力举措。

居住在我国北部地区蒙古高原一带的游牧族——匈奴族,是一个具有悠久历史的古老的部族。《史记·匈奴列传》称:"匈奴,其先祖夏后氏之苗裔也,曰淳维。……居于北蛮",长期过着游牧生活,"随畜而转移,其畜之多则马、牛、羊,……逐水草迁徙,无城郭常处耕田之业,然亦各有份地"。但也并不是说毫无农业经济之存在。在已发掘的匈奴古墓中,不但出土有大量的马、牛、羊骨的箭镞、马衔等,而且也有农业工具、在蒙古各地古代匈奴的方形石墓中,发现了公元前7—3世纪石臼等器物[1]。不过,农业经济在匈奴族中占的比重是很小的(了解这一点是很重要的,以后还要讲到),所以是以善骑射、攻战和掳掠为其特征,正如《史记·匈奴列传》所述:"儿能骑羊,引弓射鸟鼠,少长则射狐兔;用为食。士力能弯弓,尽为甲骑","宽则随畜,因射猪禽兽为生业,急则人习战攻以侵伐,……利则进,不利则退"。

历史进入到战国时期,匈奴各部逐渐走向统一,建立了奴隶制国

---

[1]林干:《匈奴社会制度初探》,载《匈奴史论文集》。

家,军事力量也逐渐强大了起来,大致在公元前 4 世纪初,匈奴族就与中原发生了关系。刘向《说苑》(卷一)载燕昭王元年(前 311 年)昭王问政于郭隗,郭隗讲:"匈奴驱驰于楼烦之下",这时,匈奴的骑兵出现在楼烦一带,经常给燕、赵以很大威胁。到公元前 3 世纪时,匈奴已开始进入到铁器时代,有铁马嚼、铁镞、铁刀、铁剑、炼铁炉,还有铁镰、铁铧等①,武力更为强大,《战国策·燕策》载,公元前 228 年燕国曾西约三晋、南连齐、楚,北媾于匈奴以图秦。总之,到战国中期以后,匈奴经常南侵,多次与秦、赵、燕三国发生战争。《史汉·匈奴列传》说:"当是之时,冠带战国七,而三国边于匈奴"。当时,秦、赵、燕三国正忙于统一战争,对匈奴族的南侵主要是采取守势,修筑长城,驻兵戍守。如秦昭王灭义渠后,置陇西、北地、上郡,"筑长城以拒胡"。阻止匈奴南下关中。赵武灵王"变俗胡服,习骑射",曾打败了匈奴及其所属的林胡、楼烦等部,疆域达到了阴山,并在这一地区设置了六中、雁门、代三郡。自代郡沿阴山而西,至高阙,筑长城以拒匈奴。燕国将领秦开曾在东湖为质,回燕国后,率军大破东胡,"东胡却千余里",设置了上谷、渔阳、右北平、辽西、辽东五个郡,并"筑长城,自造阳至襄平",以拒匈奴。这些长城的修筑,大大地抑制了匈奴的侵扰。后来,只是在赵、燕、秦三国兼并战争处于白热化情况下,北部边防松弛之时,匈奴族利用可乘之机,才得以进占了河南地(今内蒙古伊克昭盟)。这些事实,使秦国进一步认识了阻止游牧民族侵扰的经验教训。

秦统一六国后,对秦王朝巩固和统一构成的最大威力之一,就是匈奴族的势力已深入到河套地区一带,拥有骑兵数十万,它以河套为据点,随时都可能南下关中,直抵咸阳。为解除威胁,秦始皇不得不改

---

①林干:《匈奴史》,内蒙古人民出版社 1977 年版。

变策略,主动出击,二十七年(前 220 年),秦始皇对维系关中安危的陇西、北地两郡进行视察,三十二年(前 215 年)秦始皇再一次对北方边境进行巡视,表明出击匈奴的决心。

接着便令蒙恬率 30 万大军进行军事攻击,北逐匈奴[1]。迅速地收回了河南地,并在这一带设置了 34 县《史记·匈奴列传》称 44 县,今从《史记·秦始皇本纪》说),筑了县城,设置九原郡管辖这一地区,还将一些有罪的官吏及中原地区部分人民群众迁徙到这些地方, 开垦种植,充实边郡。第二年,秦军北渡黄河,攻克高阙、阳山、北段等地,利用地形、地貌,修缮、增补秦、赵、燕原有长城。三十四年(前 213 年)秦王朝又将秦、赵、燕三国原有的长城连接起来, 修筑起一条长达 5000 余里,西起陇西郡的临洮(甘肃岷县),东至辽东郡内的长城,即通称之"万里长城"。这也是在当时抵抗匈奴入侵的一条军事城防线。在长城要塞秦王朝派兵戍守,垦荒种地,加强了秦的军事防御力量。

秦王朝筑长城后,"却匈奴 700 余里,胡人不敢南下而牧马,士不敢弯弓而报怨"(《史记·秦始皇本纪》)。秦军"暴师于外十余年""是时蒙恬威振匈奴"(《史记·蒙恬列传》)。匈奴单于"头曼不胜秦,北徙"(《史记·匈奴列传》)事实表明,长城的修筑收到了很好的效果,起到了抵御匈奴奴隶主贵族的侵扰, 保证内地人民的安定生活和和平环境的重大作用。

二、建直道与筑长城间的内在联系

秦始皇筑长城完全出于军事上的需要, 是一项巨大的军事防御工程,前面已做了分析论证。同时,在史籍中也有简要记载。《史记·秦

---

[1]《史记·匈奴列传》载 10 万大军,今从《史记·秦始皇本纪》说。

始皇本纪》曰："筑亭障以逐戎人"。而建直道目的何在？《史记》载曰：始皇三十五年（前212年）"除道，道九原，抵云阳，堑山堙谷，直通之"（《秦始皇本纪》）。又曰："始皇欲游天下，道九原，直抵甘泉，乃使蒙恬通道，自九原抵甘泉，堑山堙谷，千八百里"（《蒙恬列传》）。上述两条对直道的记载，除"始皇欲游天下"可以看出其目的意图外，其他的文字都没有讲到军事意图。那么，秦始皇在筑长城后又要急于修直道，道理何在？难道直道与长城之间没有什么关系吗？不是的。只要我们仔细研究，弄清楚秦长城与秦直道的内在联系，这个问题就会迎刃而解的。

秦始皇所修"万里长城"西端的起点是现在甘肃岷县之西至今临洮县，是沿用秦昭王时的旧城，沿黄河和洮河而修筑的，而阴山山脉的长城，原战国时燕、赵早就修有长城，秦加以连接和修缮而成的。"实际上当时的新筑只是由现在甘肃临洮县境到阴山山脉的西端。因为赵长城早已达到了高阙……"[①]。更详细地说："其（秦）最北界之长城，悉因燕赵之旧，西起高阙，东至乐浪造阳，与燕旧时之长城相接，再东，则因燕长城之旧，而东达辽阳之东。……

至其内边，在西北部者有二；一为自今兰州东至包头，沿河而置之一边；一为因秦昭王之长城而缮治者，起自今甘肃之岷县，东至今陕西绥德之东北达于黄河。……其北部之内边，则在山西朔县一带之地，其东亦或与赵肃侯在雁门与飞狐一带所建立之长城相接"[②]。这里特别值得注意的是提到秦昭王时所筑长城，秦昭王灭义渠戎后修筑

①史念海：《黄河中游战国及秦时诸长城遗迹的探索》，《中国长城遗迹调查报告集》，文物出版社1981年版。

②张维华：《中国长城建置考》，《中国长城遗迹调查报告集》，文物出版社1981年版。

了一条长城,这是秦国第三次修长城,这次修筑长城比秦国前两次修筑长城规模都要大,路途也较长,专门是阻止匈奴入侵而修筑的。这条长城"首起于今甘肃岷县(秦时为临洮县——引者注)之西南,北行,经临洮(时为狄道县,陇西都治所——引者注)渭源之境,直达皋兰。再由皋兰东行,越陇山,入固原县境,复东北行,入合水县与环县之境。自此再东北行,入今陕西之鄜县境,再东北行,经延安县,而入绥德县境,再东行达于黄河西岸而止。"①该文所述"入固原县境,复东北行,入合水县与环县之境"不尽详。东汉初年班彪曾由长安西北行,到了固原(那时叫平高县)、彭阳县沿长城西行(见班彪作《北征赋》)。彭阳县故城,即今甘肃镇原县东南茹何北岸的陈家村,长城正在茹河北岸。据庆阳地区博物馆调查,长城出固原县入甘肃镇原县武沟乡孟庄村、韩家台入马渠乡、山岔等地。在今镇原县境长城约 39 公里长②。唐代《元和郡县志》载:庆州马岭县西北有长城遗址。马岭县今甘肃庆阳县西北马岭镇、长城在今环县北。据实地调查,长城从镇原三岔镇周庄村的城墙湾进入环县演武乡吴家原村上畔、旧庄等地,再由演武乡堡子山进入河道乡赵台村的庙咀沟、李堡子山等地,又从何坪乡的大稍咀入虎洞乡境,抵半个城,沿西川河南岸东行,再过西川河到城子岗,再东跨环江,过环县城北之沈家沟门等地到麻渠原,然后出环县城辖地东北入樊川乡李家原,抵长城原北折至刘阳湾。长城在环县境内长 140 公里③。《宋史·刘昭能传》记,在大顺城北有长城遗地。大顺城故地在华池县东北的大顺川旁,(即今华池县东北与志丹县吴堡

①张维华:《中国长城建置考》,《中国长城遗迹调查报告集》,文物出版社1981年版。
②李红雄:《庆阳地区境内长城调查与探索》,《考古文物》1990年第6期。
③李红雄:《庆阳地区境内长城调查与探索》,《考古文物》1990年第6期。

乡交界处的二将川上游老爷岭附近。据调查:长城从环县刘阳湾进入华池县曹咀子崾岘,北上吊墩岭,再东行王边台,跨过乔川河,沿红大梁营盘山、转鱼儿掌东至箱子湾,再经元城乡营盘梁、营崾岘,东入吴起县。长城在华池县内长约 63 公里①。在庆阳境内所存长城遗迹,系秦昭王时所建筑长城。据前所述秦昭王之建长城,秦始皇时曾修缮,仍加利用,并成为"万里长城"之一部分。庆阳境内秦昭王时所建之长城遗迹之存在,为我们论述直道与长城的关系提供了难得的线索和依据。华池县的营崾岘和箱子湾等处的长城遗址。正处在马连河支流元城川与洛河支流二道川、三道川的分水岭间,长城就筑在分水岭上。如今人们站在分水岭上还可以清晰地看到古长城的雄姿,犹如一条巨龙蜿蜒在连绵的山脊之上,呼唤着沉睡的山岗。这条分水岭是子午岭的一段,这就是说这段长城建筑在子午岭上。

秦始皇所修建的直道是南北走向,从今陕西省淳化县梁武帝村(甘泉宫)至九原郡,(今内蒙古自治区包头市附近)。据我们实地考察,中经子午岭主峰而过。特别还经过华池县的营崾岘和箱子湾等处。"营崾岘是直道与长城重合之处,也是一处交叉的十字路口,直道沿长城内由向西北方向延伸,经营盘梁、南湾、箱子湾到白碪出长城,""重合之处长约 20 公里"②。直道与长城的重合地段正是直道与长城关系的结合点。这个重合地段的出现绝不是偶然的,这正好回答了为什么秦始皇在修长城后又要修直道,回答了为什么直道必须沿子午岭主峰行进等问题。大家知道,秦长城既是一条长城防线,同时

①李红雄:《庆阳地区境内长城调查与探索》,《考古文物》1990 年第 6 期。
②李仲立、刘得祯:《甘肃庆阳地区秦直道考察报告》,《甘肃社会科学》1991年第 3 期。

长城沿线也是一条交通通道。但是如果按照长城沿线的交通道行进，由于路途遥远，长城所需兵员及军用物资，生活用品的运输则需要较长的时间和耗费较多的钱财。因此急需要一条近道来解决这个重大问题，子午岭秦直道的修筑正是解决这个问题的最佳方案。通过直道可以直接将士兵、军需用品和生活用品等等及时地运输到营崾岘、箱子湾等处长城要塞上去，并且还可以通过营崾岘、箱子湾等处转运到以西的环县、固原以及陕西北部的长城设防之处，这就直接为秦长城的军需供应提供了运输上的保证。这就是为什么秦始皇在筑长城后还要修筑直道，并且对秦昭王时所修长城加以修缮，利用的道理之所在。这也给我们正确地揭示出了秦直道与秦长城不可分割的有机的联系。

　　长城与直道的有机联系还表现在强化秦对匈奴的军事防御体系方面。就军事防御体系而言，秦长城无疑是自成体系的，这不仅在筑造和地形的选择上体现了军事防御的要求，如在筑造上往往是就地取材，石筑、土筑、或土石并举，筑成城墙。在地形、地貌上"因边山险""因河为固""因地形，用制险塞"，形成天然屏障，而且在长城沿线设置烽台、城郭、城址等建筑物。烽台往往设置在地势较高之处，以瞭望报警、传递信息。鄣，山中小城，或者说是城堡，关隘一类。城址是较大的城，驻兵屯戍。子午岭秦直道沿线也设置有严密的、完整的军事防御设施，如关隘、烽墩、兵站等。今甘肃庆阳地区境内的直道线上，我们已发现秦时兵站 3 处，关隘 4 处，烽墩 17 处，用以屯兵扎营，储存军事物资、传递军事信息。秦长城与秦直道间各自形成的军事防御体系，在一旦发生战争的情况下，它们间相互作用，相互联系，相互影响，相互促进，则大大地强化了秦对匈奴的抵御能力，强化了秦王朝的军事防御体系。从这个意义上讲，秦直道是一条抵御匈奴奴隶主贵族入侵的军事要道，起着与秦长城同样重要的作用。这一点，西汉时期,西汉王朝与匈奴的战争中表现得非常突出。

三、秦直道对促进政令畅通及经济文化交流的作用

我们承认秦直道与秦长城间的有机的联系,肯定秦直道在秦王朝军事防御中的作用。但并不是要把秦直道与秦长城等同起来,视为一种单纯的军事工程。秦直道毕竟是一条交通要道,甚至可以视为当时一条高速公路。同时,因为有一半路程是在子午岭主脉上行进,也可以称之为山区的公路。司马迁在《史记》中讲到直道时,也是从交通的意义上去认识的。他说:"始皇欲游天下,……乃使蒙恬通道"。在封建中央集权专制主义制度下,皇帝被视为国家,国家被视为皇帝。秦始皇在位期间,曾五次外出巡游,以示国威。秦直道的修筑把关中地区与蒙古高原地带连接了起来,使秦王朝的政令,统一措施迅速地畅通到阴山脚下,并贯彻实施。1975年在奈曼旗善宝营子古城遗址中曾出土过两件秦陶量,器身断续保存着秦始皇二十六年诏书印文。在赤峰县三眼井公社出土了一件完整的秦铁权,器身通体铸造阳文二十六年诏书。在四家子公社老虎山大队小八盖子村先后出土过完整的秦铁权、秦半两小圆钱等①。1976年和1977年冬分别在河北省围场县大兴永东台子和小锥山,发现刻有二十六年诏书的铁石权三枚。小锥山秦权诏文为"廿六年皇帝尽并兼天下诸侯,黔首大安,立号为皇帝,乃诏丞相状、绾,法度量则不壹,歉疑者皆明壹之。"权重32.65~32.6公斤②。这些文物的出土,证明了秦王朝实施的统一措施,如统一

---

① 项春松:《昭焉达盟燕秦长城遗址调查报告》,《中国长城遗址调查报告集》,文物出版社1981年版。

② 郑绍宗:《河北省战国、秦、汉时期古长城和城障遗址》,《中国长城遗迹调查报告集》,文物出版社1981年版。

度量衡制度、统一货币制度,统一法令、统一文字等已在原匈奴统治区内—草原地带得到了推广与落实。当然,这些制度的推广与落实,不能完全视为直道的作用,也可能与筑长城有关。但作为一条交通线,直道的作用是不应当忽视的。特别是由于交通路线的开通,冲破了地区的封锁态势,使国家的政令更为畅通,使人们在观念上、心理上增强了对民族和国家统一的凝聚力和向心力。

秦直道对经济文化的交流还起着重大作用。长期以来,中国以黄河流域、长江流域为中心形成为农业为主的经济,在以阴山为中心包括大漠南北的蒙古高原则形成以牧业为主的经济。这两种经济形态由于生产力发展水平和自然条件所决定的。这两种经济既是相对的独立的,又是有联系的。从经济发展需要的角度讲,必然要求得到交流,并互相影响,相互促进。前面已提到在匈奴族中已发现有农业经济的存在,表明居住在草原上的匈奴族虽然在生活上以肉和乳食为主,但不能没有一定的粮食做为补充。可是,草原上稀少的农业生产满足不了广大牧民的需要。因此,他们希望得到更多的农产品和农业生产工具。另一方面,黄河、长江流域地区的人民,也希望获得牧产品,以提高生产力和调剂生活。所以牧区与农耕区进行产品交流,互通有无,是人民生活和生产发展的客观要求。正是这样,长城的修筑,从来也未曾使两种经济区的经济联系中断,相反,则成为经济文化交流的纽带。直道的修筑无疑强化了这种纽带作用,使之在直道沿线的更大地域内交换农牧产品和其他生产生活用品。尽管当时的封建统治者,包括秦始皇在内根本不能认识到这一点,甚至采取种种措施来限制这种交流,但经济发展的客观规律是不由人的意志为转移的,主观的力量是无法阻止的。在今内蒙古地区,甚至吉林、河北等地都出土了不少的秦王朝时期的铁制生产工具和兵器。一些先进的生产技术传播到了蒙古高原。

秦直道在秦以后的历代王朝中仍继续使用，其经济文化交流方面的作用和影响则越来越大，这是毫无疑问的。

综上所述，在筑长城后，秦始皇又令蒙恬修直道，两者目的不完全是一致的，它们间既有联系又是有区别。秦直道除具有军事意义，增强秦王朝军事防御体系力量外，还有更为重大的政治、经济、文化方面的战略上的意义。不能将秦直道的修建简单地、单纯地视为一项军事工程和军事方面的一项举措，只有这样才能真正认识秦直道的价值，才能阐明秦直道与秦长城的关系。

论子午岭秦直道的修筑和军事防御体系设置

历史上著名的秦长城是秦始皇时期在原战国时赵、魏、韩、燕等国所修长城的基础上修建的。那么秦直道是如何修筑的？笔者从子午岭秦直道考察中发现"直道修筑是在原路面基础上进行的"，在子午岭上早就存在着一条道路①，在我们撰写的《甘肃庆阳地区秦直道考察报告》中未详细阐述。为了弄清这个问题，写了这篇文章，期能引起进一步的探讨。

一、子午岭的车道始于西周

子午岭或称子午山，又名桥山。位于陕西与陇东之间，北起陕西省定边，吴旗和志丹县，南至铜川、耀县、淳化、旬邑等县市，其东为陕西甘泉、富县、黄陵、宜君等县西部，其西为甘肃华池、合水、宁县、正宁诸县之大部分或小部分，故为陕甘两省的分界线。

很早以前，先民们曾在子午岭一带生活。在 1989 年考察子午岭秦直道时，我们曾发现一处早期人类生活遗址，即冯西沟新石器时代遗址。这处遗址地位处介家川和冯西沟川两条小河交汇的三角台地之阳，面积约 15000 平方米，文化层 1 至 2 米，地表散布大量的彩陶

---

① 李仲立、刘得祯：《甘肃庆阳地区秦直道考察报告》，《甘肃社会科学》1991年第 3 期。

盆、尖底瓶、细泥红陶钵、罐以及夹砂红陶器物残片,还出土有黑色陶环、残石等器物,属仰韶到齐家的文化遗物。遗址在今宁县罗山府林场辖地内,距直遭西侧仅 5 公里,表明在公元前六至四千年前就有人类在这一带生活。

子午山又称瞿道山,可能是因戎狄族出没之道而得名,同时也反映出戎狄族在这一带居住时就有一条道路。《国语·周语》《史记·周本纪》都讲:先周弃之子不窋在夏时曾弃稷不务,窜于戎狄之间。据《括地志》载:所谓戎狄之间,其地域为今之庆阳地区和平凉地区、宁夏回族自治区、陕北之部分地区。不窋城在今庆阳县城内,从不窋'到公刘迁邠前数代之中,先周族逐渐由庆阳县向合水、正宁、宁县一带南移①。1984 年在合水县文夏村兔儿沟发现了先周及西周时期文化遗址。这处遗址与直道相隔一沟,遥遥对峙,相距约 40 公里,可直通宁县直道上的五里墩。遗址面积约 10000 平方米,山下近水处有两个较大的住室,半山腰至原畔是墓葬区,从四座残墓中出土有先周陶鬲及彩绘折肩灰罐等器物②。此外,我们还发现直道沿线的高庄、兴隆关、七里店、老爷岭等地都有较为丰富的周代遗址,内有大量的粗绳纹、兰纹陶罐、鬲等器物,事实表明周人从先周到西周都曾在子午岭一带集居。

周部族以注重农业生产著称,但粗耕农业也是和畜牧狩猎相结合的。所以从先周起周人就很重视道路的修建。《诗经·大雅·生民》载;"诞我祀如何?或舂或揄,或簸或蹂,释之叟叟,丞之浮浮。载谋载惟,取萧祭脂,取羝以軷。载燔载烈,以兴嗣岁"。讲到周人的始祖后稷

---

①李仲立:《公刘迁豳辨析》,《社会科学》1985 年第 1 期。

②刘得祯、许俊臣:《甘肃合水庆阳出土早周陶器》,《考古》1987 年第 7 期。

进行郊祭(或称野祭)时,用一头雄羊,先祭祈路神,再去烧着肉祭祈天神。可见周人对路神的祭祈比对天神的祭祈还要看得重要,这种祭祈神道的观念,在《诗经》中多有描写。《诗经·大雅·丞民》《诗经·大雅·韩奕》都分别讲到:仲山甫到东方齐国去时,首先祭祈路神;韩候受周天子之封后,回国时也是先在路上祭祈路神,再出京城。周人祭祈路神的神道观念,充分表达了他们对道路重要性的认识。思想观念是客观事物的反映(包括歪曲的反映)。在实际活动中,周人对道路的修筑抓得很紧。《诗经·大雅·緜》记述先周时期古公亶文从豳地迁至岐山周原后,在规划疆界、整治土地、开通水沟、造房建屋、修建宫室的同时,并"柞棫拔矣,行道兑矣。"开通了平坦的道路。《诗经·大雅·皇矣》也有类似记载,说:"帝省其山,柞棫斯拔,松柏斯兑"。西周王朝建立后, 为了巩固其统治, 周王以镐京为中心向东修建了丰镐至成周,至齐鲁的道路,向南修建了通向"江汉诸姬"的道路,向东南开通了达淮夷的要道。向北则有通向晋、燕等圉的大道。向西北有通至今陇东一带的道路。据我们粗略的统计,在《诗经》的305篇中,讲到道路问题的有41篇,讲到与道路相关的车马问题的有55篇,两者之和则达96篇之多,约占《诗经》总篇数的1/3。由此可窥见西周交通之发达。

如上所述,陇东庆阳一带原是先周的重要发祥地。可是,公刘从北豳迁至豳地(今陕西枸邑)后,北豳一带(包括陇东庆阳地区)仍为戎狄族聚居。《后汉书·西羌传》载:"后桀之乱,畎夷入居邠岐之间",畎夷向陕北、陇东一带发展。在殷墟卜辞中也载有商王令犬侯攻打周人的史实。先周古公亶父时,就是在狄人的侵扰威逼之下,弃邠迁岐的。其中也可能有大戎。在西周王朝建立后,"放逐戎夷泾、洛之北,以时入贡,命日'荒服'"(《匈奴列传》)陇东庆阳一带的戎狄族接受了周人的统治,并进行贡纳。当时,陇东庆阳一带为周王室的西北大门,是西周抵御猃狁的重要门户。因此，从镐京至陇东一带修有一条大道，这条大道便是经子午线（瞿道山）主峰行进的。《诗经·小雅·吉日》篇讲到了这条大道的情况说："吉日维戊，既伯既祷。田车既好，四牡孔阜。升彼大阜，从其群丑。吉日庚午，既差我马。兽之所同，麀鹿麌麌。漆沮之从，天子之所。瞻彼中原，其祁孔有。儦儦俟俟，或群或友。悉率左右，以燕天子，既张我弓，既挟我矢。发彼小豝，殪此大兕，以御宾客，且以酌醴。"诗中讲到了周王选择了戊辰这个好日子，先去祭祈马神，然后出去打猎，猎车用四匹高大的雄马拉着跑到那高山上去，追赶一群野兽。周王选择了庚午这一天好日子，先把马匹挑选停当，去到那野兽聚集的地方，有许多雌鹿走着，这地方就是漆沮河的岸边，天子做了打猎之所。诗中所说的山，就是子午山，所说的漆沮河就是洛水。所说的鹿、野猪、野牛等是陇东一带子午岭上常见的猎物。这首诗充分说明子午岭主峰在西周时期已经存在着一条由四匹马拉着车子行走的车道。

《诗经·小雅·瞻彼洛矣》载；"瞻彼洛矣，维水泱泱。君子至止，福禄如茨。韎韐有奭，以作六师。瞻彼洛矣，维水泱泱。君子至止，鞞琫有珌。君子万年，保其家宝。……"这是说周王统帅六师兵力，身穿红色衣帽，腰间挂着一口佩刀，插在刀鞘里，上身挂着琫，下身褂着珌，很威武地出征到了洛水一带。《诗经》中说到的洛水，非河南的洛水，当是漆沮水，在战国以后被称为洛水。《诗经·小雅·六月》记载了尹吉甫奉周宣王之今北伐猃狁，取得胜利的情景。曰："薄伐猃狁，至于大原"。大原即今之陇东董志原（关于大原所指，另文论述）。这些诗也当是子午岭车道之佐证。地下发掘的实物对文献资料又可互为印证。1983年在宁县五里墩西约20公里的湘乐宇村谢家庄发现了一处西周中晚期遗址，遗址位于子午岭西侧一条支岭延伸的西端，原面东西向（今名盘克塬）距秦直道约30公里，有大道可直达岭上。遗址面积约 15000 平方米,文化层厚 1 至 4 米,从沟畔和四处半穴式庄基的断面上可以看到遗迹有袋状灰坑、住室、墓葬等,地表面陶片到处可见,有绳纹灰隔鬲、罐、豆、篙等。在一处竖穴土玩墓里出土器物 30 件,其中青铜器 22 件,有"中生父"鬲、"伯"、盨、尊、虎符、虎饰、兵器及车马饰等①。这些器物反映出墓主人生前地位较高,可能是尹吉甫属下掌管一方重兵的上层人物。据器物形制、纹饰判断属周宣王时代。证明在周宣王时期,子午岭车道仍是西周抵抗獫狁等少数民族的重要通道,在陇东一带西周王室住有重兵把守。

西周灭亡之后,春秋时期,始见泾北有义渠之戎的记载,庆阳地区为义渠戎领地,义渠戎国的国都在庆阳地区境内(国都所在地待考)。通向关中的子午岭车道为戎人控制,正宁县月明乡柴桥村、山河乡后庄村等地发现了春秋战国时期少数民族的墓葬区,位于直道西侧 10 多公里处,墓内均出土了一批服饰、兵器、车马器②。墓主生前可能是守护子午岭车道的戎族士兵。春秋战国数百年间,义渠戎国与秦国长期争斗,子午岭车道发挥了重要作用。《后汉书·西羌传》:"昭王立,义渠王朝秦"乃至到昭王三十五年(周赧王四十三年)"宣太后诱杀义渠王于甘泉宫,因起兵火之",都可能走的是子午岭车道。甘泉宫就在子午岭车道南端的甘泉山上。秦始皇统一六国后,大兴土木,营建宫室,特别是兴建阿房宫的不少木料也是从子午岭运去的。

上述史实表明在秦直道修筑以前,从西周开始子午岭车道已具相当规模,并成为西周、秦国连结关中与陇东乃至通向西北方向的一条主要交通干线。

---

①刘得祯、许俊臣:《甘肃宁县宇村出土的西周陶器》,《考古》1985 年第 4 期。
②刘得祯、许俊臣:《甘肃春秋战国墓葬清理记》,《考古》1988 年第 5 期。

二、秦直道的修筑

公元前221年秦始皇统一六国后，建立了统一的多民族的专制主义中央集权制的封建国家。为了巩固统一，防御北方少数民族的侵扰，首先把战国时期燕、赵、秦等国的长城连接起来，并加固维修。接着又选择一条既可以给长城输送兵源和给养物资，又可迅速通往北部阴山脚下的道路。这就是历史上所载的"秦直道"。

秦始皇三十五年(公元前212年)秦始皇命令蒙恬筑直道。两年后，秦始皇出游途中病故于沙丘，其辒车从直道归咸阳发丧。这一事实表明在公元前210年直道修筑已全部竣工通车。以两年的时间新筑一条从今陕西淳化县梁武帝村(甘泉宫)至内蒙古自治区包头市附近长达1800里的车道，而且要经过子午岭主峰。子午岭森林密布，除一条主峰外，东西两边天然形成了无数条支岭，支岭末端是崎岖的山谷，不熟地理地形的人，上了山不知从何处下山，错走了一条山岭，就很难返回原处。道路测量勘探水平要求很高，稍有差误，就会偏离主峰，误入深谷。如果是秦始皇时期，才开辟子午岭车道，在短时间内，要完成这样艰巨的工程，在当时生产力发展的水平和科学技术条件似乎不大可能。

所谓秦直道，《史记索隐》苏林云："正南北相直道也"。子午岭者，子为北，午为南，即南北走向的山岭之意。秦直道与子午岭主峰的走向是一致的。秦直道与西周以来修筑的子午岭车道相重合当在情理之中，秦直道在子午岭车道基础上进行修筑是历史的必然，这才是历史的真实面貌。

实地考察也证实了子午岭秦直道是在原有道路基础上修筑的这一结论是完全正确的。因子午岭秦直道在原车道路面基础上的修筑有四种情况。

1. 土筑法：子午岭车路山脊的一些地段由于洪水冲刷等因素形成了缺口，这种情况在正宁县以南较多。在修筑中是用木材按所需宽度将两边帮成马槽形，内垫黄土，用夯筑成。调令关南约 5 华里的一个嵝岘，长约 100 米，宽约 15 米，南边高约 2 米，西边高约 4 米，均为扰乱土层，在土层内多见朽木灰，木灰宽度在 10 至 20 厘米之间。

2. 加宽法：子午岭车道有些地段山脊宽度不到 6 米，采用就近采石将两边加宽，内垫黄土的办法修筑。在艾蒿店西侧有长约 300 米和以南宽约半里处，有 40 米长的一段山脊，宽约 4 米，便就地采集红砂岩石，石料呈不规则条块状，在两边加大宽度。现保存镶砌的石料高约 0.5 至 2 米，厚约 50 至 70 厘米，内垫黄土，将路面加宽到 6 米。

3. 削筑法：削山筑路，即史籍所载："堑山堙谷"之处。子午岭山脊自然形成的许多像冢形的小山峁和坡度比较平缓的山峁，直道从峁顶而过。对一些坡度陡的山峁，选其截径或左或右从其山峁一侧削出 6 米多宽的道路，绕山峁而过。一般均在僻出道路的外侧挖一条壕沟，深 1 至 1.5 米，宽 2 至 2.4 米，将土翻向两边，左右形成垄状，这既保证了行车安全，又让壕沟起到了排水的作用。宁县芦邑庄，是一处比较重要的关隘。此处山脊有一个急转弯，北边山峁很陡，便在山峁东边挖了一个豁口，高约 3 米，长约 10 米，宽约 6 米。削山的痕迹至今仍很清晰。又如在北桂花园距兴隆关约 5 华里处，山势较高，直道从山梁两侧修筑，为了通过西向的横梁，挖了一条南北向的深胡同，胡同深 10 米，宽 6 米，长 100 米，直道从中通过，达兴隆关。

4. 铲平法：子午岭山脊上较多的地段为自然形成的长梁，一般宽度都在几十米以外，在山脊中间按照一定宽度稍加铲平加工整理即可，一般路面的熟土层在 10 至 20 厘米之间。由于道路使用时间很长，今虽废弃，路面内虽长满了索草，但从索草生长的高低，仍可看出车辙的痕迹。在路面以外的两侧今已灌木丛生，形成了一条天然走廊。

三、秦直道的防御体系设置

西周时期的车道上一般都设有亭舍一类供食宿的设施。从《史记·周本记》所载周幽王与宠妃褒姒以烽火为戏看,西周时在一些重要通道上设有军事防御信号系统,烽火又称烽燧,烽燧作"□□"。《说文解字》篇十上将"□"列在火部,"□燧候表也,边有警则举火,从火逢声"。篇十四下将"□"列在部,"□",塞上亭守□火者,从从火遂"。

春秋战国时期,兼并战争不断发生,诸多国家都置烽燧。秦统一六国后,《史记·秦始皇本纪》载:在长城"筑亭障以逐戎人"。司马迁曰:"吾适北边,自直道归,行观蒙恬所为秦筑长城亭障,堑山堙谷,通直道蟹"(《史记·蒙恬列传》)。"亭障"是指军事防御体系而言,亭即亭燧,又称烽燧,障是关隘,城堡一类。

在子午岭秦直道上,经过实地考察发现有很完备的军事防御体系,即关隘、烽墩、兵站等设施。既可为长城一线提供军事后勤保障,输送兵源,又可报警。

以兵站而言,正宁县境内,调令关北20里处的高庄,直道西侧近100米处、合水县境的午亭子往南七里店处、宁县兴隆关(沮源关)、华池县境内的老爷岭等处均在直道西侧附近发现了不少西周陶片,表明子午岭车道上有西周建筑物存在。特别值得注意的是在高庄又发现不少秦代的瓦片,这可能是秦代在西周建筑物基础上修建的一处兵站[1]。秦直道上的兵站还有南梁峁遗址[2]。这些兵站可供食宿,又

①李仲立、刘得祯:《甘肃庆阳地区秦直道调查记》,《考古与文物》1991年第5期。
②李仲立、刘得祯:《甘肃庆阳地区秦直道调查记》,《考古与文物》1991年第5期。

为要塞,既可扎营,又可储存军用物资。这些兵站都选择在地势险要,东西无法通路的隐蔽位置上。南梁峁兵站遗址位处直道东南侧的小山峁上,三面山势陡险,灌木丛生,不易被人发现。高庄兵站遗址,位处南北长约 200 米,宽约 40 米的嶂岘之中,嶂岘两边为深谷,东西行人根本无法通过。

子午岭秦直道上的烽墩,正宁县境有南五里墩、北五里墩,宁县境有芦邑庄墩、芦堡墩、五里墩、桂花园墩、春树原墩,合水县境有午亭子南墩、午亭子北墩、洞水坡岭墩、青龙山墩,华池县境有墩梁墩、营嶂岘墩、打扮梁墩、林沟嶂岘墩、林沟梁墩、南湾墩、箱子湾墩等 20 余处,因年久已呈冢状,内部结构不太清楚,不能全视为秦朝时期所修。烽墩位置的选择是十分科学的,都修筑在直道沿线垭口处的至高点上,登上每一座烽墩视野宽阔,南来北往尽收眼底,可以想见,当时军事报警信息传递相当神速。沿直道有多处地名今人称"五里墩"实际相距六、七华里,也许告诉人们当初烽墩间的实际距离和秦的乡制"十里一亭"相当。

关隘一般选择在有交叉十字路的西北侧,直道都从关隘内通过。东西交叉的道路一般都在关隘南侧,所处地势比较低。正宁县境的雕令关,关隘位处一个较平缓的嶂岘南端的山峁间,坐东向西,现有残洞二层。有广阔的台地三层,每层台地约 50 亩。直道从第二层台地窑洞前穿过,在窑洞西南角有一残城墙,夯土层厚 6 至 7 厘米,发现了大量的秦时的瓦片。表明建筑过城堡。城墙和直道以及一条东西走向的道路形成了斜角"十"字状,当时确是一关双管。合水县境午亭子,也是一处重要的关隘,此处自然形成了三个峁,呈三角形,有两个嶂岘,直道从山峁的西侧削山而过,通过两个嶂岘形成两处急转弯,然后北上,中间的山峁最高最大。三座山峁下都有残窑洞数层,现存最多的有 14 层,每层有窑洞 4 至 10 多个,层层窑洞前都有宽广的台地,文化层最厚处可达 3 米,内含秦至清各个时代的陶瓷残片,表明是一个重镇。还有一条从合水固城川东到今陕西富县的古道在此处与直道交错通过。在中间山峁西侧发现早期城墙一段,长约 150 米,残高 0.5 至 1.5 米,基宽约 6 米,夯土厚层约 6 至 7 厘米,表明筑有城堡,直道丛残墙的缺口处通过,西来的古道也受这条残墙制约,也起到的了一关双管作用。宁县的兴隆关、华池县的黄蒿地畔,与上述的调令关、午亭子的地形基本相似,均有东西道路与直道呈"十"字状相交。遗址范围广,遗存丰富,是周秦以来的重要的关隘要地。

总之,子午岭秦直道上的关隘、烽燧、兵站等均系防御信号体系都是经过认真的选择和细心的研究,根据其不同的用途,设置在不同的地形特点和地理位置上的,这种防御体系的完备性和设置的科学性,显现了秦朝军事科学发展到了一个相当高的程度。

甘肃境内秦直道管见

一、问题的提出

史籍对秦直道的文字记载不多,《史记·秦始皇本纪》中载有两条:"三十五年,除道。道九原、抵云阳,堑山堙谷,直通之"。"三十七年,始皇出游。……七月丙寅,始皇崩于沙丘平台。……行,遂从井陉,抵九原……行从直道至咸阳,发丧"。《史记·六国年表》:"三十五年为直道,道九原,通甘泉"。《史记·蒙恬列传》记有两条:"始皇欲游天下,道九原,直抵甘泉,乃使蒙恬通道,自九原抵甘泉,堑山堙谷,千八百里"。"太史公曰:吾适北边,自直道归,行观蒙恬所为秦筑长城亭障,堑山堙谷,通直道,固轻百姓力矣"。《史记·匈奴列传》:"通直道,自九原至云阳"。从以上六条可知,秦王朝在公元前212年(始皇三十五年)开始令蒙恬负责修筑从九原(今内蒙古自治区包头市西)到云阳(今陕西省淳化县)这条直道。秦始皇去世后,其辒辌车是从井陉至九原行经直道回咸阳发丧。故在始皇三十七年(公元前210年)直道已全部竣工。全程1800里。司马迁曾从直道返回长安。但是直道经过哪些地方,具体修筑情况,路面宽度等均未提及。为了搞清秦直道的历史面目,从20世纪70年代起一些史学家和有关学者进行了考察。史念海教授通过实地考察得知了秦直道的行经路线,认为秦直道由秦林光宫(汉甘泉宫——今陕西淳化县北梁武帝村)开始,沿子午岭主脉北行,经旬邑县石门关入今甘肃境,出华池县至陕西定边县,然后到达内蒙古自治区包头市西①。另外一些学者则认为秦直道未经过今甘肃境内,其理由是"甘肃一侧的古道在地图上的位置,则是绕了一个大弯,不能说是直道。按规模,甘肃一侧的古道标准宽度只有4米左右,可走一辆卡车;陕西一侧的古道标准宽度为13米,可并行三辆卡车,规模要宏伟得多。尤为重要的是甘肃古道两侧发现的多是宋代历史文化遗迹;而陕西古道两侧多为秦汉历史文化遗址。""沿子午岭主脉折向甘肃的古道可能是秦通向西北的故道而不是秦直道"②,王开先生也有类似的主张,他说:"子午岭东侧的路线,一般都在30米至45米之间,比子午岭西侧的路线,路宽多一至三倍。""'秦直道'路线,是经由子午岭东侧,横山南侧,大半路段在陕西省境内。"③由是观之,在秦直道是否经过甘肃境内问题上,尚存在着一定分歧,本文就此谈一些认识,以供研讨。

二、地方志记载甘肃境内有秦直道

在地方志书中载有秦直道行经今甘肃省陇东庆阳地区境内的有《括地志》《元和郡县图志》《读史方舆纪要》等著作。《括地志》原本遗失,但《史记·匈奴传》《正义》引《括地志》云:"秦故道在庆州华池县西45里子午山上,自九原至云阳,千八百里"。《元和郡县志·关内道三》载唐朝襄乐县(今宁县襄乐)条下有"秦故道,在县东80里子午山,始皇30年(应为35年——引者注),向九原抵云阳,即此道也。"《读史方舆纪要》卷五十七,记真宁县(今正宁县)内有"雕岭",县东50里,绵延高耸,亦即子午山之别阜矣。上有秦时驰道,今有雕岭巡司,在县

---

①史念海:《秦始皇直道遗迹的探索》,《文物》1975年第10期。

②卜昭文:《靳之林徒步考察秦直道记》,《瞭望》1984年第43期。

③王开:《"秦直道"新探》,《西北史地)》1987年第2期。

东 100 里"。

清人赵本植编纂的《庆阳府志》也有多处记载。该志卷四十一引李梦阳著《华池杂记》云:"华池古乐蟠县也。……故城川蒙恬斩(堑)山堙谷处也,今驰道存焉。"卷七载正宁县雕岭"在县东 50 里,即子午山别阜,上有秦筑驰道"。卷十一载合水县有"圣人条,白子午岭起,南通潼关,北至草地,相传秦始皇筑长城开运粮道处"。"驰道,在县东百余里,相传蒙恬堑山堙谷,上通上郡,下达咸阳及其地"。又载正宁县"秦故道,在县东 90 里,《元和郡县志》:在襄乐县东 80 里子午山,始皇自九原抵云阳,即此道也。县志在雕岭上,俗名圣人道,秦以天子为圣,故名"。上述所列地方志书中的记载虽然有"故道""圣人条""圣人道""驰道"等名称的含混,但从记载的起止之地和蒙恬修建等史实看,可以肯定所言系指"秦直道"无疑。志书对秦直道的记载尽管不甚详细,但都是按当时的地方行政区划所辖地域范围记述的。一般地说,地方志都是偏重记述某一特定地区内所发生的一些重大事情。正因为这样,地方志才被认为是地方历史地理的重要历史文献,所以将地方志中对秦直道的记述只认为是"点出一个大概方位"[1]是不够妥当的。即使是大概方位,也是在一定行政区域内的方位,故不难看出上述方志中所载秦直道所在之地,除去历史上行政地域区划的变更因素外,可以肯定仍是今甘肃境内的正宁县、宁县、合水、华池等县所辖之地。这就是说甘肃境内有秦直道。

三、甘肃境内的秦直道遗迹和遗址

为了进一步弄清秦直道是否经过甘肃境内,特在庆阳地区进行了重点考察。

---

①王开:《"秦直道"新探》,《西北史地》1987 年第 2 期。

秦直道由陕西淳化县北梁武帝村开始，进入到子午岭南端山梁——甘泉山，由旬邑县石门关入正宁县刘家店。我们的考察也就从正宁县开始。

经实地考察，在甘肃境内存在着秦直道遗迹和遗址。

直道进入正宁县刘家店、黑马湾后。沿陕甘两省分界线（以子午岭主脉为界，其东侧为陕西省，其西侧为甘肃省，又称分水岭。在清代以前，没有这种划分）达雕岭关（调令关）。

调令关是重要的关隘要道。现在仍是陕西铜川到甘肃正宁公路的必经之地。它位于正宁县东南，现在残窑洞两层，秦直道从第二层窑洞前的宽阔地边通过，在其崾岘南侧，还保留一段早期城墙，长约30米，残高3—7米，基宽约5米，夯土层厚6—7厘米，夯窝不明显，为五花土质，内含大量炭块，地表布满瓦片，断面所见文化层厚达3米，有粗绳纹板瓦和筒瓦，较完整的汉瓦长31、宽15、厚2厘米，凸面光平，凹面为布纹，另外，还有宋以后的陶瓷器残片。从实物得知是秦汉时建筑物，可能是一个重要的哨所，以后历代沿用。

直道从调令关北上，到高庄。高庄附近距调令关约20里处的崾岘中，也发现有不少的粗绳纹板瓦残片，筒瓦凸面多饰细绳纹，头部11厘米为光面，凹面饰芝麻纹，直径13厘米，仍为秦汉遗物。从瓦片分布可以看出，建筑物坐东向西，南北呈"一"字形，可能是驿站。直道从门前经过，到艾蒿店。

在正宁县和陕西黄陵县接界处，正宁县辖的艾蒿店附近，在直道大转弯的崾岘之东峁西侧，断面所见文化层厚为1—3米，内含相当丰富，有大量粗、细绳纹板、筒瓦和汉代布纹瓦片，另外明清的脊兽、瓦当之类，遍地皆是，这也是一处建于秦汉、后代沿用的建筑物，可能是一个哨所。崾岘长约150米，两端山峁高大，直道沿山峁东侧台地修筑，过烧锅梁出正宁县境，全长约70公里。

刘家店海拔 1600 多米,调令关海拔 1775 米,山势起伏较大,直道行进为慢上坡。艾蒿店海拔 1772 米,从调令关到艾蒿店,山势平缓,为慢下坡。

由于水土流失,部分直道路面约 4 米,今人沿用;部分路面废弃,已长满灌木,但路迹仍清晰可辨,最宽处有 5 米左右。

直道从烧锅梁进入宁县境的五里墩,经芦邑庄、吊庄、鲁堡、南桂花园、北桂花园、兴隆关、兔崾岘、七里店到合水县的午亭子,长约 60 公里。五里墩到午亭子海拔高度基本一致,为 1560 米左右,山势起伏不大,路面平坦,梁峁上许多平地已开垦耕种,大部分直道改修成 6 米多宽的汽车土路,仅留转弯处和山峁上部分直道遗迹,一般宽在 5 米左右,沟壑间森林茂密,灌木丛生。

午亭子位于宁县、合水县两县交界处,属合水县辖。这里古道有南北、东西两条,绕中间山峁交叉,呈"十"字状。东西向者为陕西富县通往合水、庆阳的一条古道。南北向者为秦直道。这里是重要的交通枢纽之地。在中间山峁上有约 20 亩的平顶。高出直道平面约 200 米,左右山峁高出约百米。在中间山峁南侧上,(以直道为中心)现有四层残窑洞,下有八层窑洞,窑洞前都有较为广阔的台地,其面积大者约 40 亩,小者也在 10 亩左右;左右山峁各有两层残窑洞,瓦片遍地皆是,文化层厚约 3—7 米,内含主要是粗、细绳纹瓦、筒瓦。瓦头凸面 1—2 厘米的光面,纹饰有纵的、横的以及印压纹瓦片。汉代残砖破瓦极为丰富。表明秦汉时有较大的建筑物,可能是一个大的兵站。另外还有相当多的宋代瓷片,明清遗物也处处可见。

在中间山峁西侧近直道处,留有早期残墙一段,绕山峁呈弧形,长约 150 米,基宽约 6 米,残高 0.5—1.5 米,夯土层厚 6—7 厘米。直道从残墙的鏊口处通过,向北纵穿合水县境。经土桥、槐树原、马连崾岘、朱家老湾、娘母子弯、油房庄、洞水坡岭(洞口)、黄草崾岘到青龙山。槐树原附近海拔 1652 米,黄草嶙岘海拔 1624 米,所以这段直道向北稍为倾斜,长约 50 公里。由于在 60 年代修有近 8 米宽的土路一条,90%的直道被破坏,仅留起伏山脊上的残段,在灌木丛中直道遗迹仍清晰可辨,路面呈凹形,宽约 5 米。

直道从青龙山起,沿合水、华池两县分水岭向西北方向延伸,到华池县的麻芝嶙岘,然后纵穿华池县境。经大红庄、墩梁、老爷岭、新庄畔、羊沟畔、黄蒿地畔、深嶙岘、高嶙岘、墩儿山、雷嶙岘、五里湾、张新庄、田掌,进入陕甘两省交界的丁嶙岘、墩梁,直达营嶙岘。营嶙岘是直道与长城重合之处,也是一处交叉的十字路口,直道沿长城内侧向西北方向行进,到营盘梁。

营盘梁位于华池元城乡吕沟嘴村,地处分水岭的一个圆山峁上。这里的长城沿山峁筑成半圆形,直道沿长城内侧也形成弧状,在半圆形南侧有一块平地,面积约 4200 平方米,地内布满粗细绳纹瓦,还出土一件空心铁铲,刃长 13.5,宽 5 厘米。此处障墙保存较好,长约 50 米,高 4.5—5.2 米之间,基宽 5 米左右,夯土层厚薄不一,约 7—15 厘米。由是观之,修筑直道为长城守兵运送粮食、兵器,足见直道与长城关系密切。

直道从营盘梁到南湾、箱子湾、白硷出长城,入陕西定边县的马嶙岘(在铁角城以东的分水岭上)。直道与长城重合之处约 20 公里,在华池县内长约 110 公里,青龙山海拔 1633 米,老爷岭海拔 1672 米,两边相距约 40 公里,这段直道向北是慢上坡。墩儿山附近海拔 1400 米,故从老爷岭到墩儿山为慢下坡。山势起伏较大,道路崎岖,路面呈凹形,宽约 5 米、因梁峁多为蒿草,人烟稀少,直道基本保存完好。

经实地考察,直道始终沿子午岭主脉由南向北经过庆阳地区四县。

从考察中得知的直道遗迹和遗址,既证明了地方志的记述是可信的，同时也否定了所谓子午岭"西侧发现的多是宋代历史文化遗迹"的论断；至于在今宁县和合水午亭子以北一段直道上未发现秦汉时的遗物和遗址，其主要原因是直道破坏严重，有不少地方被修成了简易公路。不能以此概全，否定直道在甘肃境内的存在。事实上从前面的叙述可以看到，不论是保留比较完好的直道的路面，还是遭到破坏后，在一些山脊上保留的残段和灌木丛中留下的直道遗迹，其路面宽度均在 5 米左右，这也说明直道路线的存在。直道路面的宽度也并非 13 米或 30 米至 45 米间。直道路面的宽度不仅在甘肃庆阳地区四县境内是 5 米左右，就是从调令关往南到旬邑县博物馆立碑论定秦直道一号兵站的四十亩台的直道路面宽度仍是 5 米左右，论者如何得知直道的宽度有十几米或几十米呢？秦王朝建立后，除在宫庭中修的复道外，还修建了驰道、直道、五尺道、新道等等，在我国历史上秦始皇对公路建设是有重大贡献的。秦王朝所修的各种道路，应该说有不同的宽度标准。驰道，以咸阳为中心，向东、向南，通向过去燕齐和吴楚之地，路宽 50 步，道旁每隔三丈种青松一株。驰道路面之所以宽广，《史记集解》应劭曰："天子道也"。五尺道，是秦朝在云南、贵州一带修建的，云贵多为山丘之地，所以路面宽仅 5 尺。直道，大部分道路是在子午岭主脊上行进，而且主要是供军事所需，所以路面比较窄，仅 5 米左右的宽度；秦直道是在子午山上原有道路基础上修建的。直道，并非道路笔直，应该说是秦王朝统治中心咸阳通向西北方面的一条近道；更重要的是《史记索隐》苏林云："正南北相直道也"，直道是由南向北的通道之意。所以不能因为直道经过甘肃境内的四县，绕了一个弯而对直道产生怀疑。

有的同志提出秦直道过沮源关（兴隆关）后，即折由"古道岭"向东北方向走去，进入今陕西富县、甘泉、志丹，然后进入横山地区，而否认直道经过甘肃的合水、华池县境内，这一观点也是不能成立的。

因为很明显这是用子午岭的支脉去代替子午岭的主脉，正南北方向改变为东北方向，是与直道的行进方向不相符合，而且子午岭支脉甚多，必然要下山、上山或过河，诸多不便，只有子午岭主脉才能贯通。这个问题，史念海教授在他的文章中已做了很好的说明。

陕西富县直罗镇是所谓直路县或"直路"音的讹传之说，证据比较单薄。李吉甫《元和郡县志》关内道三载："直罗县本汉雕阴县地，后汉因之，魏省雕阴县，晋时戎狄所居，后魏置三川郡。隋开皇三年，使户部尚书崔仲方筑城以居之，城枕罗原水，其川平直，故名直罗城"。顾祖禹《读史方舆纪要》卷五十七，在鄜州洛交废县后也有类似记载："直罗城，在州西 120 里，志云：以城枕罗水而名。"由是观之，直罗城得名，与直路县没有什么联系。顾祖禹在中部县下书有"直路城，在中部县西北 200 里，汉县，属北地郡"。所谓保安县（即今志丹县）的"圣人道"，据《读史方舆纪要》载："赫边勃勃起自夏台入长安，芟平山谷所开道也，欲伪为圣人道"。因此，将志丹县的"圣人道"说成是秦直道也是以讹传讹，不可信据。

总之，秦直道沿着子午岭主脊由南向北，路经甘肃境内，这也许才是历史的本来面目。

西周、战国时期秦直道子午岭路段成型

通直道，是秦始皇时期在修驰道和筑长城后的又一重大举措，并在秦王朝及其以后的中国历史上都产生过巨大影响和作用的。但是，直道是否为秦始皇时期新修的一条南北交通要道呢？据实地考察，我们认为秦直道的子午岭路段早在秦始皇之前业已成型。

一、直道的路段问题

有关"直道"的文字记载，仅《史记》中有寥寥数语，我们只知其概略，一是秦始皇三十五年（前212年）令蒙恬修建直道，到始皇三十七年（前210年）全线竣工，始皇帝出游，病逝沙丘后，其辒车由井陉至九原，从直道返回咸阳发丧；二是自九原（今内蒙古自治区包头市西）至云阳（今陕西淳化县）甘泉宫（秦林光宫，今陕西淳化县北梁武帝村）为直道起讫点，全长1800里；三是司马迁亲自走完了直道的全程。

史籍中对直道所经之地及路段问题全无记载。今人史念海教授对秦直道进行过考察，弄清了直道的具体走向、所经之地及其路段问题。他说：秦直道"由陕西淳化县北梁武帝村秦林光宫遗址北行，至子午岭上，循主脉北行，直到定边县南，再由此东北行，进入鄂尔多斯草原，过乌审旗北，经东胜县西南，在昭君坟附近渡过黄河，到达包头市西南秦九原郡治所。一半路程修筑在山头岭上，一半路程修筑在平原草地"①。史念海先生从地理地形地貌角度提出了直道的两个大的路段问题,即子午岭路段和草原路段。

二、子午岭车道始于西周

笔者在 1989 年 4—5 月对秦直道子午岭路段进行过考察,写有考察报告②。通过实地考察,我们认为秦直道的子午岭路段在秦始皇当政前早已存在于世,并为人们所利用。

子午岭,亦称子午山,因为这条黄土山梁是南北走向而得名。又名桥山,因沮水穿山而过如桥状而得名。中华民族的人文初祖黄帝陵就在这座山上。《史记正义》引《括地志》云:"黄帝陵在宁州罗川县(今正宁县境)东八十里子午山上。"

子午岭北入大漠,南至关中,直南直北长千余里,皆随地异名。是泾、洛二水的分水岭,也是今陕甘两省的分界线,其东侧隶属陕西省,西侧为甘肃省之正宁、宁县、合水、华池四县属地。

从远古以来就有人类生息繁衍在子午岭中,在考察中,直道沿线我们发现了多处新石器时代的文化遗址。如调令关新石器时代遗址,在子午岭上调令关(正宁县辖地)发现了一段早期土墙,内含大量的仰韶文化红、黄陶片及碳渣,在靠直道东边的台地内还找到许多红陶片,因花木杂草茂密,虽对文化层厚度及范围大小未能搞清楚,可辨器形只有红陶钵,文化遗址破坏十分严重,然而属新石器仰韶文化遗址无疑。在考察中,曾在今宁县罗山府林场辖地,子午岭西侧沟底,距直道约五公里的介家川和冯西沟川小河交汇的台地内又发现一处新

---

①史念海:《秦始皇直道遗迹的探索》,《文物》1975 年第 10 期。
②李仲立、刘得祯:《甘肃庆阳地区秦直道考察报告》,《甘肃社会科学》1991 年第 3 期。

石器时代遗址,遗址面积约15000平方米,文化层厚1—2米,地表散布大量的彩陶盆、尖底瓶、细泥红陶钵,罐等陶片及网坠、纺轮、兽骨、骨簇之类,并有黑色陶环、残石奔、斧等器物,是一处仰韶文化遗存。在华池县麻籽嵘岘北端一长梁中部的小山峁南边,直道从中穿过,在路面上发现红陶及褐色陶片,时在道路两边及山峁南侧的坡地内还发现了许多类似陶片,可辨器形有罐、盆、残石斧、弹丸等,这是一处齐家文化遗址。在华池县黄蒿地畔直道东侧一嵘岘北端小山峁上,峁顶部有秦时修筑的烽火台,在山峁西南侧,从峁顶以下第三、四层台地内。面积约150×100平方米。因修台地,挖出许多陶片,遍布地内,可辨器形有红色大口罐、盆、红陶钵、线纺轮、陶刀等,是一处仰韶至齐家文化遗址。上述几处遗址证实在公元前六至四千年前先民们就生活。在这一带,并且居住时间较长。子午岭自生林十分茂密,野生果类满处皆是,飞禽走兽种类繁多,这条长梁为先民们创造了良好的生态环境,是先民们生活的最好乐园,冬春之季,他们主要以狩猎为主,遗址中出现的骨簇,弹丸网坠就是真实的写照,夏秋之季主要以采集为生,那些残石斧、奔、陶刀的出现,记录了他们的辛勤劳作。路在人脚下,由于采集和狩猎的需要,午岭上下的道路由于人们的踏踩而逐渐形成。

历史进入到西周,子午岭上下居住的人越来越多。1984年在合水县文夏村兔儿沟发现了先周及西周时期的文化遗址。这处遗址与直道仅一沟之隔,相距约50里,可直通宁县境内直道上的五里墩。遗址面积达10000平方米,山下近水处有两个较大的住宅,半山腰至塬畔是墓葬区,从四座残墓中出土了先周陶鬲及彩绘折肩灰陶罐等器物[①]。在考察中,在直道沿线还发现了几处周代文化遗址。如宁县兴隆

---

①刘得祯、许俊臣:《甘肃合水庆阳出土早周陶器》,《考古》1987年第7期。

关周代遗址,分布于直道西侧约 20 米处的小山峁上,遗址南北长约150 米,东西宽约 100 米,地表布有大量的粗细绳纹夹砂灰红陶片,可辨器形有陶鬲、豆、罐之类。在正宁县有高庄遗址,距调令关约 20公里处,遗址位于南北长约 100 米。宽约 40 米的嶕峴之中,范围约70×30 米,该遗址内除有大量的秦汉瓦片外,还有周代的陶片,可辨器形有褐色夹砂残陶鬲、罐、灰色陶豆、残石斧等。这是在直道上从周代到秦汉沿用的一座建筑物,直道从门前经过,嶕峴两边为深谷,地势十分险要,既可供食宿,又是要塞。合水县午亭子周代遗址,遗址位于午亭子以南约一里处,在直道西侧山梁上,面积约 100×50 米,遍布夹砂灰、褐色陶片,可辨器形有鬲、罐等物。华池县老爷岭周代遗址,位于直道西侧约 100 米的山梁上,布于烽燧四周,面积约 100×50 米,地表散布周代陶器残片,可辨器形有夹砂陶鬲、罐、豆等物,同时,还有大量的秦汉瓦片。宁县七里店遗址,位于直道东侧约 10 米的一块台地内,面积为 150×100 米,内含大量周代陶片。

此外, 庆阳地区博物馆近年来先后在子午岭西侧五至三十公里范围内发现了多处西周中晚期遗址。如正宁县的杨家台,宁县的湘乐宇村,合水县的兔儿沟圈等处西周墓葬群,曾先后出土了许多青铜礼器、车马器、服饰。在宁县罗山府近直道处 1992 年 4 月林场工人植树中挖出了一件短胡一穿戈,内胡肥大,有中脊,通长 21.3,鬲长 4.5,宽栏长 9.5 厘米,实属西周早中期遗物。直道沿线与直道周围发现的周代遗址、墓葬,表明周人在子午岭一带生活时间较长,特别是青铜器、车马饰的出现,证明周人已经使用过这条车道,并在车道上建造有供食宿用的建筑物。

这条车道周人已经使用还有文字记载可做印证。《诗经·小雅·吉日》曰:"吉日维戊,既伯既祷,田车既好,四牡孔阜。升彼大阜,从其群丑。吉日庚午,既差我马……"诗中说周王选择了戊辰这个好日子,先去祭祀马神,然后出去打猎,乘着四匹高大雄马拉着的车子跑到那高山上去,追赶一群野兽。周王选择了庚午这个好日子,先把马匹挑选停当,去那野兽聚集的地方,有许多雌鹿走着,这地方就是漆沮河的岸边,天子做了打猎之所……诗中所说的漆沮河就是战国以后所称的洛水,沮水源于子午岭,诗中所讲的山是与漆沮河有关的山;宁县境内的子午岭上有兴隆关,古称沮源关,是因沮水出子午岭东,流向向洛河而得名,而且诗中说到的鹿、野猪等亦是子午岭上常见的猎物。如是观之,子午岭主脉上在西周时已存在着一条可供四匹马拉着车子行走的车道。《诗经》中有关周王或周的大臣在子午岭一带活动的记载,还有《小雅·瞻彼洛矣》《小雅·六月》等篇。《诗经·小雅·六月》记载了尹吉甫奉周宣王之令北伐猃狁,得取胜利的情景。曰:"薄伐猃狁,至于大原。"大原即今之陇东董志原(关于大原所指,另文论述)。1983年地区博物馆在宁量五里墩西约20公里的湘乐宇村谢家庄发现了一处西周中晚期遗址,遗址地处宇村原西北原畔,北起农民李得玉住宅,南至谢家二队,西至沟畔,东到马路,总面积约15000平方米,文化层厚约一米,断面已暴露出住室二处,灰坑三处,一农民在遗址东北部修庄时距地表1.5米处一座古墓,出土大小青铜器22件,有"中生父鬲""伯"盨、尊、虎符、虎饰、兵器及车马等①。从器形和饰纹被断为周宣王时代;1973年合水县文夏大队在兔儿沟平田整地时,发现一处西周墓群,被破坏的古墓有三四座,其中一座出土青铜器4件,有铜鼎、簋、戈等。鼎直耳,三柱足,腹饰雷纹和饕餮纹三组,通高21厘米,簋通高15厘米,腹饰饕餮二组,足饰夔龙纹四组,与甘肃灵台白草坡出土的基本一致,属穆恭王时期遗物,这两处遗址均处于直道

①许俊臣、刘得祯:《甘肃宁县宇村出土的西周铜器》,《考古》1985年第4期。

西侧的要道上，与直道相对峙。出土的器物反映出墓主人生前社会地位十分显赫，是掌管兵权的重要人物，从另一方面可看出，在西周中晚期，子午岭上的车道是周王朝北抗玁狁等少数民族的重要通道。

三、子午岭车道是战国秦长城的运输线

西周灭亡后，泾北有义渠之戎兴起，义渠戎国的国都就在今庆阳地区境内。义渠戎在庆阳一带活动时间比较长，曾与周人有过联合和斗争，战国时期又与秦国抗衡，主要活动在关中一带。通向关中的子午岭车道为义渠戎所控制，据庆阳地区博物馆1984年普查，正宁县的月明乡柴桥村、山河乡后庄村距子午岭最远的超不过20公里，宁县罗山府、盘克、袁家村距子午岭有的仅只2—3公里，最远的也超不过30—40公里，都出土有戎族遗物。位于秦直道西侧10多公里处的后庄村，发现墓葬和葬马坑各一处，出土器物32件①，其中兵器有铜戈，铜柄铁剑、铜刀柄等，特别是车马器铜岭、车軎、銮铃、当卢等的出现，进一步证明战国时期子午岭车道仍被继续使用，并为戎人所控制，成为义渠戎国与秦国争夺的主要交通线。《后汉书·西羌传》："昭王立，义渠王朝秦"乃至到昭王三十五年（周赧王四十三年）"宣太后诱杀义渠王于甘泉宫，因起兵灭之"，都可能走的是子午岭车道。因为甘泉宫就在子午岭车道南端的甘泉山上，不用翻山越岭，沿子午岭主脊可直达。

《史记》载：秦昭王三十五年灭义渠戎后，置陇西、北地、上郡，并"筑长城以距胡"，阻止匈奴族南下关中。秦昭王时所修长城从陇西郡址开始，经过北地、上郡等地。今庆阳地区境内的镇原县、环县、华池县境内均有秦昭王时所修长城的遗迹，华池县境的营崾岘和箱子湾

---

①刘得祯、许俊臣：《甘肃春秋战国墓葬清理记》，《考古》1988年5期。

等处的长城遗址,正处在马莲河支流元城川与洛河支流二道川、三道川的分水岭间,这条分水岭是子午岭的北段,表明,在这里长城所以筑在子午岭上,正是要与子午岭车道接轨。考察中发现,营崾岘正是秦直道与秦昭王时所修长城的重合处。这里,也是一处交叉的十字路口,直道沿长城内侧向西北方向延伸,经营盘梁、南湾、箱子湾到白磜出长城,入陕西定边县的马崾岘(在铁角城川东的分水岭上),重合之处约20公里。秦直道与秦昭王时所修长城的重合,这一事实说明了秦昭王时,子午岭车道已达到营崾岘,成为秦战国时期所筑长城的防御体系的组成部分,通过子午岭车道为长城提供运输保障,长城所需军用物资、士兵及日常生活用品可以由关中通过子午岭车道以较短的时间,以较快的速度运往长城沿线。因此,子午岭车道成了秦战国长城的一条十分重要的运输线。

四、直道是子午岭车路的完善和延伸

前面已经论证了在秦直道修筑之前,从西周到战国时期,子午岭上已经存在着具有一定规模的一条车道,成为西周、秦国连结关中与陇东的交通干线。秦始皇时期所修"直道",是在原子午岭车道基础上进行的, 是子午岭车道的完善和延伸。史籍中有关修筑秦直道的记载,仔细推敲也会发现这个问题。《史记·秦始皇本纪》载:"三十五年,除道。道九原,抵云阳,堑山堙谷,直通之"。"除",《说文解字注》曰:"殿陛也","凡去旧更新皆曰除","从月,取以渐高之意"。从文字上讲,称"直道"为"除道",其意思是用新的名曰直道的路去代替旧有的道路是很明确的。《辞源》:"除道,修治道路",即在旧道路基础上进行整修治理。

秦直道,《史记索隐》苏林云:"正南北相直道也"。子午岭以子为北,午为南,南北走向山岭之意。秦直道与子午岭山脉走向一致,秦始皇令蒙恬修直道,完全可以利用子午岭车道路段,在此基础上采用土筑、加宽、削山、铲平等方法进行整治修缮,并出陕西定边,向北延伸,进而贯通鄂尔多斯草原、达九原郡址(今内蒙古包头市西)之路段,使之直通而成。如若不是这样,秦始皇时期在两年之内新筑一条从今陕西淳化县梁武帝村(甘泉宫)至内蒙古自治区包头市附近长达1800里的车道,而且要经过子午岭主峰,在当时生产力发展水平和科学技术条件下是不大可能的。以鄂尔多斯草原而论,多为山丘盆地及广阔的草地,多有小河沼泽,直道多半是沿较高的丘陵山梁向东北方向延伸,修筑困难就不小,更何况子午岭森林密布,除一条主山岭之外,东西两边天然形成了无数条横岭,横岭末端均为崎岖的山谷,今人不熟悉地理地形的人,上了山不知从何处下山,走错了一条山梁,就很难返回原处,因此,道路勘测水平要求很高,稍有误差,就会偏离主峰,误入深谷。在这样复杂的地形地貌情况下,两年时间,新修一条直道,是很难完成的。

从《潜夫论》中对羌汉战事的论述看王符思想的先秦西部思想文化特色

　　王符是我国东汉王朝的一位进步的社会批判家、思想家。《后汉书》有王充、王符、仲长统三人合传,在范晔看来,王符虽为妾所生、地位低下,但其思想影响和社会作用当与王充、仲长统不相上下。《潜夫论》也一直受到有识之士的肯定和赞扬。范晔在《后汉书·王符传》称:"其指讦时短,讨谪物情,足以观见当时风政"。从隋朝开始在《经籍志》及唐、宋《艺文志》中对《潜夫论》的文章有一些收录。韩愈在《后汉三贤赞》之一称:"《述赦》之篇,以赦为贼良民之甚,其旨甚明"。在宋代有《潜夫论》手写本,元代有木刻本。清乾隆时镇原曾重刊《潜夫论》。乾隆时期编纂的《四库全书总目提要》亦称《潜夫论》"所说多切汉末弊政"。"符书洞悉政体似《昌言》,而明切过之;辨别是非似《论衡》,而醇正过之,前史列之儒家,斯为不愧"。《四库全书简明目录》还进一步指出"明达治体,所敷陈多切中得失,非迂儒矫激务为高论之比也"。从《后汉书》到《四库全书》都肯定了王符是东汉社会现实的批判家,《潜夫论》充分反映了东汉中后期的社会面貌,是东汉社会的写真,这无疑是对《潜夫论》历史价值的认同。但对其思想价值则言之为"儒家",这显然是不确切的。清嘉庆时人汪继培曾对《潜夫论》有笺注本,对《潜夫论》收集、整理和注都比较全面,并在《潜夫论笺自序》中对王符的思想作过分析,指出:"其学折中孔子,而复涉猎于申、商刑名,韩非子杂说,未为醇儒"。他不囿于传统"儒学"之说,而认为是以孔子为代表的儒学思想的折中,兼有法家的思想,这一认识达到了前所未有之新的高度。不过,这样来认识王符的思想价值还是不全面的,不能将王符的思想简单的看成是儒家、法家思想的翻版或延续。因为儒、墨、道、法、阴阳五行诸家都是在一定历史条件下形成的。在这些学派形成之前,其思想、信仰、知识等等应是共同的源头,在各典籍中常常包含有各种各样的思想。在研究王符思想时应考虑到这个问题。

在 20 世纪中华书局出版了彭铎先生的《潜夫论笺》,1991 年甘肃人民出版社出版了胡大浚、李仲立等的《王符〈潜夫论〉译注》对《潜夫论》的考证注释也取得了新成果。思想界、哲学界对王符思想的研究也取得了很大的突破。侯外庐先生是最早用马克思主义观点研究王符思想的,在他著的《中国思想通史》中进行了专门论述。冯友兰、任继俞、张岂之等在他们的《中国哲学史新编》《中国哲学史》《中国思想史》等著作中都对王符的思想进行过分析研究,肯定了王符在中国思想史、哲学史中的历史地位。80 年代以后还出现了研究王符的专著,如刘树勋《中国古代著名哲学家评传王符》、王步贵《王符思想研究》《王符评传》以及高新民的《王符哲学思想研究》等,将王符思想的研究引向了深入。但是对王符思想有什么特色,如何承续还需进一步研究。葛兆光先生曾经指出,"仅仅由思想精英和经典文本构成的思想似乎未必一定有一个非常清晰地延续的必然脉络,倒是那种实际存在于普遍生活中的知识与思想却在缓缓接连和演进着,让人们看清它的理路"①。葛兆光先生说得很对,要弄清王符的思想脉络、思想特色、思想体系,只能从"实际存在于普遍生活中的知识与思想"去找出

---

①葛兆光:《中国思想史·导论》,复旦大学出版社 2001 年版,第 11 页。

如何连接与演进。因为思想者往往从历史回忆中找到思想资源,在新的社会环境中加以重新诠释,从而使思想连续起来。王符生活在西部,"实际存在于普遍生活中的知识与思想"更多的只能是西部的思想文化。王符在《潜夫论》中总是从所谓先王之道,前朝之事等等历史文化回忆和追溯中,结合他所处的社会实际,阐发出他的思想观念。这就不难看出支撑他的思想的基石只能是与他所处的地域相关的先秦西部历史文化,这就是我为什么要研究王符思想的先秦西部思想文化特色的道理。我认为只有这样,才能真正理解王符思想文化特色的全部内涵和思想体系。

一、对王符和《潜夫论》之"名"释

《后汉书·王符》传载:王符字节信,安定临泾人(今甘肃省庆阳市镇原县人)。《史记·五帝本纪》载黄帝"合符釜山",有人认为"合符"之"符"是符瑞,是天意所赐,表明黄帝受天帝之命,统一各地部落,建立联合体,非也。"合符"应是一种信誓之物。如出土实物"侯马盟书"为证的"合盟"信物制度存在由来已久。《荀子·君道》:"合符节制契券者,所以为信也"。黄帝时代有无"合符"之制,不可妄断。《墨子·非攻》说禹伐三苗"亲把天之瑞命,以征有苗,……有神人面鸟身,奉圭以待",可知禹时有用圭作为统帅部族的信物。"圭"亦即"合符"。禹距黄帝不太远,故黄帝釜山合符,以盟主地位会各部落首领。《史记索隐》"合诸侯符契圭端,而朝之于釜山,犹禹会诸侯于涂山然也"。这与《史记》所载"诸侯咸来宾从""咸尊轩辕为天子"相和。

《说文》:符,信也。段玉裁注曰:汉孝文纪,始与郡国守相为铜虎符、竹使符。应劭云:铜虎符一至五,国家当发兵,遣使至都合符。符合乃所受之。竹使符皆以竹剑五枚,长五寸,镌刻篆书第一至五。张晏曰:符以代古之圭璋,从简易也。

　　黄帝兴起于陕甘,在西部活动时间长,也曾有"西至空桐"并问道于广成子的记载。空桐在今平凉市,距镇原较近。黄帝升仙之后,有葬桥山之说。桥山,又称子午山、子午岭,是今甘陕两省的分界岭。距镇原县也不太远。夏商以来至春秋活动于山西、陕北、陇东之间的戎狄族,王符在《潜夫论·志氏姓》中明确指出北狄为姬姓、黄帝族、姬姓。因此,北狄族当为黄帝族的后裔。由是观之,黄帝文化在西部,特别在王符出生地的镇原有浓郁的底蕴。

　　王符之"符",当是从黄帝"合符釜山"之"符",是"合符节制契券者,所以为信也"。王符字节信。"节",《说文》:"竹约也"。段注:"约,缠束也,竹节如缠束之状。……又假借为符阝字"。所以节信是对"符"作为信物的解释和肯定。表明他不信天命,而是颂扬黄帝统一各部族的功绩,他将自己作为继承黄帝文化的信物而已。

　　《潜夫论》是王符的著作。《后汉书·王符传》说王符"志意蕴愤,乃隐居著书……不欲章显其名,故号曰《潜夫论》"。正如《说文》:潜,涉水也,一曰藏也。段注:"此今日通行义。《释言》曰:'潜,深'"。这是一般意义上对"潜"的理解。王符自称"潜夫"绝非此意。清人周泰元在《重刊〈潜夫论〉序》中称《潜夫论》为不朽之作。以《易经》求证"潜夫"之名。"《易》曰:'潜之为言也,隐而未见,行而未成,是以君子弗用也'。然观忧行乐危,则知龙德而隐,必其器识百倍于流俗,虽终其身不求闻达,而本立德以立言,自可与立功者并垂于不朽"。所论当是。《周易·乾卦》初九:"潜龙,勿用"。王符自称"潜夫",以龙象征人事。以后的文子还进一步解释。《易传·文言》:…潜龙无用',何谓也? 子曰:'龙德而隐者也,不易乎世,不成乎名,遁世无闷,不见是而无闷。乐则行之,忧则违之,确乎其不可拔,潜龙也……。"'潜龙无用',下也"。"潜龙无用',阳气潜藏"。"潜之为言也,隐而未见,行而未成,是以君子弗用也"。"潜夫"者,"潜龙"也。意为隐居下层,不同于世人,不为个人名利得失,不屈于权贵,坚忍不拔,忧国忧民之君子。既非潜藏于山林野处,怀才不遇,苟且偷生之徒,亦非丧志玩物,颓废厌世之辈。王符从《周易》起名"潜夫",不能简单视为他曾从"先师京房"学《易》所致。司马迁在《史记·日者列传》载:"自伏羲作八卦,周文王演三百八十四爻而治天下"。八卦出现很早,可能已用于占卜,但是在周文王以前还未发现殷人周人用八卦占卜的史实,而是用龟甲、牛骨占卜。文王被囚羑里,演周易。这是历史事实。自周文王用筮占方法求得卦象,以观卦、爻象的变化判断吉凶,而取名为易。之后易占作为一种占筮方法很快流传起来。《周易》筮辞总共有 450 条,据高亨先生《周易古经通说》讲筮辞是《周易》原有文字,而卦名、爻题是后人所加。《周易》很突出的特点就是"长于变"讲发展变化,而且主张明德慎罚、宽和治民,与周初重德保民思想完全一致。周人兴起在甘、陕。周人始祖应自不窋始,唐代《括地志》曰:"不窋故城在庆州弘化县南三里,即不窋在戎狄所居之城也"。今庆城县至今还存有不窋坟(在庆城森林公园内),在古公时才从豳地迁往陕西岐山周原。(公刘迁豳,是从庆城迁往宁县、以后称为豳州)王符故乡镇原县也曾出土先周陶器。在镇原县常山遗址发掘中,"第三层,西周文化层。……此外,还发现若干先周陶鬲和陶罐的残片"[1]。周人最初活动在今庆城。周人的文化影响在陇东一带是很大的。王符起名"潜夫"是表示继承以《周易》为代表的周人初期的文化思想是顺理成章的事。而且,周人,姬姓,与黄帝同姓,自称为黄帝之后代,且与姜姓通婚。(炎帝是羌族,姜、羌本为同族,文化高者从事农耕文化为姜,以畜牧生产为主则为羌)。周人是炎

---

[1] 中国社科院考古研究所泾渭工作队:《陇东镇原常山遗址发掘简报》,执笔者胡谦盈,《考古》1981 年第 3 期。

黄文化的直接继承与弘扬者。综上所述从对王符和《潜夫论》的名释中不难看出先秦西部思想文化在王符思想中的巨大魅力。

二、在特定的战争环境中表现了人民纯朴的思想
——希望统治者制止战争,保护人民过和平安宁生活

《潜夫论》中的《劝将》《救边》《边议》《实边》四篇文章是在羌汉战争的特定条件下撰写的,直接涉及对具体地域的事与人的认识所表现出的思想,这是研究地域思想文化的一个层面,这个层面是浅层次的,但也是不可缺少的。王符本身是一位文士,没有经历过武士的生涯,然而他所处的地域(安定郡)和他生活的时空内,使他经历着战乱中逃亡、迁徙、颠沛流离的悲惨生活,因而对羌汉战事进行了论述。在东汉那个时代,还没有形成对战争的正义与非正义的性质认识,也还没有形成像近代那样的民族国家观念,对于国家边境的概念是以中国内部的汉族和少数族所居住的地域来区分。如在王符所处的安定郡及其邻近的北地、上郡、陇西郡在西汉初年成为与匈奴族斗争的北边和西北边郡的前沿。而在汉武帝破匈奴设置酒泉、敦煌、张掖、武威四郡,北边渡河至阴山。西北边达敦煌、河湟地区,朔方、五原成为北边新设置的边郡。到东汉时期,南北匈奴进犯地区仍以朔方、河西地区为重点。所以朔方、河西仍是北边和西北的边郡。安定在东汉成为边郡则是另一种情况。在整个东汉时期东汉王朝还与羌人不断地进行斗争。这种斗争存在着两种不同性质。一种是塞外诸羌,在酋豪的胁迫下对汉朝边郡进行抢掠烧杀;另一种是内迁羌人,由于受不了东汉官吏、地主的掠杀和奴役而进行起义的反抗斗争。不过在斗争中也有性质的转变,由于受到羌人上层分子的利用,而使起义转变为掠夺性的战争。

羌人由来已久,甲骨文、《尚书》《诗经》均有记载。其先"出自三

苗,羌姓之别也"。公元前二世纪五十年代以前,羌族主要散居在河西、河、湟和渭水上游一带,逐草随牧,以射猎为生。到东汉时期,羌人大约共有大小150个部落,他们常常用部落长的"父名母姓"来作为部落的名称。

早在西汉时期,为"隔绝羌胡(指匈奴)"通道,不断迫使羌人内迁。东汉则更盛,明帝永平元年(58年)大破烧当羌滇吾,"徙7000口置三辅"。和帝永元十三年(101年)打败烧当羌迷唐(滇吾子)"降者6000余口,分徙汉阳、安定、陇西"①。"西北诸郡皆有戎居"②。"居安定、北地、上郡、西河者,谓之东羌;居陇西、汉阳及金城塞外者,谓之西羌"③。王符所在家乡安定郡及其临近的北地、上郡等地都成为羌人聚居地,也就是汉羌杂居之地的边郡。内迁羌人在东汉王朝豪强地主、官吏的欺压盘剥下不得不进行反抗斗争,大规模的就有三次。第一次107年—120年,第二次138年—145年;第三次159年—169年。战争长达60余年,其中也含有羌汉人民联合的起义斗争,东汉王朝耗去的军费不下400亿之多,才将羌人的起义镇压下去。在战争中,郡县官吏纷纷要求将羌汉杂居之郡县徙至内地,永初四年(110年),"徙金城郡居襄武,安定徙美阳,北地徙池阳,上郡徙衙"。直至顺帝永建四年(129年)安定、北地郡才迁返原地。可是到永和六年(141年),安定郡又迁居扶风,北地郡迁至冯翊。

王符一生绝大部分时间,可以说是伴随着这六十多年的羌人起义与东汉王朝镇压起义的羌汉战争中度过的。战争中所出现的各种

---

①《后汉书·西羌传》。
②《晋书·北狄传》。
③《资治通鉴》卷52,永和六年正月条。

情景为他亲眼所见,亲耳所闻,亲身所历。他写的《劝将》等四篇文章,就是他从羌汉战事中所体察到的东汉从中央到地方各级政权的脆弱,官吏、武将一方面偷生怯懦、腐败无能、弃城逃跑,另一方面又对百姓凶狠残暴、掠财夺命等的真实记录,他虽然没有认识到战争正义与非正义的区别,但他对羌人战争开始时情景的描写表明羌人起事之初是没有充足的准备,完全是官逼民反,揭竿而起。他说:"羌始反时,计谋未善,党与未成,人众未合,兵器未备,或持竹木板,或空手相附,草食散乱,……"①;"前羌始反,草创新起,器械未备,虏或持铜镜以象兵,或负板案以类盾,惶遽扰攘,未能相持……"②。这是羌人开始起义的情况。在起义以后,攻城略地,累累打败官军,羌人中的一些上层分子利用羌人对东汉官僚豪强地主的不满,扩大羌汉矛盾,大肆屠杀、烧毁、抢掠汉人财物。"扫涤并、凉,内犯司隶,东寇赵、魏,西钞蜀、汉,五洲残破,六郡削迹"③,"周回千里,野无孑遗,寇钞祸害,昼夜不止,百姓灭没,日月焦尽","羌独往来,深入多杀"④。"百姓暴被殃祸,亡失财货,人哀奋怒,各欲报仇……"⑤。王符还分析了对羌人作战屡次失败,战事旷日持久的原因是:(1)将帅无能,不懂用兵之道,不明赏罚,不严格训练士兵。"历察其败,无他故焉,皆将不明于变势,而士不劝于死敌也。其士之不能死也,乃其将不能效也:言赏则不与,言罚则不行,士进有独死之祸,退蒙众生之福。此其所以临阵亡战,而竟思奔北者也"。"今观诸将既无断敌合变之奇,复无明赏必罚之信,然其

①《潜夫论·边议》。
②《潜夫论·实边》。
③《潜夫论·劝将》。
④《潜夫论·救边》。
⑤《潜夫论·实边》。

士民又甚贫困,器械不简习,将恩不素结,卒然不急,则吏以暴发虐其士,士以所拙遇敌巧,此为将吏驱怨以御仇,士卒缚手以待寇也"。"夫将不能劝其士,士不能用其兵,此二者与无兵等。无士无兵,而欲合战,其败负也,理数也。……其败者,非天之所灾,将之过也"①。(2)朝廷官员将相,痛不著身,放弃边地,战守不决。"无忧国哀民恳恻之诚,苟转相顾望,莫肯违止,日晏时移,议无所定,已且须后"②。(3)将帅怯懦,欺上压下,弄虚作假。"将帅皆怯劣软弱,不敢讨击,但坐调文书,以欺朝廷,实杀民百则言一,杀虏一则言百,或虏实多而谓之少,或实少而谓之多。倾侧巧文,要取便身利己,而非独忧国之大计,哀民之死亡也。"③

王符还深刻地揭露了东汉的官吏,武将不但不能保边郡人民的平安,不仅不能抗击羌人对汉民的杀掠,反而乘机大发战乱之财的罪恶行径。他们"放散钱谷,殚尽府库,乃复从民假贷,强夺财货。千万之家,削身无余,万民匮竭,因陉以死者,皆吏所饿杀也。其为酷痛,甚于逢虏。……吏所搜索剽夺,旋踵涂地,或覆宗灭族,绝无种类;或孤妇女,为人奴婢,远见贩卖,至今不能自活者,不可胜数也。"④更有甚者,不但不加强边郡地区的防御能力,反而强迫边郡人民内迁,抛家弃业,流亡他乡。"太守令长,畏恶军事,皆以素非此土之人,痛不著身,祸不及我家,故争郡县以内迁。至遣吏兵,发民禾稼,发彻屋室,夷其营壁,破其生业,强劫驱掠,与其内入,捐弃羸弱,使死其处。当此之

---

① 《潜夫论·劝将》。
② 《潜夫论·救边》。
③ 《潜夫论·实边》。
④ 《潜夫论·实边》。

时,万民怨痛,泣血叫号,……民既夺土失业,又遭蝗旱饥匮,逐道东走,流离分散,幽、冀、兖、豫、荆、扬、蜀、汉,饥饿死亡,复失太半。边地遂以丘荒,至今无人。原祸所起,皆吏过尔"①,这是多么悲惨的一幅流亡图啊!

王符对东汉王朝在战争中失败原因的分析和揭露,锋芒直指国君。《劝将》篇中以马为王良所驱赶的车而奔驰,以有志气的人不畏强敌,勇于冲锋陷阵的事例说明是因为君主贤明,才值得为他献身。而暗示现在对羌战事屡败,是君主不贤。"今吏从军败没死公事者,以十万数,上(实指国君——引者注)不闻吊唁嗟叹之荣名,下又无禄赏之厚实,节士无所劝慕,痛夫无所贪利。此其所以人怀沮解,不肯复死者也。"②在《边议》篇中,引用《孙子·用间》语中有意增添"非人之主"。他说:"今则不然,苟惮民力之烦劳,而轻使受灭亡之大祸。'非人之主,非民之将,非主之佑,非胜之主'者也"③。

综上所述,《劝将》等四篇文章不仅是研究东汉中后期社会政治、经济、军事的重要资料,而且还是研究羌汉战事不可多得的宝贵的文献。表明了它存在的自身的历史价值,这是史学界所公认的。

《劝将》等四篇文章也是王符身临其境的地域思想的反映。长期的羌汉战争,给人民带来了深重的灾难。王符疾书"伤害多矣!百姓急矣!忧祸深矣!"④他呼出的不只是家乡安定郡一地一隅,而是西部及至全国人民共同的心声,他们希望有贤明的国君,有良将武勇能拯救人民于水火。尽快结束战争,让人民过上和平安宁的生活。

———————————

①《潜夫论·实边》。
②《潜夫论·劝将》。
③《潜夫论·边议》。
④《潜夫论·救边》。

三、羌汉战事论述所显现的王符先秦西部思想特色

王符从东汉王朝对羌人战争失败原因以及对东汉王朝将相、官员在战争中的弃边等腐败行为和对人民犯下的种种罪行的揭露、批判中,通过《救边》《边议》《实边》这三篇文章阐明了抛弃边郡的危害和加强边郡防御力量,发展边郡生产使人民安居乐业的重要性。虽然"实边"的观点是晁错早就提出的,"中原与边境""犹肢体与腹心"的整体观念是桑弘羊提出过的, 但是王符所论述是针对在羌汉战事过程所出现的弃边、迁郡县、边郡人民生命财产得不到保障这些现实情况出发,并升华成爱国爱民之心,升华成民族、国家的思想意识。从维护国家的统一与安定的高度,反对弃边逃亡和内迁,主张讨伐侵犯边郡的羌人。他说《周易》讲以捍卫寇盗为吉利,《诗经》也赞美对猃狁的讨伐,自古就有战争,不只是今天。他认为只有坚持这样的态度,才能使边境不受侵扰,才能保持边郡的安宁和国家的统一。他讲:任何器物都是有边的, 而且人们都精心地做好器物的边,器物才会坚固牢实。边境对一个国家来说是非常重要的。他说"地无边,无边亡国。是故失凉州,则三辅为边;三辅内入,则宏农为边;宏农内入,则洛阳为边。推此以相况,虽尽东海,犹有边也"①。只有"边无患,中国乃得安宁"②他认为"实边"不只是使边郡人民过上好的生活,其核心问题是"安中国"③。

总之,王符对边郡问题的论述不是单纯地维护边郡的利益,而是

①《潜夫论·救边》。
②《潜夫论·边议》。
③《潜夫论·实边》。

从维护和加强国家、民族的统一与安定这个原则出发的。统一是老祖宗的思想，司马迁的《史记》里，把黄帝列为五帝之首。在司马迁眼里，黄帝既是一个时代的标志，更是国家统一、民族团结的象征。黄帝文化的核心就是统一国家、民族团结。黄帝文化是中国的传统文化，更是西部文化的根。司马迁赞扬黄帝大统一的思想，代代相传。王符多次强调边境对国家安宁统一的主要作用和意义，充分地显现了他对黄帝文化的继承和弘扬，这也是他思想中、所表现的先秦西部思想文化的重要方面。

在对边境问题的论述中，他强调土地的重要。他指出有了土地，百姓才可以富裕，而且土地与人口的比例要合宜，且引用《周书》为证。《周书》云："土多人少，莫出其材，是谓虚土，可袭伐也。土少人众，民非其民，可匮竭也"。重视土地是农耕文化思想的根本特征，这也是自炎黄、周人以来一贯的文化思想。古代的游牧部落是轻视土地的。所以在这个问题上也表现了王符思想的先秦西部思想文化特色。

在《劝将》等四篇文章中，王符特别强调人民是国家的基础，认为有了人民，国家才能够强大。他设问道，从开天辟地以来，百姓危难，而国家太平的有哪一个？并引证《尚书·召诏》中说，国君是靠小民才长受天命的[1]，如果郡县长官不能做到与帝王委任的职责相称，不能使百姓安居乐土，这样的人，不过是一帮只顾刮地皮的卑劣无赖之徒罢了[2]，"是以圣王养民，爱之如子，忧之如家，危者安之，亡者存之，救其灾患，除其祸乱，……以振民育德，安疆域也"[3]。此外，在书中还不止

---

[1]《潜夫论·边议》。

[2]《潜夫论·劝将》。

[3]《潜夫论·救边》。

一次地赞扬周人先祖公刘将仁爱之德普遍施予路边草木的举动。所有这些,不难看出他完全承续了周人"敬德""保民",以民为本的思想,这也不能不说是王符思想中传承了先秦西部思想文化特色的表现。

由于王符居处中国西部,身受先秦西部思想文化的熏陶,因而在《潜夫论》的其他篇目中反映的西部思想文化特色也是很鲜明的,并在其他系列文章中论述。

范仲淹在庆州

北宋著名政治家、改革家、爱国主义者范仲淹,在庆历初年曾主持环庆路军务并担任过庆州知州。为抵御西夏侵扰,加强边防力量,开发庆州经济,增进民族团结做出了重大贡献,深受陕甘人民,特别是庆州人民的敬仰。庆州人民为他立祠画像。皇祐四年(1052年)五月二十日范仲淹在徐州逝世的噩耗传到庆州后,庆州属羌数百人"哭之如父,三日而去",表达了人民群众对他深切地哀悼和怀念。

范钟淹的爱国主义思想和开拓精神是中华民族的珍贵文化遗产,受到了中国共产党人的重视。陕甘宁边区政府主席林伯渠同志称誉范仲淹为中华民族英雄。胡耀邦同志在一九八三年七月二十日视察庆阳地区时,重温了范仲流在庆阳的业绩,教育我们学习范仲淹的精神,振兴庆阳地区的经济,搞好四化建设。这样,也就为我们指明了宣传范仲淹在庆州的历史所具有的重大现实意义。

(一)

北宋环庆路统领庆州、环州、邠州、宁州、乾州共五州(其后曾废乾州,设置定边军,后又复置醴州),即今甘肃地区全部及陕西咸阳地区大部以及陕北部分地区。据北宋崇宁时统计,有二万七千八百五十三户,九万六千四百三十三人。北宋庆州含有安化、合水、彭原三县。

北宋环庆路统领的庆州、环州、宁州,即今庆阳地区,是多民族集居之地。早在夏商周三代就成为"戎狄杂居之地"。随着历史的推移,不少戎狄之人逐渐与华夏族融合。唐朝初年,散居在今甘肃省南部和青海省境内的党项族(古文献认为是羌人一支)部落,不愿受吐蕃的压榨,请求内附。《新唐书·地理志》在"关内道静边州都督府"下注云:"贞观中置,初在陇右。后侨治庆州之境"。唐政府将原设在陇右的静边州都督府移置庆州(治今甘肃省庆城县),辖下的二十五个党项州,也随着迁徙。党项族的一些部落由陇右越过陇山(今六盘山)到了陇东庆阳一带。以后,静边州都督府又由庆州迁徙到陕北。住在庆州一带的党项族部落被称为东山部落(住在陕北横山一带的党项族部落则称为南山部落。定居在夏州以北、河套一带的被称为平夏部落),庆州遂为汉、党项杂居地区。党项各部互不相统,族类繁多。宋时,在庆州即有野鸡族、三门族、蕃族、胡家门族、骨咩族、兀二族等;环州之西,镇戎以东,有葫芦泉一带蕃部和明珠、灭藏、康奴等部,在党项人中又有熟户、生户之别。此外,在庆州、环州、原州等地亦散居部分吐蕃族人。吐蕃族和党项族都是以从事畜牧业为主的部落,他们在经济生活、让会生活习俗等方面有很多相似之处。由于他们受到汉文化的影响,有的则开始经营农业生产,经常掳掠汉人为其耕种,或进行出卖。土地兼并现象十分严重,《宋史·曹玮传》曰:"环、庆属羌田多为边人所市,致单弱不能自存"。庆州一带交织着复杂的民族矛盾和阶级矛盾。

庆州又是北宋政权同西夏政权的接壤之地。西夏政权是党项族平夏部发展建立起来的,平夏部即党项入居夏州(治所在今陕西靖边县)的一个部落。

在平夏部发展建立西夏政权的过程中,党项羌族为了打通由今宁夏到陕西关中的通道,把庆、环、宁、原诸州作为它争夺的主要对象。

据史籍记载,真宗咸平六年(1003年)李继迁寇洪德砦(《宋史》本纪第七《真宗二》);真宗景德元年(1004年)八月,环、庆秋田遭破坏(《宋史》本纪第七《真宗二》);景德二年二月、四月,戎人两次入侵环州(《宋史》本纪第七真宗二);大中祥符九年(1016年)五月,夏州蕃骑千五百攻掠庆州(《宋史》本纪第八真宗三);天禧中,撒逋渴以族落数千帐叛乱,攻掠原州柳泉镇、环州鹁鸽泉砦(《宋史》列传五十,王博文传);天圣三年(1025年)六月,环、原州属羌叛变(《宋史》本纪第九仁宗一)等等,使庆州一带的生产遭到严重破坏,人民流离失所。范雍常患"环、原州属羌扰边"①,张凝也哀叹"庆州蕃族胡家门等黠难制"。《田绍斌传》曰:"庆州有野鸡族数为寇掠,道路患之"。更为严重的是景祐元年(1034年)秋,元昊攻掠庆州,北宋缘边都巡检杨遵率军抗击,惨遭失败②。诗人苏舜钦(苏子美)写的《庆州败》深刻地揭露了北宋政府政治腐败,武备不修的情景。诗云:"国家防塞今有谁? 官为承制乳臭儿;酣觞大嚼乃事业,何尝识会兵之机! 符移火急搜卒乘,意谓就戮如缚尸;未成一军已出战,驱逐急使缘嶮巇。马肥甲重士饱喘,虽有弓箭何所施? 连颠自欲堕深谷,虏骑笑指声嘻嘻。一麾发伏雁行出,山下掩截成重围。我军免胄乞死所,承制面缚交涕洟。逡巡下令艺者全,争献小技歌且吹。其余鼻齆放之去,东走矢液皆淋漓。首无耳准若怪兽,不自惭恥犹生归。守者沮气陷者当苦,尽由主将之所为。先机不见欲饶胜,羞辱'中国'堪伤悲! "

党项羌族及其他种落的叛乱、侵扰、烧杀、抢夺,加之北宋官吏的欺压盘剥,庆州一带经济凋蔽,民力困乏,"天圣初,环庆等路数奏刍粮不给"③。在西夏发动大规模的侵略战争以后,北宋政府为了加强边

---

①《宋史》卷288《范雍传》。
②《宋史记事本末》卷30《夏元昊拒命》。
③《宋史》卷184《食货志》下六。

防,增加赋税,进一步加重了羌汉人民的负担,天下科率,如牛皮筋骨、弓弩材料、箭干、鎗干、鳔翎毛、漆、蜡一切之物,皆出于民,谓之和买。多非土产之处,素已难得。既称军需,动加刑宽、物价十倍,吏辱百端,输纳未前,如负重罪。……官中虽给价直,岂能补其疮痍?盖是国家不能素备,祸及生民①。在这种情况下,庆州人民"群窜他邦,甚者断吭绝脰,死以期免"②。民族矛盾和阶级矛盾空前尖锐。范仲淹正是在适应加强庆州防务,抵御西夏入侵,拯救水火之中的沿边人民这种客观形势的要求下,来到了北宋的边防前沿阵地——庆州。

(二)

康定元年(1040年)赵元昊大举进攻鄜延,进逼延安。北宋王朝将范仲淹调至西北,知永兴军,五月为陕西都转运使,七月命范仲淹与韩琦并为西经略安抚招讨副使。八月又令范仲淹兼知延州。庆元年(1011)四月范仲淹知耀州。五月调知庆州兼管勾环庆路都部署司事。十月罢免了陕西都部署夏竦、陈执中,分陕西沿边为秦风、泾原、环庆、鄜延四路,分别置帅,范仲淹负责环庆路的军事,即龙图直学士,户部郎中管勾环庆路部署司事兼知庆州为左司郎中。庆历二年(1042年)十一月,恢复陕西四路都部署经略安抚沿边招讨使,提升范仲流为主帅,与韩琦开府泾原,自荐滕宗谅知庆州。范仲淹在庆州虽仅短短的一年半时间,可是在军事、政务、生产诸方面所取得的成就是前所未有的。

1. 妥善处理民族问题,联合防御西夏。庆环二州,羌汉杂居。羌人

---

①《范文正公集》《奏议》卷上,《奏为置官每年上供并军须杂物》。
②《范文正公集》《褒贤祠记》卷2《范公庆州祠堂碑阴记》。

种族繁多,互不归统。他们间常私斗、火并,特别在赵元昊大举攻宋时,不少羌人在其诱协下,充当向导。因此,能否团结属羌是关系着北宋与赵元昊斗争成败的一个重大问题。范仲淹任庆州知州时,当了解到环庆有六百多属羌酋长在暗地里与赵元昊勾结,愿意充当向导的情况后,他立即到羌人居住的地方以北宋皇帝的名义,对羌人进行慰问、奖赏、检阅队伍,还同他们订立约规说:"若仇已和断,辄私报之及伤人者,罚羊百,马二,已杀者斩。负债争讼,听告官为理,辄质缚平人者,罚羊五十、马一。贼马入界,追集不赴随本族,每户罚羊二,质其首领。贼大入,老幼入保本砦,官为结食,即不入砦,本家罚羊二;全族不至,质其首领。"羌人对其约规感到满意和高兴。庆历五年(1042 年)春天,范仲淹又到环州一带对诸族酋长八百多人进行慰问,发给衣物缯彩,对有功者增奖银带等物。然后与在庆州一样,同他们立约守信,对其甘心助西夏者,给以严肃处理。正月十一日又对环州的熟户蕃官一千七十二人设酒饭款待,以皇帝的名义论功行赏,奖有彩绢、角茶、银碗、紫绫袄、黄花袄、银腰带、银交椅等等,并重立约规。在六月初六,当范仲淹知道"石昌镇中梁家族蕃官屈都等并小遇族蕃官薛娘等为仇,其梁家族点集一千余人骑待报复相杀"的消息后,立即指派指挥使部庆宗带上银碗、彩绢等物到石昌镇去调解①。此外,为了搞好羌汉团结,他一再荐举在羌族中享有威信的种世衡知环州。由于范仲淹采取和羌政策,奖赏酋长,庆环属羌争当士兵,"夏戎闻属羌不可诱,土人皆善射,烽火相望,无日不备,乃不复以环为意"②,从而环庆边防得以巩固。同时属羌还根据战事需要,羌汉协力,同心反击西夏,在

①《范文正公集》《年谱补遗》。
②《范文正公集》卷 13《东染院使种君墓志铭》。

1042年闰九月,元昊寇定川寨,范仲淹率领"庆州蕃汉兵往扼邠城,又召君(指种世衡——引者注)分援泾原。君即时而赴,羌兵从者数千人,属羌为吾用自此始"①。

2. 加强防务,有效地打击敌人。在延安以西,庆州以东,西夏侵入汉地百余里,其中又有金汤、白豹、后桥三寨阻隔延庆交通,环州与原州之间又有明珠、灭臧、康奴等族相阻,故谓庆环为极边之地。而且庆州地旷人稀,山沟交错,地势险要,为了加强防御能力,达到以守为攻的目的,范仲淹坚持"攻宜筑近边城取其近,而兵势不危;守宜开屯田用土兵图其久,面民力不匮"②的主张,在1041年修筑大顺城。大顺城在庆州西北(今华池县紫坊公社脚扎川沟掌的城山生产队,遗址尚存)的马铺砦,处于后桥川口,是西夏安在庆州的一个钉子,是进攻庆州的要冲,范仲淹欲据其要地,计划在此筑城,首先派遣范纯祐(范仲淹子)和蕃将赵明先率兵占其地,然后又派部队随行,到了柔远,命令部队在马铺砦修城。十天之内筑起了城池。几天后西夏派了三万人来进攻大顺城,范仲淹率兵血战,西夏佯败于西北,伏兵于河外,范仲淹戒将士勿追过河。西夏不见追兵,只好灰溜溜地返回去了。"大顺既城,而白豹、金汤皆不敢犯,环庆自此寇益少"③。"庆州城大顺,以据要害,夺贼地而耕之"④,从而加强了庆州防务,给西夏以重大打击。1042年,又复筑细腰城,葫芦砦。在环州之西,镇戎之东,有明珠、灭臧、康奴三族,时而与西夏相通,危害原州、环州。"抚之狠我不信,伐之险不

①《范文正公集》卷13《东染院使种君墓志铭》。
②《范文正公集》《诸贤赞颂论疏》《吕中论韩范同心玄》。
③《宋史》卷314《范仲淹传》。
④《范文正公集》《褒贤集》《褒贤之碑》。

可入",如复其旧砦,断其通路,则可安抚明珠等族,去其隐患。范仲淹即令蒋偕与种世衡共同负责修筑,种世衡一面派人到西夏,以去西夏疑虑,一面又召来明珠等三族酋长共商防御之事,这样便很快修好了细腰、葫芦城砦,从而使明珠等族二万多人和环州千余帐内附。同时,使环州定边砦、镇戎乾兴砦、原州柳原镇等联成一气,成为捍卫环庆的重要屏障。1042 年四月,范仲淹又令李丕谅、宋良同往风川,移风川寨于东烽火台山上,又令弓箭手、士兵等寅夜兴工,山上只修女墙,四面削崖,近下底处筑城围入水泉绩。又令范祥与李丕谅等住新寨内修缮军营、仓房、草场等,并在城上安置敌楼。据清人赵本植《庆阳府志》记载,范仲淹在今庆阳地区修建或复筑的城砦有铁边山砦(安化)、葫芦泉砦(环县)、槐安镇(安化)、五交镇(安化)、白豹寨(安化)、金汤砦(安化)、柔远砦(安化)、槐安东谷砦(安化)、槐安西峪寨(安化)、永和砦(安化)、泥砦(安化)、雪泥砦(安化)、定边城(安化)、风川镇(合水)、平戎镇(合水)、石昌镇(环县)、安塞堡(环县)、甜水堡(环县)、平远砦(环县)、团堡砦(环县)、木波城(环县)、平戎寨(合水)、风川寨(合水)、白豹城(安化)、大顺城(安化)、业乐城(安化)、细腰城(环县)、肃远城(环县)、乌仑城(环县)等 29 座。范仲淹大量修筑城砦,屯兵置营田,此外,对肃远、马岭、定边、永和、安塞等砦的城墙加高,护城沟壕加深加宽,增强防御能力①。并且还对庆州的美泥、雪泥、大拔城等处小砦也经常驻有百十人防守,如遇大股敌人入侵,则令其入附近的大城寨,以保护军民安全②。范仲淹对于军事设施十分关心,在(1042 年)五月五日宁州降冰雹、雷电交加,草料被焚烧后,他即通

①《范文正公集》《年谱补遗》。
②《范文正公集》《西夏堡寨》。

知各地加强检查管理,保护各种军事设施。由于上述措施切实可行,大大加强了军事实力,不仅捍卫了环庆人民的安全,而且在援泾原的战斗中也取得了重大战果。1042 年九月元昊大举入侵泾原,葛怀敏身亡军败,关中人心不安。范仲淹率庆州汉羌军队六千人援泾、令李丕谅等会合镇戎军截击西夏军,断其归路。还派曲珍率军出击三百余里,深入西夏心腹,迫使西夏军队迅速撤回,显示了庆州军民的巨大战斗力量。

3. 重视恢复和发展农业生产,减轻人民负担。元昊改元称帝后,宋政府断其通商,实行盐禁,北宋政权为了补偿庞大的军费开支,滥铸钱币,范仲淹认为这些措施反而危害人民,要求取消,"请放行向南盐客,使客旅入纳粮草并金银帛数,更有逐处富贵之家,不为商旅者,必须以利劝之"[①]。主张发展商业,增加收入。早在他知延安时,就倡导政府经营工商业,曾上奏说:"……西陲用兵以来,沿边所废钱帛,为数浩瀚,官私屈乏,未能充用。……臣等欲乞特降指挥,下鄜延、环庆、泾原、秦凤路经略安抚使司,应本路州军所管钱帛,并许选差除廉干使臣公人等,任便回易,其收到利钱,明入省帐收附,所有勾当人等,如能大段回易得利息,委本司具数保明闻奏,特与相度酬奖。所贵有助军费,少纾民力"[②]。他到了庆州后,便身体力行。他说:"臣在庆州日,亦借随军库钱回易,得二万余贯,充随军公用支使外,却纳足官本"。在他离开庆州后,继任庆州知州滕宗谅仍持实行[③]。为了发展农业生产,他主张弓箭手就近戍守。按政府规定所派遣的弓箭手都是三丁抽

---

①《范文正公集》《奏议》卷下,《奏论陕西兵马利器》。
②《范文正公集》《奏议》卷下,《奏乞许陕西四路经略司回易钱帛》。
③《范文正公集》《奏议》卷下,《奏雪滕宗谅、张亢》。

一,如果被派到较远的地方去戍守,家中还要经常派一人送食用的东西,实际上就交成三丁抽二,这样农业生产就会受到影响。他采取广筑城砦,多用土兵,以砦为家,家人团聚,平时生产,战时打仗的措施。使大片荒地得到垦殖。范仲淹在庆州、环州等地所修筑的城砦,以后逐渐成为乡村的经济中心,现在有不少地方是庆阳地区的重要乡镇。范仲淹开发庆阳地区经济的历史功绩是不能磨灭的。

(三)

范仲淹在庆州为官期间,庆州人民"窜者还,危者安,里巷相保,卒如平时之乐"①。主要是因为他关心人民疾苦,"先天下之忧而忧,后天下之乐而乐"。庆州地处黄土高原,饮水艰难,他在庆州之西北"凿及甘泉几百余井"。还指示环州签判阴谅臣拨官地给各寨耕种,优抚农民。

他曾记:"国家之患莫大于乏人,……材不乏而天下治,天下治而王室安"②,他也处处留心发现人才,重用人才,例如他认为滕宗谅"词才公器,周于致用",推荐他任庆州知州,他还推荐种世衡知环州。狄青勇猛善战,范仲淹称他为"良将材也",并告诉他"将不知古今,匹夫勇尔",以后狄青勤于读书,成为精通兵法的军事家③。他还荐举姚嗣宗充学官,对有功之兵将,一律奖赏。

范仲淹在庆州从政期间,对庆州二十三砦,逐砦巡视,1042年又沿马岭镇、环州城一线考察。如有羌酋长来见他,他推心接待,迎于卧

①《范文正公集》《褒贤祠记》卷2《范公庆州祠堂碑阴记》
②《范文正公集》卷7《邠州建学记》。
③《宋史》卷290《狄青传》。

室,不疑其言。由于他能广泛地了解情况,通达民情,故战略部署、政策设施,均不拘旧法,因地制宜,不断革新。按宋政府的规定,在建隆四年(963年)曾"令调发乡兵赴庆州"。陕西乡兵有保毅、砦户、强人、强人弓手、弓箭手等等,1040年正兵(禁军、厢兵等)不足,乃规定陕西之民,三丁选一充乡弓手,以后又被刺充为保捷军,分戍边州。范仲淹对此进行改革,他说土兵远戍,岂从星霜之苦,极伤骨肉之恩,况支费过多。泾原土兵有在庆州者,庆州土兵有在泾原者,应拨归本路使换,公私皆利。因为土兵熟悉本地山川地势,可以提高战斗力。他主张多用土兵,代替一些禁军、厢兵。当时北宋政府还规定对戍卒要在脸上刺字,乡人恐惧,窜匿不愿黥。范仲淹则改为刺其手。非战时,则复其为民。他还裁减了不少冗员和老弱病患者,精选了将士。总之,范仲淹在庆州实施的改革,为以后实施的庆历新政奠定了基础。

革命传统研究

老区革命传统简论

老区革命传统是关于党的建设和社会主义精神文明建设的重要课题,也是对全国人民进行传统教育的主要内容。可是,长期以来由于受到各种干扰,对这个问题的认识存在着不少的片面性,认为革命传统仅仅就是艰苦奋斗,而艰苦奋斗又被扭曲为越穷越是社会主义,特别在传统教育中表现更为突出, 或者认为革命传统已经过时。因此,弄清楚老区革命传统的内容,实质和历史地位,深化对老区革命传统的认识,有着重大的理论意义和实践意义。

一、老区革命传统的内容和实质

什么是老区革命传统,虽然马克思主义经典作家没有系统的论述,但是毛泽东同志在论述到党和革命军队的性质、党员的党性锻炼、革命英雄主义、勤俭建国等问题时,曾多角度地阐述过党的优良作风和精神。他说:"共产党员应该做到最有远见,最富于牺牲精神,……"[1]"大公无私,积极努力,克己奉公,埋头苦干的精神,才是可尊敬的"[2]。"抗大的教育方针是:坚定正确的政治方向,艰苦朴素的工作作风,灵活

---

[1]《中国共产党在抗日战争时期的任务(1927 年 5 月 3 日)》,《毛泽东选集》合订本,第 254 页。

[2]《中国共产党在民族战争中的地位》,《毛泽东选集》合订本,第 510 页。

机动的战略战术"①。"应用马克思列宁主义的理论和方法,对周围环境作系统的周密的调查和研究。不是单凭热情去工作,而是如同斯大林所说的那样:把革命气概和实际精神结合起来"②。"以马克思列宁主义的理论武装起来的中国共产党,在中国人民中产生了新的工作作风,这主要的就是理论和实践相结合的作风,和人民群众紧密地联系在一起的作风,以及自我批评的作风"③。"发扬勇敢战斗,不怕牺牲,不怕疲劳和连续作战(即在短期内不休息地接连打几仗)的作风"④。"务必使同志们继续地保持谦虚、不骄、不躁的作风,务必使同志们继续地保持艰苦奋斗的作风"⑤。如此等等,毛泽东同志在他的著作中讲到革命精神和作风还很多,我们仅从上述几条中亦可观其老区革命传统的重要内容及其本质。

革命精神、作风和传统在实质上是一致的,都是由人生观决定的。同时也属于道德、伦理、情操、意志、感情的范畴。传统是道德、伦理、情操、意志、感情,一句话,思想和行为的规范化、群体化、民族化、时代化的概括,是作风和精神的锤炼与融合的结晶,而作风和精神又是传统的具体表现的反映。作风、精神、传统是辩证的统一,不能分割和对立。如是观之,老区革命传统的主要内容我们把它概括为一个方向、四大作风、三大精神。

①《被敌人反对是好事而不是坏事》1939 年 5 月 26 日,人民出版社。
②《改造我们的学习(1941 年 5 月)》,《毛泽东选集》合订本,第 801 页。
③《论联合政府(1945 年 4 月 24 日)》,《毛泽东选集》合订本,第 1039 页。
④《目前形势和我们的任务(1947 年 12 月 25 日)》,《毛泽东选集》合订本,第 1248 页。
⑤《在中国共产党第七届中央委员会第二全体会议上的报告(1949 年 3 月 5 日)》,《毛泽东选集》合订本,第 1440 页。

一个方向,即坚定正确的政治方向。这是反映世界观,人生观、价值观的尺度,也就是信仰和理想问题。有了坚强的革命意志,坚定的革命信念和共产主义的远大理想,才能在复杂的斗争面前不迷失方向,勇于克服困难,甚至不惜牺牲自己的生命,为实现社会主义、共产主义奋斗终身。

四大作风,即理论和实际相结合的作风,和人民群众紧密地联系在一起的作风,批评和自我批评的作风,艰苦奋斗的作风。

理论和实际相结合的作风,就是实事求是,一切从实际出发,做到知和行的统一,在理论指导下进行实践活动,在实践中检验理论和发展理论。

和人民群众紧密联系在一起的作风,就是说干部是人民的公仆,全心全意为人民服务,有事同群众商量,为群众办实事,与群众共甘苦;人民群众拥军拥政,爱党爱国,努力实现党的奋斗目标。干群心连心,军民鱼水情。

批评和自我批评的作风,就是在革命队伍内部发扬民主,团结一致,戒骄戒躁,共同进步。

艰苦奋斗的作风,就是自立更生,勤俭节约,奋发图强,开拓创新。

三大精神:实干精神、革命英雄主义精神、无私奉献精神。

坚定正确的政治方向是老区革命传统的本质特征,是区别于其他历史传统的分水岭。它表明了鲜明的无产阶级革命立场,这是首要的第一位的。毛泽东同志强调方向的重要性,他说:"共产党历来更提倡坚定的政治方向",同时,他又揭示了方向与作风、精神的内在关系,"这种坚定正确的政治方向,是与艰苦奋斗的工作作风不能脱离的,没有坚定正确的政治方向,就不能激发艰苦奋斗的工作作风;没有艰苦奋斗的工作作风,也就不能执行坚定正确的政治方向"①。

二、老区革命传统的形成

　　老区革命传统的形成是同中国革命斗争的历史相联系的,它经历了一个相当长的历史发展过程。以毛泽东同志为代表的中国共产党人在总结第一次国内革命战争失败的经验教训的基础上,把马克思列宁主义理论同中国革命实际相结合,找到了一条具有中国特色的新民主主义革命的道路。即在农村开展武装斗争,开辟革命根据地,实行土地革命,建立红色政权,以农村包围城市,夺取城市,取得全国革命胜利的道路。在这条正确道路指引下,第二次国内革命战争时期,开辟了以井岗山为代表的十多个革命根据地。但由于王明"左"倾路线的错误,使我党在白区的力量几乎丧失了 100%,红区也损失了 90%。红军不得不远离根据地实行二万五千里的长征。1935 年 10 月,毛主席领导的红一方面军长征胜利到达陕北,与刘志丹、谢子长领导的陕甘红军会合,巩固和扩大了陕甘革命根据地。抗日战争时期,中国共产党与国民党建立了抗日民族统一战线,实现了国共两党第二次合作,陕甘宁边区在党中央和毛主席的直接领导下,建设成为模范的抗日民主根据地,成为领导全国抗日战略总后方。这一时期全国已建立有 19 个抗日民主根据地。在解放战争时期,党领导的根据地被称为解放区,这是与国民党黑暗统治下的国统区相对立而存在的。历史发展过程表明的革命老区,不是指某一时期、某一地区而言,而是一个包括我党在不同时期所建立的根据地的总体概念。老区革命传统并非一般的历史文化传统,而是在特定的历史、地理环境中,

　　①《在延安庆祝五一国际劳动节大会上的讲话》,《新中华报》1939 年 5 月 10 日。

即从 1921 年中国共产党成立后,包括第一次国内革命战争时期以来党领导的全部革命活动中逐步形成的优良传统。坚定的革命信念、意志和精神,实事求是,艰苦奋斗的作风等等都是贯穿于新民主主义革命的始终。老区革命传统形成的历史过程,可以说是萌芽于第一次国内革命战争时期,生长于土地革命时期,成熟于抗日战争时期,结果于解放战争时期。

老区革命传统的形成也是吸收了中华民族的优秀传统的。中华民族历史文化悠久,中国以文明古国著称于世。自有文字记载的数千年中,中华民族形成了自己的优良传统,我们的民族是勤劳勇敢的民族,"历来有一种艰苦奋斗的作风"[①]。爱国主义的精神和以天下为己任的历史责任感和不断革新的意识等等。老区革命传统中的许多内容,如艰苦奋斗,敢于反抗,敢于斗争,热爱祖国,无私奉献等都是吸收了中华民族的优秀传统。老区革命传统是在民族优秀传统基础上形成的富有新时代精神为特征的革命传统,是土生土长的祖国优秀民族传统的升华。

老区革命传统的继承性是很鲜明的,但继承中有选择,有批判,有发展,遗弃了封建的伦理观、道德观、宗法制、家长制以及那些说教和思想行为规范,从而使老区革命传统具有以无产阶级和人民大众性为特征的革命传统。

老区革命传统的形成不是自发的,它是在党的领导和马克思列宁主义毛泽东思想指引下形成的。共产主义的理想信念,无产阶级世界观,革命人生观都是要在马克思列宁主义毛泽东思想指引下才能形成。特别是无产阶级政党所特有的一些原则,如自我批评,这是共

[①]《在延安庆祝五一国际劳动节大会上的讲话》,《新中华报》1939 年 5 月 10 日。

产党区别于其它政党的标志之一；只有共产党才把全心全意为人民服务作为自己的宗旨；只有共产党才能从历史唯物论和唯物辩证法的认识论高度来理解群众观点，做到密切联系群众；只有共产党才能做到实事求是，一切从实际出发，理论联系实际。党在长期革命斗争实践中，将这些理论、原则向干部、战士和老区人民群众进行灌输，并变成他们的思想行为准则，成为老区人民的精神支柱。因此，老区革命传统是党长期教育的结果，是马克思列宁主义、毛泽东思想培育起来的革命精神和作风。

三、老区革命传统的历史地位

在革命战争年代，老区革命传统曾发挥过重大作用。事实证明，在老区革命传统的激励下，红军才能创造出二万五千里长征胜利的奇迹。正是有了老区革命传统，军民大团结，胜利地渡过了抗日战争中最困难的时期。同时，也才能调动起浩浩荡荡的革命大军，以大无畏的英雄气概用小米加步枪，打过了长江，解放了全中国。因此，我们可以说，中国新民主主义革命的胜利，是马克思列宁主义的胜利，也是老区革命传统的胜利。历史雄辩的证明，老区革命传统是我们克敌致胜的法宝和艰苦创业的传家宝。

有人认为，现在我们社会历史条件变化了，老区革命传统的历史地位也随之而告终。我们认为这是错误的。

与过去相比，革命老区和全国其它各地一样，的确发生了变化。众所周知，老区革命传统诞生于革命老区，成熟于革命老区，但它又不同于革命老区。老区革命传统一经形成，已经不是什么地方性或区域性的历史文化传统，而是革命精神和民族优秀思想文化传统的高度统一，成为我国人民思想宝库中的珍贵的精神财富。革命传统所固有的性质、特征决定着它将长期存在并继续发挥作用。当然，随着社会历史条件的变化,对人的素质条件要求的变化,老区革命传统中某些内容的内涵可能有所更新,但其基本内容和主要精神是不会改变的。同时由于各种物质条件的变化和实践活动广度深度的增加,老区革命传统的内容还将进一步的丰富和发展。因此,我们必须继承和发扬老区革命传统。

从现实社会向我们提出的任务看,要建设有中国特色的社会主义,加强党的建设和精神文明建设,反对西方资产阶级推行的"和平演变"战略,也不能对老区革命传统的历史地位有丝毫的动摇,必须继承和发扬广大。

社会主义制度并没有也不可能有固定的模式,马克思恩格斯根据当时西欧资本主义国家生产力发展水平、经济状况,阶级矛盾状况对未来社会主义进行了描述,列宁领导建立起了世界上第一个社会主义制度的国家,中国的社会主义历史、政治经济也不同于俄国。因此,在中国建设社会主义不能照搬照抄,只能从中国国情出发,建设具有中国特色的社会主义。这个问题的提出,本身就表明是继承和发扬实事求是,一切从实际出发,理论联系实际的优良传统。

目前,社会主义正处在初级阶段,其经济结构是以公有制为主体的多种经济成分,除有社会主义性质的经济成分外,还存在着非社会主义性质的经济成分、个体经济、外资企业、中外合资企业等;在分配形式上,除按劳分配外,还允许其他分配形式存在。此外,还存在着社会主义商品经济。商品经济对促进社会生产是有很大作用的,但也要看到它是以赚钱为目的是其本性的。这些客观存在不能不反映到人们的头脑中,这就要求我们要继承发扬老区革命传统,树立正确的人生观、价值观,制约和克服商品经济消极的因素,正确处理国家、集体和个人利益的关系。

中国共产党是伟大、光荣、正确的党,这是建党 100 年来的历史所证明了的。但是党也是在发展变化之中。目前也正受着新时期的考验。一段时期内，由于淡化党的领导，放松了对党员的党性教育，有一些党员和党的干部未能经受住执政和改革、开放的考验，有的贪污、腐化，有的官僚主义滋长，严重脱离群众，有的以权谋私，这些虽然是少数，但危害很大。因此，从加强党的建设这个问题上看，也必须继续继承和发扬老区革命传统，保持和人民群众的血肉联系，强化一切从人民利益出发，全心全意为人民服务的思想。做到勤政、廉政。

西方资产阶级和帝国主义国家历来是仇视和反对社会主义的。当他们不能用武力消灭社会主义国家时，则大力推行"和平演变"的战略，通过打一场没有硝烟的战争，从思想上瓦解共产党人的共产主义信念，使社会主义国家变为帝国主义的附庸国。80年代以来，西方资本主义国家，利用社会主义国家改革开放之机，大搞思想渗透，物质诱惑，竭力宣扬资本主义的"民主、自由、人权"唆使社会主义国家内那些民主个人主义者、不同政见者来搞垮社会主义国家。因此"和平演变"和反和平演变的斗争成为当今世界两种社会制度斗争的主要形式，"和平演变"是社会主义国家面临的主要危险。

在我国那些搞资产阶级自由化的人策划的1989年春夏之交的政治风波，不是很深刻的教训吗？我们必须在坚持改革开放的同时，认真划清两种改革观的界限，在对外开放中，要加强思想设防措施。继承和发扬老区革命传统，强化防资反资意识，坚持独立自主，自力更生的思想，发扬爱国主义精神，则是思想上设防的重要措施之一。

社会主义精神文明是社会主义的重要特征，建设社会主义精神文明的根本任务是培养有理想、有道德、有文化、有纪律的社会主义公民，提高全民族的思想道德水平和科学文化素养，全面提高人的素质。

人的素质是多方面的，但其核心是思想道德素质。一个人思想道德素质不高,就容易失去正确的方向,其聪明才智也不能充分的正确的发挥出来。一个民族、一个国家也是这样,没有高尚的道德风尚,社会秩序紊乱,缺乏必要的凝聚力、向心力,民族就不可能兴旺发达,国家也不可能坚持统一和发展。有些人个人主义膨胀,"一切向钱看",只要个人价值,不要群体利益,只讲索取,不讲奉献,甚至为了实现自我价值,不惜损害国家利益,在整个社会中共产主义思想淡薄了,道德水平下降了,社会风气恶化了,资产阶级自由化思潮泛滥,严重地干扰和影响了社会主义四个现代化的建设。

邓小平同志指出:"十年最大的失误是教育,这里我主要讲思想政治教育,不单纯是对学校,青年学生、是泛指对人民的教育"①。加强思想道德建设,关键是加强思想政教育,特别是共产主义理想教育、社会主义、集体主义、爱国主义教育,增强人们建设社会主义四个现代的历史责任感。这就要求我们要继承和发扬老区革命传统,树立正确的政治方向,坚持国家利益、集体利益高于个人利益的原则,提倡公而忘私、无私奉献的精神。这一切都表明老区革命传统是永存的,这就是它的历史地位。

①《中国共产党第十三届中央委员会第四次全体会议公报》单行本,第17页。

区域地理环境和优秀文化传统的统一

——南梁精神解读

（一）

　　刘志丹、谢子长、习仲勋老一辈无产阶级革命家,于 20 世纪三十年代前期创建的陕甘边革命根据地, 成为中国共产党领导进行土地革命时期唯一存在的革命根据地。习近平总书记称赞为"硕果仅存"。这块革命根据地的存在既是迎来了红军二万五千里长征胜利到达陕北的落脚点, 又是中国共产党领导中国人民抗击日本侵略者的出发点。陕甘宁边区政府的建立使党中央、毛主席在延安亲自指挥下取得抗日战争的胜利, 同时还形成了毛泽东思想是全党的指导思想的重要成果,并且为夺取中国新民主主义革命的胜利奠定了思想、政治、军事、经济、文化等多方面牢固的基础。陕甘边革命根据地在中国共产党历史和中国新民主主义革命史上有着独特的历史地位和社会价值,意义重大。正是红二十五军和中央红军到达陕北,与陕甘边红军游击队协同作战才彻底粉碎了国民党反动派对陕甘边区的围剿,也正是党中央、毛主席胜利到达陕北发出了"枪下留人"的强大声音,阻止了"左倾"机会主义"对陕甘边区的破坏,刘志丹等一大批革命者得以重生。这也再一次证明,只有在党中央、毛主席的正确领导下,地方各级党组织才能使革命队伍壮大发展,取得革命的胜利。

　　由于陕甘边红军游击队萌生于刘志丹率领的农民武装（群众称

之为游击队)在南梁迎接晋西游击队和商贩队的到来,并由中共陕西省委指派谢子长来南梁与刘志丹共同领导和部队的重组工作,更为重要的是陕甘革命根据地是以南梁为中心建立起来的。以南梁为中心是经过多次实践中血与火的考验以及和"左"倾机会主义反复斗争,刘志丹、谢子长、习仲勋老一辈无产阶级革命家创建以南梁为中心的革命根据地的精神被称为南梁精神。

(二)

何为精神,《辞海》对精神有五种理解。(1)是哲学名词,指人的意识、思维活动和一般心理状态。宗教信仰者和唯心主义者所讲的精神是对意识的神化,唯物主义者则把精神当作意识同一意义的概念来使用,认为它是意识的最高产物。(2)指神志、心神。(3)指精力、魄力。(4)指神采、韵味。(5)指内容实质,如传达会议精神①。南梁精神我认为以《辞海》的第一种解释为妥。它提示我们要从哲学的角度去理解"精神"问题。我们知道哲学的根本问题是世界观问题。毛泽东同志1937年7月和8月先后发表的《实践论》《矛盾论》是对马克思主义哲学的精辟解释和重大发展。人们对客观事物的认识是从实践中得来的,而且认识和实践不是一次性完成的,毛泽东同志的《实践论》告诉我们"实践、认识、再实践、再认识,这种形式循环往复以至无穷,而实践和认识之每一循环的内容,都比较地进到了高一级的程度,这就是辩证唯物论的认识论,这就是辩证唯物论的知行统一观"②。在中国五千年文明历史发展中,人们不自觉地从实践体验中告诉我们一条最

---

① 《辞海》编委会编:《辞海》,上海辞书出版社1980年版,第1935页。
② 《毛泽东选集》第1卷,人民出版社1952年版。

主要的经验:要成功一件大事,必须遵循"天时、地利、人和"。"天时、地利"是客观存在不以人们的意志为转移的,不能违背自然规律。"人和"包含着人与人之间的团结、互助、互爱,也包含着人与自然和谐相处,人要充分认识自然现象,利用自然环境条件,使其向有利于人、事的方向发展,历史上这样的事例也是不少的,因此"天时、地利、人和"也包含着朴素的唯物辩证观点。它表明这种传统的经验与马克思主义唯物辩证理论有许多共同点。

陕甘边地区自古以来属于黄土高原自然地理单元,陕甘边区处于黄土高原偏中心地区。从行政地域方面说,战国以前没有设置行政区域机构,所居住人被称为戎狄族人。戎人多居于陇上,狄人多居于陕北,春秋时白狄仍居住在陕。先师徐中舒曾指出"从甘肃庆阳邠地以东至于山西汾水流域皆属古代长林丰草野猪出没的黄土高原地带"[1],庆阳亦为邠地。唐代的《括地志》称"宁、原、庆三州……为义渠戎之地,周不窋、公刘居之"。陕甘边古代为戎狄杂居之地。戎狄族人并非少数族,亦非游牧族,在先秦只是从文化上有别于华夏族。文化高的地方称为夏、华,文化低的不遵守周礼的族类称为蛮、夷、戎、狄。戎、狄族人从事粗耕农业,兼营牧业,生活简朴,崇尚渔猎,居于洞穴,其性忠厚淳朴。祭公谋父曾说"吾闻夫犬戎树惇,帅旧德而守终纯固",意思就是说犬戎很忠诚,一直遵守先王之旧德,执行其贡赋,仅管周穆王责备他们不贡纳,他们仍不计较,天性专一终身不移"。戎人由余也曾说戎王治国"上含淳德以遇于下,下怀忠信以事其上,一国之政犹一身之政,不知所以治,此真圣人之治也"[2]。戎人很注重用道

①徐中舒:《西周史论述》,《四川大学学报》1979年第3期。
②司马迁:《史记》卷5《秦本纪》,中华书局1959年版,第192—193页。

德治理国家,讲忠信诚实的品德,不尔虞我诈。

陕甘边狄戎杂居之区的行政机构设置始于战国魏国。魏文侯置上郡,治肤施(今榆林县东南)后来魏之上郡十五县入于秦,秦继续称上郡。北地郡置于秦昭王三十六年(公元前271年)郡治为原义渠戎地(今宁县西北),西汉时移至马岭(今庆城县北)。北地、上郡在秦汉时期具有重要战略地位。秦始皇时筑长城、修直道都曾经过北地、上郡至内蒙古,以巩固秦王朝对西北边境的控制,本人曾于1989年对庆阳境内秦直道进行过考察和研究。秦直道修筑于秦始皇三十五年(公元前212年),从九原到甘泉千八百里。直道从陕西省淳化县北梁武帝村开始进入子午岭南端山梁甘泉山。由旬邑县石门关入正宁县的刘家店,沿子午岭主峰北上经宁县、合水县、华池县进入陕甘两省交界的丁崾岘、墩梁,直达营崾岘,直道与长城重合,直道沿长城内侧向西北方向延伸,由白硷出长城入陕西定边、靖边进入内蒙古乌审旗(鄂尔多斯草原南缘),北上包头市(秦九原郡)。直道是我国第一条山区公路,对直道沿线经济的开发和经济文化的交流,及国家政令畅通,增强人们对民族和国家统一的凝聚力和向心力都有巨大的作用。北地郡和上郡虽然有山水相连,但是有直道的连接更便于打开封闭之门,增多人间联系和经济文化交流。

在西汉初期上郡、北地两郡经常受到匈奴残害,在汉文帝时召集六郡材力之士(其中包括北地上郡)操练武艺,以抗击匈奴。到汉武帝时国力强大,上郡北地人民在抗击匈奴的战斗中做出了巨大的贡献。班固说:"安定、北地、上郡、西河皆迫近戎狄修习战备,高上气力,以射猎为先",特别是上郡、北地更善于射猎,"汉兴、六郡(陇西、天水、安定、北地、上郡、西河)良家子选给羽林、期门,以材力为官,名将多出","故此数郡,民俗质木",所谓"民俗质木"正如注释(师古曰:质木者,无有纹饰,如木石然)①。司马迁也说"天水、陇西、北地、上郡与关中同俗,北有戎狄畜,畜牧为天下饶,然地域穷险,为京师要其道"②。在汉代,北地、上郡畜牧业特别发达,人们善骑射,而且是京师的重要门户。

北宋时期范仲淹、种世衡曾亲自组织领导陕甘边人民抗击西夏统治者的侵扰,团结区内以羌人为主的一些少数族首领同汉人共同打败元昊的进攻。范仲淹注重战略战术,充分发动群众,在陕甘边修筑堡寨,保境安民,大量训练弓箭手。特别是范仲淹心中装有天下老百姓,以"先天下之忧而忧,后天下之乐"而乐的精神更是铭刻在陕甘边人民心中。范仲淹去世的消息传到陕甘边时,人们异常悲痛,有的地方人民自发哀悼数日。明朝末年,陕西米脂县人李自成原在甘肃榆中当驿兵,被裁减回家,于崇祯二年(1629年)投入王佐贵起义军,到1664年经历十五年战斗终于推翻了明王朝的统治,他在战斗中曾打到陕西、四川、山西、甘肃的天水、陇南等地方,带有很大的流动性,但当他在外地遭受挫折,突围成功之后又回到陇东,十五年中他反复回到庆阳、环县、正宁、宁县达十二次之多,主要的是依托子午岭山区,养精蓄锐壮大力量是非常可取的,这也是留给后人的宝贵财富。

以上从古代以来陕甘边人民的民俗民情、优秀品质素养、战略战术、战斗精神诸多方面揭示陕甘边地区地域环境人文特色及优秀文化传统阐明南梁精神的诸多因子和历史渊源。

---

①班固:《汉书》卷28下《地理志下》,中华书局1962年版,第1644页。
②司马迁《史记》卷129《货殖列传》,中华书局1959年版,第3262页。

(三)

刘志丹、谢子长、习仲勋老一辈无产阶级革命家是陕甘边人民的杰出代表。在新的历史条件下,在中国共产党和毛主席的正确路线指引下,成为活学活用毛泽东思想典型代表,他们运用唯物辩证世界观观察分析客观事物,重视运用陕甘边地域环境,在革命战争中战略地位,充分继承和发扬陕甘边优秀文化传统和革命传统,以南梁为中心的陕甘边革命根据地的建立是势不可挡的,南梁精神是历史的必然。

刘志丹、谢子长、习仲勋三位领导从事革命活动经历基本相似,他们自幼都出自耕读之家,参加革命并不是为了家人或家族报仇雪恨,而是从国家利益出发,从解救广大农民群众被压迫被剥削的现实需要出发,这就决定他们在革命活动中能够经受考验;他们在家庭和学校都接受过良好的教育,父母勤劳节省的生活习惯,刚正不阿、主持正义、宽厚待人、好打不平的品德深深刻印在他们心中,成为他们品德行为修养的样板。特别是在学校教育中使他们在幼小的心灵中扎下了马克思主义的根。刘志丹在榆林中学上学的几年中遇见了李大钊的好朋友杜斌丞校长,给学校先后聘请了共产党员魏野畴、李子洲、王懋庭等,他们给学生带来了《共产党宣言》《资本论》《国家与革命》《社会科学概论》等马克思列宁主义著作,刘志丹很喜欢魏老师,魏老师很看重刘志丹,他们心心相印,魏老师组织课外阅读小组,刘景桂(后改名刘志丹)担任阅读小组组长,还读鲁迅、高尔基作品,成立学生自治会,刘志丹担任了学生自治会主席,在他们教育鼓励支持下,刘志丹先后参加了"共进社""共产主义青年团",并成为了中国共产党党员。并由学生会主办"平民学校",由党、团员和优秀学生轮流向工人们讲课,对他们宣传革命思想。刘志丹逐步成熟起来了,立志要用枪杆子推翻反动政府,建立起无产阶级和广大人民群众掌权的新政府。

在他高中毕业前夕,又碰见魏野畴老师,魏老师问他要不要考大学,他回答说不考,并说"如今大学生养尊处优,不喜欢那种生活,要参加实际斗争,走最艰难的路,挑最重的担子,过最热烈的生活才有意思,跟你一样拿枪杆"。这就是他向老师、向党表示的初心。在革命中不怕牺牲,为实现共产主义奋斗终身。高中毕业后经党组织介绍报考了黄埔军校。习仲勋的成长也和刘志丹相似,习仲勋在离家二十里远的立诚学校上高小时就遇见了共产党员严木三老师,通过教学介绍陈独秀、李大钊等人文章中的重要观点,向学生宣传革命思想,并于1926年3月习仲勋加入了进步青年学生组织"渭北青年社立诚分社",1926年5月他又参加了共青团组织,参加社会政治活动、学生运动等,增长其才干,利用课余时间上街或到农村宣传革命道理,发动群众抗粮、抗捐、反霸活动,把革命理论与革命运动(学生运动、农民运动)结合起来。活动不久,学校校长郗敬斋发出"勿谈国事"的校规,甚至监视学生的活动,习仲勋没有被所谓的"校规"约束,与学生党员一道参加了驱逐校长郗敬斋的学潮运动,地方政府下令严处有关教师学生,严木三老师和学生中的党团员骨干被迫离校,习仲勋转入富平县城的"县立第一高等小学"读书。严木三则以国民党富平县党部文化委员的公开身份任县立第一高等小学的校长,这时学校十一名教师中就有九名共产党员。在他们的关怀教育下,习仲勋在政治思想上进步很快,严格要求决心成为一名优秀的共产党员。

1928年1月,14岁的习仲勋考入三原第三师范学校。在三原县委学运委员会武廷俊领导下,掀起了反对校长王藩辰的大规模学潮运动,习仲勋不怕牺牲、勇于斗争,成为学生中的骨干分子,校长王藩辰、训导主任魏海将他列入黑名单,习仲勋参加了三原县委学运委员会武廷俊召集除掉王藩辰、魏海活动,但计划失败,三原反动政府出动军警,包围学校,习仲勋等十余名党团骨干和三原县委学运委员会武廷俊、李少华等被逮捕入狱。在狱中,年仅14岁的习仲勋以大智大勇的精神和其他同学一道开展了改善监狱伙食的绝食斗争,并将党组织递进监狱的有关理论书籍和文艺作品组织传阅,鼓励同志们坚定信念,保持革命气节,绝不妥协投敌,出卖同志和组织,团结一致共同对敌。习仲勋还鼓励被关押在同室的马鸿宾部逃兵,不为反动政府军队卖命,并启发他做一个有理想信念的中国人。习仲勋在狱中的表现得到党组织的赞许,经党组织同意,武廷俊与习仲勋谈话,介绍他加入中国共产党,成为一名正式的共产党员。两个月后,习仲勋等经党组织营救出狱,经过这场生死考验,习仲勋立场更为坚定,永远跟党走的信念更为强固。革命理论革命思想在刘志丹、谢子长、习仲勋的头脑中自年幼时就扎下了根。

刘志丹、谢子长、习仲勋作为一名无产阶级革命战士,作为一名优秀的共产党员必须具有高度的党性原则,遵守党的纪律、服从党的决定、维护党的统一和团结。他们时时事事按照党组织的决定去办事。在1927年大革命失败以后,蒋介石国民党大肆屠杀共产党人和革命群众,到处是一片白色恐怖。中国共产党为挽救中国革命发动了八一南昌起义,党中央召开了"八七"会议,确定土地革命和以武装革命反对武装反革命的总方针。在南方爆发了湘赣秋收起义,1927年10月在陕西爆发了谢子长领导的"清涧起义",1928年5月刘志丹领导了"渭华起义",当年夏季许才升、吕佑乾领导了"旬邑暴动"。这三次起义虽然失败了,但它标志着共产党人在西北地区举起了武装反抗国民党反动统治的大旗,同时也使谢子长、刘志丹等共产党人更清楚地认识到,只有掌握了枪杆子,才能推翻蒋介石的反动统治。1929年初,中共陕北特委讨论决定经省委批准开展兵运工作。通过派共产党人到敌人军队中去,拉出一些官兵和武器,变成共产党的军队,希望用这种方式建立和发展武装力量。从 1930 年开始刘志丹、谢子长先后被派到宁夏搞兵运，以后刘志丹又被派到苏雨生部、陈珪璋部搞兵运；谢子长被派往甘肃靖远搞兵运，习仲勋也曾被派到苏雨生部搞兵运，后利用部队调防之机在两当发动兵变。这些兵运活动除锻炼了一些干部外，在发展武装方面收效甚微。1932 年 7 月谢子长指示杨林到西华池与高鹏飞联系，在陕甘工农红军游击队配合下，西华池起义获得成功。值得注意的是 1930 年 9 月谭世麟请刘志丹担任陇东民团骑兵营第六营营长，这是他第二次在谭世麟部队做兵运工作。谭命令驻合水太白镇第 24 营协助刘志丹，刘志丹也想乘机消灭 24 营，拉起一支部队。1930 年 10 月 1 日，刘志丹率领十几人到合水太白镇以南以商借粮草为名，与 24 营举行兵对兵、官对官的"联欢"，击毙了24 营营长黄毓麟，缴获了一连全部枪支弹药，击溃了第二连的反抗，接着召开群众大会，声讨了 24 营在太白的罪行，群众欢欣鼓舞。会后刘志丹率部到林镇庙缴获 24 营中 3 连的枪支弹药，共缴获长短枪50 余支、骡马 10 余匹。这是刘志丹从事兵运以来取得最大的成果，这次行动被称为"太白起义"。这也是以南梁为中心陕甘边革命根据地建立的前奏。

刘志丹、谢子长、习仲勋从清涧起义、渭华起义、旬邑暴动到开展兵运工作，深刻地认识到不与农民运动结合的起义，单纯的兵运都会失败的。习仲勋在 1932 年 8 月在照金第一次见到刘志丹。习仲勋回忆刘志丹曾说："几年来，陕甘地区先后举行过大大小小七十多次兵变，都失败了，最根本的原因就是军事运动没有同农民运动结合起来，没有建立革命根据地。如果我们像毛泽东同志那样以井冈山为依托，搞武装割据，建立根据地，逐步发展扩大游击区……。现在最根本的一条是要有根据地"①,这是刘志丹同志通过实际革命活动中真切的体会。在什么地方建立革命根据地呢? 这是他们最关注的问题。刘志丹、谢子长、习仲勋并不是生而知之、先知先觉的人,他们是以马克思主义辩证唯物主义认识论来认识这个问题的, 从实际出发通过反复的实践过程逐渐明确的。有人说在 1930 年刘志丹率部与晋西游击队、商贩队会师时就提到在南梁建立革命根据地的问题。真是这样吗? 在南梁会师后,中共陕西省委派谢子长到南梁与刘志丹共同领导和主持部队的整编。谢子长到南梁开会研究的问题,一个是总结阎红彦率领的晋西游击队来陕北以来的工作, 另一个是成立领导机构编组队伍。谢子长认为当时是成立工农红军游击队的条件成熟了。根本没有讨论革命根据地建立问题,相反的认为南梁这里筹饷十分困难,过冬的棉衣问题无法解决, 还要打着陈珪璋部十一旅的旗号从南梁向南进发。由于得到了陈珪璋给部队的一些供给,部队到正宁县柴桥子才宣布脱离陈珪璋部,打出"西北反帝同盟军"旗号。实质是由于部队成分复杂,不能打上工农红军游击队的旗号②。直到 1932 年三嘉塬事件后,1932 年 2 月 12 日才将"西北反帝同盟军"改编为"中国工农红军陕甘游击队"。陕西省委派军委书记李杰夫担任游击队政委,领导游击队组建和政治军事工作,根据省委指示,按照以渭北为重点的预定方针,南下陕西境内,开展游击战争,执行创建革命根据地的任务。"左"倾机会主义者杜衡把持的陕西省委的既定方针就是在渭北平原建立革命根据地, 当陕甘工农红军游击队建立不久, 就开往渭

①习仲勋《群众领袖,人民英雄》,《人民日报》1979 年 10 月 16 日。

②《陕西省委给中央的报告(第一号)——关于陕西游击队情况》1932 年 2 月 15 日中央档案馆、陕西省档案馆《陕西革命历史文件汇集》1932 年(一)甲 4 内部馆存本 1932 年印行第 16 页。

北,走城市苏维埃道路,而不是井冈山道路。"1932 年 2 月 21 日谢子长主持陕甘游击队香山会议,讨论省委在三原、富平城周围创建根据地的指示,会议认为这两县敌人兵力雄厚,地处平原,不便开展游击战争和创建根据地,会议决定陕甘游击队在同官、宜君一带山区活动"[①]。1932 年 5 月,陕西省委命令游击队向东攻打陕西韩城在平原地区建立根据地,结果惨遭失败,部队被迫转移到甘肃正宁县麻子掌时仅剩下 200 多人,士气低落,思想混乱,为了统一思想,在麻子掌召开会议,黄子文、李杰夫等主张南下把部队拉到三原五字区。刘志丹认为渭北地处平原,距敌人统治中心近,不利于开展游击战争,主张北上桥山中段南梁一带,敌人统治力量薄弱,地域辽阔,回旋余地大,东去陕北,西进陇东,便于开展游击,又能扩大骑兵,利于步骑配合作战。双方争执不下,决定部队分开活动[②],刘志丹的正确意见孤立无援,得不到支持,心里很难过,如果同意到渭北平原去,只会给游击队带来损失,只好分开活动。后由于阎红彦来到了梁掌堡,他建议部队在宁县梁掌堡开会再议。他认为分开活动不利于游击队发展,并支持刘志丹的主张,部队依托桥山山脉开展游击战争,创建陕甘革命根据地。这次会议没有明确提在南梁建立革命根据地,只是从地理条件上认识到桥山南梁有利于游击战争的开展。

1932 年 8 月,习仲勋第一次与刘志丹见面和谈话。习仲勋回忆说"志丹同志的谈话给了我很大的启发,也给我们指明了今后革命的道路。我感到他有很高的理论水平,这不仅是从书本上来的,也是从实

①《习仲勋在陕甘边区》编委会:《习仲勋在陕甘宁边区》,中国文史出版社 2009 年版,第 47—48 页。

②黄正林、潘正东著:《庆阳通史》(下卷),商务印书馆 2001 年版,第 1225 页。

践斗争中总结出来的。几年来志丹同志走遍陕甘边区,下决心要搞一块红色根据地。但是,由于'左'倾机会主义的错误领导,这个愿望始终未能实现。他走到哪里,就把建立根据地的道路说到哪里,苦口婆心循循善诱,期待能说服他见到的每个人。虽然初次见面,但他那种坚忍不拔的信念、为真理献身的精神,给我留下了深刻难忘的印象"[1]。习仲勋于 1945 年回忆他在 1932 年 3 月—1933 年 3 月在渭北游击区工作实践中也认识到 "在敌人统治的中心地区是不能建立根据地的,……渭北游击区在平原上,四面都受敌人包围,红军的游击战争没有广大的回旋地区,在敌强我弱的条件下,保守一隅是要失败的。而当时的'左'倾机会主义者迷信城市中心论,从夺取西安、三原等中心城市出发,反对所谓'上山逃跑主义',在根据地内不顾实际情况强令分配土地,一再反对所谓'富农路线''右倾机会主义'这种'左'倾的路线是实践证明是行不通的"[2]。这时刘志丹也没有提出在南梁建立根据地。1932 年 9 月敌人对照金分三路进行围剿,刘志丹谢子长决定撤离照金,将习仲勋留在照金地区,殷切希望他"一定要做好根据地的开辟工作"[3]。谢子长也叮嘱他"我们没有枪支弹药留给你,你要在发动群众的基础上,成立农民协会,组织游击队,开展游击战争"[4]。为了便于他开展工作,刘志丹还将陕甘游击队第二大队特务队交由习仲勋领导,还把二大队的参谋第五伯昌留下随特务队行动。这表明刘志丹对照金根据地开辟是很重视的。

---

①习仲勋:《群众领袖,人民英雄》,《人民日报》1979 年 10 月 16 日。
②习仲勋:《关于渭北苏区》(1945 年 7 月 15 日),《习仲勋文选》,中央文献出版社 1995 年版,第 15 页。
③习仲勋:《群众领袖,人民英雄》,《人民日报》1979 年 10 月 16 日。
④贾巨川:《习仲勋传》,中央文献出版社 2008 年版,第 99 页。

刘志丹、谢子长于 1932 年 9 月从照金撤出后,率领游击队北上,保安战斗中伤亡严重,从 10 月返往陇东子午岭南梁平定川、豹子川一带,谢子长在合水莲花寺召开队委会,决定分散行动,发展革命力量。到 12 月 24 日按照中央要求在宜君转角镇(今旬邑)宣告成立红二十六军以前,基本上都在陇东活动。二十六军只有一个团,命名为二团,团长王世泰,杜衡为军、团政委,全军 200 余人。按照党中央(那时中央为王明、博古把持推行第三次"左"倾机会主义路线)决定在泾渭三水间的旬邑、正宁、三原一带建立根据地的指示,确定在陕甘边山区开展游击战争,建立照金为中心的陕甘边新苏区。1933 年 3 月红二十六军在照金建立了陕甘边区游击队,李妙斋任总指挥,习仲勋任政委,4 月 5 日在照金成立了陕甘边区革命委员会,周冬至任主席,习仲勋为副主席兼党团书记。开展了打土豪、分田地、粮食、牛羊等运动。敌人对此恨之入骨,在敌人的围剿下,4 月,红二十六军转入外线作战,转入陇东、宁县、盘克一带打游击,部队发展到 500 人,6 月 17 日红二十六军外线返回照金,在照金北梁召开红二十六军团领导干部和陕甘边特委联席会议,研究二团的行动方针。杜衡返回照金,主张放弃照金根据地南下渭华。刘志丹反对说"我们费尽心血,才建立这么一块根据地,哪能轻易放弃,只要我们坚持创造和发展陕甘苏区,形势是会好转的!红军脱离根据地,就是自己毁灭自己"①。杜衡又指责刘志丹是"右倾机会主义"。习仲勋身负重伤,没有出席会议,他的意见由金理科带上会议,红军不能离边区,远离根据地部队行动困难,有了伤兵没有办法解决。但杜衡独断专行,做出了红二十六军南下渭华的决定。杜衡命令 6 月 21 日红二十六军二团离开照金,南下

---

①习仲勋:《群众领袖,人民英雄》,《人民日报》1979 年 10 月 16 日。

渭华。刘志丹坚持战斗两个多月，在弹尽粮绝的情况下，分散化装突围。7月28日杜衡被捕，叛变投敌，大批党员被捕，党组织遭到严重破坏。陕西省委得知红二十六军南下失败的消息后，即将三原武字区渭北游击队和富平游击队扩编为红四团，共120人，转移到照金苏区。习仲勋在艰难困苦的情况下，他充满信心，在淳化、旬邑、耀县一带和薛家寨周围发动群众，坚持战斗，保护红色区域。1933年7月21日，杨虎城部王泰吉骑兵团1700多人乘由三原移驻防耀县之机，在耀县宣布起义，成立"西北民众抗日义勇军"，不料在辘轳把一带被孙友仁团击溃，余部仅剩100余人，改编为"西北民众抗日义勇大队"，撤退到照金根据地。习仲勋对王泰吉起义给予了高度评价说"在目前这样艰苦的形势下，你率部起义难能可贵，意义很大，有了这个力量，咱们就好大发展了"。

1933年8月14日，在陕甘边区特委书记习仲勋主持下，在耀县陈家坡召开了党政军的军联席会议，统一思想认识，决定成立陕甘边红军临时指挥部，由王泰吉任指挥，高岗任政委。10月4日，刘志丹、王世泰从终南山脱险后回到照金根据地与习仲勋重逢。习仲勋后来回忆说"中秋节的夜晚，我们日夜盼望的刘志丹同志历经千辛万苦和王世泰同志一起回到了照金，大难之后又重逢，个个心里都无比激动，彼此紧紧拉着手，眼里冒着泪花，经过这场折磨，刘志丹同志更瘦了，但他的意志更坚强了，仍然是那样的精神抖擞，没有一点灰心丧气的样子。他拉着我的手说'你的伤好了吗？这次我们又上了机会主义的大当，又吃了一次大亏'！"①。刘志丹听了习仲勋讲陈家坡会议情况后，兴奋地说"这就好了，陈家坡会议总算清算了错误

①习仲勋：《群众领袖，人民英雄》人民日报1979年10月16日。

路线,回到正确路线上来了。现在需要把部队集中起来,统一领导,统一指挥,我们重新干起来,前途是光明的"①。1933 年 10 月杨虎城任命杨子恒为总指挥调集四个团的兵力还纠结几个县的民团发动了对照金根据地的围剿,刘志丹、习仲勋制定了反围剿部署,刘志丹率领红四团、西北民众抗日义勇大队、耀县三支队、陕北一支队主动出击出外线。北上陇东,习仲勋领导地方武装在根据地内坚持战斗,(一支队、五支队、七支队、九支队、十一支队共 200 余人)。10 月 15 日薛家寨陷落,习仲勋仍坚持斗争,白天躲在梢林里,晚上出来开展群众工作。10 月下旬,习仲勋和陕甘边特委、革命委员会和游击队的同志们一道北上陇东,与刘志丹率领的主力红军会合,习仲勋总结了照金根据地失败的原因和经验教训,领会了根据地的重要性和它对中国革命的重大意义②。

刘志丹率部在外线作战中,10 月 18 日首次奔袭合水县城,接着在宁县、庆阳又取得胜利,当他得知照金革命根据地失守后又与习仲勋、张秀山等会合后,在取得了庆阳县毛家沟门的重大胜利基础上,他建议召开红军临时总指挥扩大会议。1933 年 11 月 3—5 日,中共陕甘边特委、陕甘边革命委员会、红军临时总指挥部在合水县包家寨召开联席会议。1. 在总结照金革命根据地失败原因及汲取教训的基础上,刘志丹提出了建立以南梁为中心的革命根据地的计划,这是刘志丹、习仲勋等领导同志深入学习领会毛泽东同志创立井冈山革命根据地思想的产物,井冈山根据地是建立在罗霄山脉中段,而桥山山脉

---

①习仲勋:《群众领袖,人民英雄》人民日报 1979 年 10 月 16 日。
②习仲勋:《关于党史简述》,中共庆阳地委党史资料征集办公室编:《中国共产党领导的陕甘边区》(陇东部分)第 102 页。

的北段人烟稀少,南端距敌人统治中心近,南梁位于中段,山川接连,梢林密布,敌人统治力量薄弱,被人称为三不管地带,地理环境条件有利于游击战争的开展,回旋余地大,不利于敌人大部队作战。这种地理环境优势,特别是刘志丹同志感受最深,因为从 1930 年以来他基本上跑遍了桥山山脉,无论是多次南下渭北,还是在照金根据地,还是在陕北当中国工农红军游击队或中国工农红军二十六军遭致战斗不利或伤亡比较严重的形势下,他都率部返回陇东庆阳、正宁、宁县、合水一带修整,开展游击战,消灭当地一些民团或反动军队,使革命部队有所壮大, 再出桥山,1930—1933 年 11 月前, 曾达 24 次之多。刘志丹多次在桥山中段的梢林生活、战斗,仔细观察梢山的地形地貌,以及植物的生长情况,认为这些梢林山连着山,如果走错一条路,就很难返回原地,同时又是山川相连水草丰盛,便于养马发展骑兵,步骑配合利于战斗。梢山中有不少野菜、野果,还有多种飞禽走兽可供食用,在敌人围困时可以解决暂时的吃住。刘志丹也常在梢林中住宿,以致生病生疮,充分表现他坚强的革命意志,山中还有多种野生药材,可以治疗伤病员。前面已说过李自成起义以来,也曾十几次反复在庆阳、合水、宁县、环县一带活动,休息生养壮大革命力量,最后推翻了明王朝的统治。刘志丹在深山梢林中练兵时,当地群众或战士们唱着"李闯王造反黄河边,刘志丹练兵石峁湾,要把那事颠倒颠,受苦人跟上刘志丹"的《信天游》。刘志丹领导人民闹革命是要推翻几千年的封建制,和李自成的起义有着本质的不同,可是对于发挥地理优势,依靠子午岭梢林与敌人周旋,消灭敌人的战术还是可借鉴的,刘志丹正是吸取了历史和现实经验而确立以南梁为中心的根据地的建立。另一方面南梁一带多为外地来的货民,他们受的剥削压迫很重(南梁的大地主是庆阳的八大家之一、二,即韩少文,字号裕茂隆,李弟字号恒义兴,他们每年在这里收租达四五千石之多),此外他们还经常受到民团、土匪的侵夺。民众有强烈的革命要求,革命基础比较好。毛泽东同志创建革命根据地的思想,即建立革命根据地、土地革命、武装斗争三位一体密不可分,也称为武装割据思想。2. 扩大革命武装。原红二十六军只有团的建制,只有红二团一个团,南下渭河平原后,照金根据地再建了一个红四团,还是一个团,人数也不多。会议决定撤销陕甘边红军临时指挥部,恢复红二十六军,建立红四十二师,将西北民众抗日义勇大队和耀县三支队合编为红三团,将红四团改编为骑兵团,以便展开步骑协同作战。3. 建立三路游击区:陕北第一路游击区,以安定为中心,向南发展;陇东为第二路,以南梁为中心,向庆阳、合水发展;关中为第三路,以照金为中心,向北发展。三路游击区又共同以南梁为中心,其目的是要扩大和巩固以南梁为中心的革命根据地,要使三路游击区连成一片。

包家寨联席会议作出的三项决定使陕甘边革命根据地的建立问题迈出了新的步伐,标志着刘志丹、习仲勋、张秀山等同志在"实践、认识、再实践、再认识"的基础上,结合陕甘革命实践找到了建立陕甘革命根据地的正确道路。在包家寨会议精神的指引下,1933 年 11 月 8 日,刘志丹等同志主持了在合水莲花寺召开的陕甘边红军大会,正式恢复红二十六军,成立了红四十二师,师长王泰吉,政委高岗,参谋长刘志丹,政治部主任黄子文,供给处主任刘约山。师辖两个团即红三团,团长王世泰,政委李映南;红四团,团长黄子祥,政委杨森。师、团建立了党委,师党委书记杨森,连队建立党支部,加强了党对军队的领导。刘志丹等还决定派队长强世卿政委魏武率领陕北一支队回陕北开展第一路游击区活动,逐步达到与南梁根据地连成一片。红四十二师成立后,横扫南梁附近的民团武装、反动武装,拔除了敌人的一些据点,为建立南梁根据地扫除了障碍。开展地方工作,组织群众协助建立第二路游击区,建立农民协会和赤卫队,到 1934 年"以南梁为中心得陕甘边红色区域扩大到保安、安塞、甘泉、富县、庆阳、合水、宁县、正宁、旬邑、淳化、耀县、铜川、宜君、黄陵等 14 个县的部分地区"①。2 月 25 日，陕甘边根据地工农兵代表大会在小汉子召开，成立了陕甘边革命委员会临时政权，习仲勋为主席，白天章、贾生秀为副主席，下设土地、财政、粮食、肃反、文化等委员会及一些群众组织。革命委员会的成立，敌人非常恐慌，在 1934 年 2 月国民党调集了八个团一万多人分八路对陕甘边革命根据地发动了第一次围剿，红军、游击队、赤卫队经过大小 30 多次战斗，歼敌 3000 余人，第一次反围剿战斗胜利结束。

根据 1934 年 7 月陕甘边特委会议"务必于十月革命纪念日成立正式苏维埃政权"的精神，刘志丹、习仲勋、马文瑞、吴岱峰、蔡子伟等同志经过两个多月的筹备，1934 年 11 月 4 日至 6 日，在南梁荔园堡召开了陕甘边工农兵第一次代表大会，出席会议的有陕甘边党政军负责人及工农兵代表 300 多人，大会通过了刘志丹起草的《政治决议案》《军事决议案》和蔡子伟等其他同志起草的《土地决议案》《财政决议案》《粮食决议案》等，以无记名投票的方式选举习仲勋为陕甘边区苏维埃政府主席，牛永清、贾生秀为副主席，政府下设劳动、土地、财政等 11 个委员会和赤卫军总指挥部（总指挥朱志清），刘志丹当选为陕甘边区军事委员会主席。11 月 7 日是十月革命胜利纪念日，宣布陕甘边苏维埃政府正式成立，标志着陕甘边区由不稳定的游击区转变为稳定的革命根据地。这也正是刘志丹、谢子长、习仲勋等老一辈无产阶级革命家在创建陕甘边革命根据地过程中形成的将区域地理

---

①王世泰：《回忆红二十六军四十二师》，刘凤阁、任愚公主编：《红二十六军与陕甘边苏区》（下），第 721 页。

环境和优秀文化传统相统一的南梁精神的结晶，通俗地说南梁精神就是陕甘边人自古以来突出的品格，就是历史上讲的北地、上郡人的品质如木石一样，不弄虚作假，不花言巧语，不在于说得多好，在于实干，在干中不论遇到什么困难，不怕挫折不怕牺牲生命，只要是认准了的事，就要坚持干到底获得成功，也就是我们通常说某某"能得很"，就是说他"犟得很"，非要把事情做成功不可，也就是对事业的专注精神，这也被称为钉子精神。用现在通行的语言就是信念坚定、勇于实践、勤于思考、百折不挠、夺取胜利。

史学理论研究

"历史决定论的贫困"和贫困的历史非决定论
——波普尔历史理论批判

卡尔·波普尔(1902—1994),英国当代著名哲学家,以批判理性主义学说的始作俑者名震学术界。波普尔的猜想与反驳理论有很多可取之处, 但是对历史决定论尤其是马克思主义的历史决定论的批判却失之偏颇。他否定马克思主义历史理论的科学性,否认历史规律和历史预测,进而否认科学的历史理论的必要性和可行性,并力图以他的历史非决定论取代马克思主义的历史理论。分析波普尔对历史决定论的非难,澄清历史非决定论的实质,是维护马克思主义科学的历史理论的重要途径。

一　历史有无规律

在波普尔的眼里,历史决定论是"探讨社会科学的一种方法,它假定可以通过发现隐藏在历史演变下的'模式''规律'或'倾向'来达到这个目的。"①基于以上的理解波普尔认为要破除历史决定论,首先就要除掉作为历史决定论的基石的历史规律。波普尔否认历史规律,他主张历史研究的旨趣"是在历史事件上,而非所谓的历史规律,因

①波普尔:《历史决定论的贫困》,华夏出版社1987年出版,第2页。

为从我们的观点来看,不可能有什么历史规律"①,他认为历史规律学说是荒诞的无稽之谈,是一种关于趋势的宿命论。波普尔以纯逻辑的论证来反驳历史规律学说:

第一,波普尔认为,规律必须表述为具有普遍性的全称命题,而历史趋势则是特殊性和个别性的集合,是一个单称命题,"历史假说向来不是全称命题,而只是关于某个个别事件或一些这样事件的单称命题。"②波普尔所理解的规律是无条件的必然过程,"趋势不是规律,断定有某种趋势存在的命题是存在命题不是全称命题(普遍规律则不是断定存在……断定在特定时间和空间有某种趋势存在的命题,是一个单称命题而不是一个普遍的规律)"③,波普尔鄙视历史规律,认为这是人们将历史趋势无限扩张的结果,他告诫人们不要指望象牛顿发现物体运动的规律一样发现社会运动的规律。

波普尔强调规律和趋势的界限,这包含着一些合理的因素。但当他将规律和趋势截然分开时,却制造了一个不可知的悖论。我们认为,规律和趋势是既相互对立又相互渗透的,趋势是规律的重要表现,它表示事物发展的一种可能性,波普尔又将规律和趋势截然分开是不科学的。波普尔指责历史决定论的贫困是想象力的贫困,"因为他不能想象所依赖的条件也会发生变化"④,这与他反复强调的趋势的有条件性和规律的无条件性自相矛盾。牛顿发现苹果落地固然体现引力规律不以人的意志为转移,但他同时也体现了果熟或风吹等导致苹果落地的倾向。波普尔以万有引力为例把规律当作绝对的,全

①《现代西方史学流派文选》,上海译文出版社1982年版,第150页。
②波普尔:《历史决定论的贫困》,华夏出版社1987年出版,第85页。
③波普尔:《历史决定论的贫困》,华夏出版社1987年出版,第91页。
④波普尔:《历史决定论的贫困》,华夏出版社1987年出版,第103页。

称的具有普遍适应性的定律，恰好说明他在规律问题上的想象力的贫困。在自然领域里,规律有超越时空隔离的普遍适用性,并作为一种盲目的力量起作用，而人类历史的规律要通过人的自觉活动才能表现出来,因而有他的局限性。但社会是自然的产物,历史是人类的作品,是追求自己目的的人的活动,有着不同于自然发展的规律,波普尔用自然规律来规范社会历史规律必然得出否定的答案。

波普尔以自然规律的标准来要求社会规律,是错误的,因为人类社会是一个有多种结构,多种层次的不断变化的物质体系,社会历史规律虽然不具备自然规律的普遍性,但却是客观存在的,在具体的时间和地点下产生和发生作用的,如阶级斗争推动社会发展的规律,恩格斯认为:"这个规律对于历史，同能量转化定律对于自然科学具有同样的意义"①。有些规律也具有普遍性,如生产力和生产关系,经济基础和上层建筑的矛盾运动规律，马克思称之为社会发展的一般规律,"历史进程是受内在的一般规律支配的"②。波普尔无法想象辩证的理解历史规律的可能性,而马克思所强调的正是依据条件的变化而不断的提高认识,改变策略,强调对社会发展的一般规律和特殊规律的利用。马克思所发现的历史规律是他一生值得骄傲和幸福的两个伟大发现之一,是科学逻辑证明的结果。历史规律蕴含着作为社会主体的人的认识和实践的结果，是人类认识历史本质和历史内在逻辑的理论性概括,因此,恩格斯强调指出历史研究不仅仅要研究特定的时空领域历史事实的偶然性,"这种偶然性始终是受内部隐藏着的

①《马克思恩格斯选集》第 1 卷,第 602 页。
②《马克思恩格斯选集》第 3 卷,第 243 页。

规律支配的,而问题只在于发现这些规律"①。

第二、波普尔认为,作为规律的重要原则的重复性只存要于自然界,而不存在于社会领域。历史事实不可能重演和补充,也不能搬进实验室。按波普尔的逻辑,所谓发现社会历史规律就是发现社会生活的重复性和常规性,而以自由意志为本质特征的人组成的社会不会有重复性,没有重复性的历史发展根本谈不上规律。

波普尔以重复性作为判断规律的标准,的确抓住了规律的重要特征。历史发展是一种历时性的一去不复返的客观存在,比起自然发展的重复性过程来确实难以把握。但是,重复性也是相对的,没有绝对的重复性,波普尔所理解的规律的重复性是极端的重复性,即绝对的重合性,完全的重复性,然而无论自然界还是人类社会,事物的重复都是相对的近似,而不是绝对的整齐划一。自然界的重复性相对来说较强,但天体变化、生物进化等也存在着不重复性和不可逆性的变化发展过程。现在有些科学家提出在无机自然界也存在着不可逆性的非重复性的演变过程,这意味着研究无机自然界的自然科学最终也需要运用非重复性的观点研究无机自然界的发展规律。沧海桑田的变迁不是简单的重复,它既是自然规律也是社会历史规律,恩格斯说,"规律仅仅处于一种倾向,一种近似的,平均的东西之中"②。波普尔的绝对重复是不切实际的。

事实证明,从大量单一的历史事实中可以抽象出人类历史发展的重复性和规律性,如历史发展中的渐进和飞跃,历史发展的辩证否定过程等。马克思主义通过对大量的历史现象的考察,发现了生产力和生产关系的辩证发展规律,找到了解决历史问题的钥匙。马克思把

①《马克思恩格斯选集》第3卷,第243页。
②《马克思恩格斯通信集》,俄文版,第482页。

历史当作十分复杂并且充满矛盾但是毕竟是有规律可循的统一过程来研究,深化了人类对自身历史进程的认识,因此,"尽管社会生活现象错综复杂,但是社会历史科学能够成为例如生物学一样准确的科学,能够拿社会发展规律来实际运用。"①相对近似的历史发展规律的发现是科学的创见,也是历史的和逻辑的必然。

二 历史发展能否预测

波普尔认为,既然历史没有规律可言,也就"没有一种科学的历史发展理论能够作为预测的依据。"②而历史决定论的中心论点却是历史是可以预测,他不无讥讽地认为"人类历史包藏一个秘密计划,如果我们能够成功的揭示这个计划,我们将掌握未来的钥匙。"③波普尔指出,历史预测既无条件的长远预言不具备可检验性,就像共产主义必然实现的预言,是一种不可检验的命题,"因为长远的预言只有当它应用于可以说是完全孤立的稳定的和周期性的系统时,才有可能从有条件的科学预测中引出。"④波普尔认为历史发展是非重复的单向的发展,根本无法进行长远的预言,他以非决定论者的姿态向历史决定论尤其是马克思主义决定论提出极端的要求:既然你们认为历史是有规律的并且可以预先推测出来,请你们根据那些所谓的历史规律来制定一个未来的社会现象的日历吧!

波普尔坚持认为,趋势不能作为科学预测的根据,科学的或其他

①《斯大林文选》上,第 188 页。
②波普尔:《历史决定论贫困序》,华夏出版社 l987 年出版,第 1 页。
③波普尔:《猜想与反驳》,上海译文出版社 1986 年版,第 482 页。
④波普尔:《猜想与反驳》,上海译文出版社 1986 年版,第 484 页。

别的合理的方法都不可能预测人类历史的进程,因为首先,人类历史
的进程受知识增长的影响,而人类知识的增长是随机的,是主体随心
所欲的结果,没有确定不移的速度、广度、深度和固定的模式;其次,
我们不能用合理的或科学的方法来预测我们知识的增长, 所以,第
三,我们不能预测未来的人类历史的进程①。根据以上的逻辑推断他
不无自负地宣称,"我成功的对历史决定论给以反驳;我已证明,由
于纯粹逻辑的理由,我们不可能预测历史的未来进程"②。在进行纯
粹的理论批判后,波普尔将批判的矛头指向马克思主义的历史决定
论,"对于预测和预言的批判可以说成是对马克思主义历史方法的批
判"③,从而以理论批判者的姿态对唯物史观提出了正面挑战。

波普尔观察到历史中的人的能动活动的差异性,使历史发展难
以精确把握,这不失为科学的客观分析。但因此而否认历史预测的可
行性,将历史预测看成是先验的神谕或古老迷信的残余,则是浮躁的
空论。马克思主义历史决定论重视历史的预测,注重对历史在一定条
件下的不可避免性和确定性的积极探索,但从来没有把历史的预测
看成毫厘不差的妙算,马克思本人从来没有把未来事件发生的时间、
地点及过程像算命先生那样先验的加以详细的描绘, 他反对把对未
来社会的预见理解为对未来的某种神秘的通感,反对把他的历史预
见当成公式任意套用,指出"如果不把唯物主义的方法当作研究历史
的指南,而把他当成现成的公式,按照它来剪裁历史,那么就会转变

①波普尔:《历史决定论贫困序》,华夏出版社 1987 年出版,第 2 页。
②波普尔:《历史决定论贫困序》,华夏出版社 1987 年出版,第 2 页。
③波普尔:《猜想与反驳》,上海译文出版社 1986 年版,第 479 页。

为自己的对立物。"①马克思主义对未来的共产主义的预见是建立在对以往社会意识形态发展过程的科学考察的基础上，根据历史发展的联系性作出总体的预见，这种指向性的预见是科学的预见，而不是拘泥于琐碎的枝节的乌托邦式的描述。马克思在《路易·波拿巴的雾月十八日》中依据阶级斗争规律和大量的事实作出了令人惊叹的科学预言："如果黄袍终于落在路易·波拿巴的身上，拿破仑的铜像就将从旺多姆的圆柱上被推下来。"②作出这一预见的九个月之后，波拿巴果然黄袍加身，18 年以后，第二帝国倾覆，旺多姆圆柱及拿破仑铜像被巴黎公社视为"野蛮行为的纪念物"清除掉了。马克思预言了波拿巴的未来，但并未推算他以什么样的方式在什么时间和什么地点登基，又会在什么场所被推翻。可见，神奇而周密的预言是神话，而科学严谨的预言却是事实，历史铁的事实证明了马克思历史预见的科学性和可行性。

在波普尔申述了否定历史预测的三条理由之后接着说；"当然，我这个推断并不反驳对社会进行预测的可能性，相反，预测某些发展将在某些条件下发生。"③波普尔并不是极意指斥预测，而是主张预测应当以一定的条件为依据，这一点在波普尔看来历史预测是不具备的。我们认为，波普尔所谓的历史预测是无条件的说法是站不住脚的。马克思早以指出"人们自己创造自己的历史，但是他们并不是随心所欲的创造，并不是在他们自己选定下来的条件下创造，而是在直

①《马克思恩格斯选集》第 3 卷，第 472 页。
②《马克思恩格斯选集》第 1 卷，第 703 页。
③波普尔:《历史决定论贫困序》华夏出版社 1987 年版，第 2 页。

接碰到的,既定地从过去继承下来的条件下的创造。"①历史的创造是有条件的,时刻离不开物质生产为基础的社会生产方式,因此,历史预测也是有条件的推断。波普尔否认对历史进程的预测,但他所阐述的人类知识增长的趋势的思路与马克思阐发的关于历史发展的必然性、规律性是一致的,对马克思主义的极端偏见,限制了他的视野,因此,使他的历史不可预测的理论偏离了科学的轨道。

三　历史非决定论诘难的实质

波普尔是一个历史非决定论者,他否认历史发展的内在规律性,认为"历史决定论者只能理解社会发展并以种种方式促其实现,但他的问题在于无人能改变社会的发展"②,波普尔无端地指责历史决定论是人类盲从的兴奋剂,"既激励马克思主义,又激励法西斯主义"③,他武断地指责历史决定论,尤其是马克思主义历史决定论以预测未来为目的,是骗术的源数,并决心"不加约束地把他的学说加以根本的简化,"④实际是不加掩饰地阉割马克思主义然后批判由他假想的马克思主义历史决定论。

首先,波普尔根据马克思对社会经济关系的高度重视,将马克思主义歪曲为经济主义。并要鞭挞和彻底地摧毁马克思主义历史决定论的"实质"一经济决定论。马克思主义认为,历史发展过程归根结底的决定因素是现实的生产和再生产,但马克思对社会历史揭露并不以通常意义的"经济理论"为限,经济主义或经济决定论的观点就连

①《马克思恩格斯选集》第 1 卷,第 603 页。
②波普尔:《历史决定论的贫困》,华夏出版社 1987 年出版,第 40 页。
③波普尔:《无穷的探索——思想自传》,福建人民出版社 1984 年版,第 119 页。
④波普尔:《猜想与反驳》,上海译文出版社 1986 年版,第 480 页。

马克思主义的创始人也持否定的态度,恩格斯责备许多最新的"马克思主义"者过分看重经济因素而造成惊人的混乱,"如果有人在这里加以歪曲,说经济因素是唯一决定性的因素,那么它就是把这个命题变成毫无内容的、抽象的,荒诞无稽的空话。"①波普尔对所谓马克思主义历史决定论的实质—经济决定论的批判,无异于唐吉诃德与假想的敌人风车搏斗。

其次,在批判了马克思主义冰冷的经济主义之后,波普尔换了一个视角,从另一个方面批判了马克思主义历史决定论"蛊惑人心的欺骗性",无端指责马克思主义历史论是一种以道德学说妆起来的充满温情的"道德现代主义"或"道德未来主义",理由是马克思主义"所采取的最合理的态度就是调整人们的价值体系以符合将来面临的变化。如果做到这一点,人们就得到了某种能看成是正当的乐观主义,因为按照价值体系来判断,任何变化必定都是好的。"②这种批判不仅不公道,而且有诡辩之嫌。马克思主义历史决定论是建立在对历史的科学考查的基础上的科学理论,是研究人类行为的客观准则,列宁说:"决定论思想确定人类行为的必然性,推翻所谓意志自由的荒唐神话,但丝毫不消灭人的理性。只有根据决定论的观点,才能做出严格正确的评价,而不至于把一切都推到自由意志的身上。"③马克思主义历史决定论考察历史不是从人的主观意志出发,而是从人的主体活动及其必然结果着手的。马克思指出,认识社会的必然并合理的改造社会,是人类走向自由王国的决定性环节。当历史发展到使人的全

---

①《马克思恩格斯选集》第 3 卷,第 477 页。
②波普尔:《历史决定论的贫困》,华夏出版社 1987 年出版,第 42 页。
③《列宁全集》第 1 卷,第 139 页。

面发展成为目的时，"人不再是在某一种规定性上再生产自己，而是生产出他的全面性，不是力求停留在某种已经变成的东西上，而是处在变易的绝对运动中。"这种对以每个人全面而自由的发展为基本原则的蓝图是对历史进步的科学的逻辑证明，根本不是什么"道德未来主义"，更不是什么伪善的历史宿命论。波普尔臆造出马克思主义历史决定论将人变成历史命运的玩偶的谎言实属无稽之谈。

第三、以理论的偏执来抵消马克思主义历史决定论的影响。马克思主义的历史决定论既承认社会历史发展的内在联系性、客观性，又承认人的实践活动对历史发展的创造性，它不是机械的决定论，而是科学的能动的决定论，它克服了以往机械决定论的弱点，形成科学的历史发展的辩证法。波普尔将不属于马克思主义历史决定论的东西如"算命先生式的乌托邦主义"强加在马克思主义的头上。他声称马克思为历史进程中的错误的预言家。事实上，神秘的社会预测学说早已受到马克思的批判，马克思曾针对肆意捏造的"马克思主义"愤怒地说："我只知道我自己并不是马克思主义者。"[1]波普尔以一种梦呓式的逻辑证明推断出"只是辩证法和唯物主义地结合在我看来甚至比辩证唯心主义还要糟糕。"[2]波普尔鄙视辩证法，又否定唯物主义，很大程度上以主观的好恶来攻击马克思主义，他这样做是"因为马克思主义是当代最有影响的一种理论。"[3]可见，波普尔的诘难并不像他自己所说是只批判理论本身而尊重个人以及由个人创造的观念，而是为了消除马克思主义的巨大影响并最终取而代之，波普尔嘲讽马克

---

①《马克思恩格斯选集》第 3 卷，第 476 页。

②波普尔：《猜想与反驳》，上海译文出版社 1986 年版，第 472 页。

③布里安·麦基：《开放社会之父—波普尔》，湖南人民出版社 1988 年版，第 121 页。

思主义历史预测是类似于《旧约全书》的乌托邦主义不仅基于历史非决定论的观点,也出自他的党性原则,出自他对现存制度的认同和赞美。他认为西方"自由世界是至今人类历史上出现过的最好的世界""在消除迄今为止的一直困扰人的社会生活的那些最深重的邪恶方面,我们自由世界如果没有获得成功,也很接近于完全成功。"①这种为现存制度的辩护才是真正的粉饰太平的乌托邦主义,马克思主义辩证地看待资本主义的进步性和不合理性,资本主义创造了人类历史的新纪元,但其生产方式决定了它自身的局限性,也决定了它必将产生出一种异己的力量来取而代之,即无产阶级专政的出现。波普尔对现行制度的赞颂和僵化的肯定反应了他为自己的精神上的高度近视所奴役,他坚持认为:"害怕变化的人正是历史决定论者"②,事实上是害怕变化害怕现存世界革命化的人不是马克思而是作历史非决定论者的波普尔自己。波普尔对历史决定论的诘难是出自党性原则,纠合一些子虚乌有的材料,用精心构造的逻辑证伪方法对马克思主义的曲解。

四 马克思主义历史决定论具有强大而持久的生命力

对马克思主义历史规律学说(历史决定论)的批判和否定已不是什么新鲜事,早在波普尔以前,很多哲学流派的代表人物在不同时期从不同角度提出了反对马克思主义历史规律的理论。克罗齐认为:"历史也像诗歌一样,象道德意识一样,是没有规律的";雅斯贝尔斯认为"如果我们从普遍规律的观点来考察历史,那么我们就永远也不

---

①波普尔:《猜想与反驳》,上海译文出版社 1986 年版,第 527—528 页。
②波普尔:《历史决定论的贫困》,华夏出版社 1987 年出版,第 129 页。

会了解历史本身,因为历史是单纯的、一次性的东西。"①但这些反驳的理论并没有动摇马克思主义历史规律的理论。

波普尔发展了对马克思主义的反驳理论,精心构筑批判理性主义理论大厦来对抗乃至取消马克思主义的历史理论,因此,在他的猜想和反驳中始终不忘对马克思主义历史理论的非难。然而批判理性主义本质上是唯心主义学说,唯心主义"无疑是一枝不结果的花。"②尽管波普尔也意识到历史学家"主要是应该意识到自己的观点和采取批判的态度,也就是说,在叙述事实时尽量避免毫无意识的因果,也是毫无批判的偏见"③,但他急于事成,抛弃社会批判而固执的坚持纯粹的知识批判,使得他的不结果实的花很快枯萎,陷入贫困的境地。蔑视辩证法的历史理论必然要受到辩证法的惩罚,他对历史决定论的责难并没有给自己带来成功的契机,反而使自己的学说前矛后盾,因而不得不回过头去为自己的理论做出各种辩解。马克思主义历史规律的学说并没有被历史非决定论抵消,事与愿违,"甚至在非共产主义的国家里,马克思主义也不断地被接为历史哲学。这不仅证明了马克思主义思想上的潜力,而且证明马克思主义成功的接受了考验。"④与此相反,波普尔的理论大厦却陷入捉襟见肘的窘境,他不得不承认"无论在欧洲或是美国,我的观点正受到责难,甚至还受到批判。"⑤美国哲学家享普尔系统地发展了波普尔所提出的关于历史解释的覆盖律模式,但不同的是,享普尔肯定了普遍规律在历史学上的

①转引自吴泽主编《史学概论》,第60页。
②《列宁全集》第2卷,第715页。
③《现代西方史学流派文选》,上海译文出版社1982年版,第155页。
④巴勒克拉夫:《当代史学主要趋势》,上海译文出版社1987年版,第262页。
⑤波普尔:《科学知识进化论·作者前言》,三联书店1987年。

作用，从而剔除了波普尔历史理论上许多梦呓般的废话。享普尔所提强调的历史中的普遍规律与马克思的历史规律有不同的内涵，但就对历史规律的认同而言，无异于对波普尔理论当头一棒。就在波普尔1957年将反对马克思主义历史决定论的檄文—《历史决定论的贫困》发表之前，英国顽固派史学家劳思在1946年出版的《历史的用途》一书上公开承认，"在今天要成为一个好的历史学家，就要懂得一点马克思主义"。

波普尔沉醉于他虚构的历史非决定论的怪圈而不能自拔，很快导致了他的历史非决定论和批判理性主义的疲软困顿和全面危机。与此同时，马克思主义历史规律理论(历史决定论)提供了合理地排列人类历史复杂事件的使人满意的唯一基础，使得许多否定马克思主义历史理论的史学家也不得不用马克思主义的观点重新考虑自己的观点。因此，马克思主义历史决定论的广泛影响并没有因为波普尔充满敌意的批判而沉寂，反而得到了持续深入的增长。这充分说明马克思主义历史理论是历史认识的真理。正如马克思所说的，最好把真理比作燧石，它受到敲打越厉害，发射的光辉越灿烂。马克思主义历史认识的真理在论战中以其最不教条，最灵活的特征不断取得胜利，以其宏阔的胸怀使自身不断得到完善。分析历史决定论和历史非决定论孰匮乏孰丰富的分歧，使我们更加坚定了马克思主义历史理论战无不胜的信念。

论史学价值的实现

史学价值就是史学工作者的创造性劳动成果（史学成果）在同接受者的对应关系中表现出来的能够满足接受者某种需要的特性。史学价值体现着史学成果与接受者需要的主客体统一的关系。这种关系包括两层含义：一是史学成果中所凝结的史学工作者的劳动（脑力劳动和一定的体力劳动），其中暗含可供主体人做出价值判断的价值的潜力；二是史学成果作为一种客体，能够满足社会成员的某种需要的属性，这里所说的某种需要排除了各种荒谬、虚幻的需要，是顺应历史发展和人的自我完善自我实现趋势的需要，也包含着人们实践史学成果的潜在价值。

史学价值即史学的有用性、有效性、集中体现在它的有益于社会有益于人生。一方面可以为社会进步和经济、政治改革提供参照和预测，另一方面可以开启智慧，拓宽视野及进行道德规范的自律。史学价值不能遗世而独立，它总是要依附在价值载体即史学成果上，史学价值存在于并且只能存在于以需要为中介的史学成果与接受者的关系中。所以，史学价值是史学成果在同主体人（社会主体的人而非孤立的自然人）发生联系（满足人们的需要）的过程中实现的，这种联系是史学价值的源泉。

一、史学价值实现的关键在于史学工作者

历史学是一门关于人类社会以往的运动发展过程的学问。历史

知识既是人们认识以往历史的工具，又是指导人们现实行为的历史依据，正如卡尔说的"历史是由活着的人和为活着的人而建的死者的生活。"①史学成果虽然往往是对人类客观历史过程的揭示，但是它又能满足社会主体人的需要，给予各种启示，即指向未来性。史学以揭示人类的过往过程为起点，以服务于现时代为归宿，因而史学工作者"是写过去而不是为过去而写，他是为了今天和明天的公众而的。"②

　　史学工作者只有将其史学成果奉献给社会，产生社会价值，才可以使其史学价值得到充分的发挥。

　　首先，史学工作者必须正确把握历史与现实的关系。"为历史而历史""为研究而研究""回到乾嘉去"等脱离现实的治史思想不会产生很大的社会价值。只有站在时代的前列，代表民族精神，与时代与人民同呼吸共命运，使自己的创造性劳动成为促成社会进步工作的一部分，其史学成果才真正具有社会价值。

　　史学成果服务于现实而不是服务于一切现存。"现实的属性仅仅属于那同时是必然性的东西"，现存的事物并不都具有必然性，因而"凡是现存的绝非无条件地也是现实的。"③史学工作者必须把握好具有必然性的现实事物，把为现实服务与实用主义区分开来。史学总是为现实服务的，古往今来的史学家总是抱着一定的目的研究历史，试图解决当前的问题。由于混淆了现实和现存的关系，因而无法客观反映历史的真实。晋太师董狐以赵盾逃亡越境、返不讨贼而直书"赵盾

　　①《现代西方史学流派文选》，上海人民出版社 1982 年版，第 95 页。
　　②莫里逊：《一个历史学家的信仰》，《美国历史学会主席演说集》，商务印书馆 1964 年版，第 23 页。
　　③《马克思恩格斯选集》第 4 卷，第 211 页。

弑其君",成为传统史学中"书法不隐"的楷模。但这位古之良史依据的是政治道德判断而不是历史是非判断,很难说是反映了历史真实。而"唯物主义者的任务是正确和准确地描绘真实的历史过程。"①

其次,史学工作者只有加强自身的素养建设,才能更好地发挥史学价值。史学工作者自身素养不仅决定了个人的史学造诣,而且直接地影响着史学发展的水平,"历史学的进步归根到底取决于历史学家本身的个人素质",在历史研究中"只有训练有素的历史学家才可能谙熟所要研究的特殊对象及其问题所在。"②

在中国封建时代,"史家四长"(史德、史学、史识、史才)的要求很严格,"古之所谓良史者,其明必足以周万事之理,其道必足以适天下之用,其智必足以通难知之意,其文必足以发难显之情,然后可得而称也"③。史家要形成这样的智力结构,必须"博闻强识、疏通知远。"

历史科学工作者要谙熟马克思主义,以唯物史观为指导,借鉴古代的史学家的自身建设的经验,形成良好的史德,端正治史的目的,秉笔直书,无所阿容,将自己的研究工作自觉纳入社会发展的轨道中。

史学是一门知识高度精集的综合性学科,进行史学研究必须有广博的知识。我国历代史家注重知识的博渊,司马迁有广博的天文地理知识,曾主持制定《太初历》;司马光"博学无所不通,音乐、律例、书数、皆极其妙。"④我们处于知识爆炸的信息时代,新学科、新方法如雨后春笋,学科之间的分化与渗透日趋频繁,史学工作者要对诸多相关

①《列宁全集》第 1 卷,第 144 页。
②巴勒克拉夫:《当代史学主要趋势》,上海译文出版社 1987 年版,第 324 页。
③曾巩:《南齐书·序》。
④苏轼:《司马温公行状》。

学科如文学、哲学、社会学、心理学、文化人类学、文化学等基本知识有所了解,借鉴其他学科的成果,开拓视野,见人所未见。现代科技发展为史学研究开辟了广阔的前景。河北大学历史研究所同该校经济系和电子系合作,将校点本《续资治通鉴长编》输入计算机,取得开拓性进展。另外,我国的一些史学家计划建设《左传》《史记》《汉书》等专书资料信息库,史学工作者可根据自己的需要检索或存储资料,科技对史学的促进令人振奋,但对史学工作者也提出了要求。法国年鉴学派认为,明天的史学家为了继续存在下去,必须能够指定计算机程序。史学工作者要在史学研究中取得成果,应当很好地使用科技成果的贡献,掌握基本的操作方法、改变研究手段。史学工作者除了有广博的知识外,更重要的是深厚的专业知识,应当围绕自己的专业形成自己的知识结构。

第三,史学工作者应当有协作的精神。中国史学史上的巨大成果,如唐初所修八部正史,《资治通鉴》《明史》等无不凝聚着史学家的群体智慧。要在重大问题上有所突破,单靠个人力量是远远不够的,应当协同作战,共克难关。巴勒克拉夫说:"历史学家作为个人既要保持自己的学术完整性和从前辈手中继承下来的职业水平,同时又必须学会适应新的状况",所谓新的状况即"成立专题小组进行协同研究",这是史学发展的趋势,拒绝协作会使史学研究工作止步或倒退,而这样的"止步不前或倒退纯粹是自暴自弃。"①《当代史学主要趋势》一书就是由巴勒克拉夫和列宁格勒大学的科恩、哈佛大学的戴克协作的产物,巴勒克拉夫在该书前言中感慨地说"如果说我在本书的写作中避免了错误的话,那是因为许多个人和联合国教科

①巴勒克拉夫:《当代史学主要趋势》,上海译文出版社 1987 年版,第 326 页。

文组织的各国委员会为本书提供了各种报告和意见。"《当代史学主要趋势》立足当代,涵盖面大而简明,被欧美备大学列为史学史的必读参考书。

史学工作者的协作对象非常广泛,即有史学工作者,也有其他学科的学者,如与计算机专家协作,实现史学的科学化。著名的死海文书由于年代太久,许多字迹变黑,无法辨别。美国罗彻斯特理工大学成像研究中心的科学家通过红外光照射,使原来的笔迹显现出来,从而复活了大批死海文①。史学工作者若能和科技人员协作,取长补短,可以在史学乃至整个社会领域里取得重大成果。

第四,史学工作者要有献身本职事业的精神。

史学价值的实现和史学工作者的历史使命感(保存人类功业),社会责任感(服务于现实社会)有很大的关系。古今的史学大家都自觉地从事"彰往知来"的"名山"事业,在贫困、误解乃至身遭不测的情况下,咬定青山不放松,力求真实地反映历史的风貌。针对一些读书人"为贫所苦,为痛所苦,为门户所苦,为忧愁拂逆所苦"而视学问为畏途的现象,明清之际的学者孙奇逢说:"饥饿穷困不倒,声色货利不倒,死生患难考不倒。"等待富贵安乐后才去研究学问,是永远也做不成学问的,只有勇敢地面对逆境,在逆境中奋发图强,百折不挠"能处人所不能处之事,能忍人所不能忍之辱,能堪人所不能堪之忧",才有所造诣。为了纠正史书中的错论,家徒四壁,一生清寒的谈迁倾尽心力对各类史料进行排比整齐,校勘斟酌,六易其稿完成了《国榷》。不幸的是,这部凝二十多年心血的史书初稿被盗。已五十四岁的谈迁悲愤之后再度投入忘我的工作,呕心沥血,神形交瘁,终将以泪和墨浇

---

①参见陈智超:《史学应用高科技的前景》,《中国史研究动态》1994年第4期。

铸成的"语语凄人肝肺"的传世大作琢成完璧。《国榷》力求恢复历史的真实面目,对于明朝实录不实进行了大胆的批判纠谬,成为后世研究明史及明清交替史不可缺少的历史资料①。司马迁、吴兢、崔述等史学大家都是在贫穷困厄之中完成传世之作的。

在当今社会中,以市场为导向的社会转型使人的价值观念发生了巨变,熙熙攘攘皆为利往的社会风尚汇成商海的涨落,社会分配的倒挂,社会旨趣的倾斜对史学工作造成了很大的冲击,坚定史学为本还是投身商海迅速获益,或者为了实惠而违背信史原则,写出低级趣味的历史读物,拍卖精神垃圾,成了史学工作者抉择的分歧所在。背离史学或违背史学的求信原则都将对史学价值的实现造成不利影响,这些都是对史德的严重败坏。史学服务于现实不是盲从于现存,史学工作者涉足现在而不能沉溺于现在,最终是要力图超越现在,史学的批判精神要求史学工作者要有"不合时宜"的品格,修昔底德坚守史家的天职,而不以一时一事的社会嗜好改变撰史的根本准则,"我的著作不是只想迎合群众一时的嗜好,而是想垂诸永远的。"②史学不仅有现实的品格,也有历史的品格,它能指导我们的社会实践,也能"开阔我们的想象世界使我们在思想和感情上成为一个更大的宇宙公民,而不仅仅是一个常生活的公民而已"③。

史学工作者的主体意识要求史学工作者在史学创造中要具备现实感和历史感(历史眼光),为社会大众提供强有力的服务机制。教育人民成为有理想、有道德、有文化、有纪律的"宇宙公民",自身

---

①张舜徽:《中国古代学者百人传》之《孙奇逢》《谈迁》,中国青年出版社 1986 年版。

②修昔底德:《伯罗奔尼撒战争史》,商务印书馆 1960 年版,第 18 页。

③罗素:《论历史》,三联书店 1991 出版、译序第 5 页。

应当首先接受教育，自觉地超越"日常现实生活的公民"，成为有端正的心术和开阔的眼界的"宇宙公民"，成为社会总体进步的积极促进者。

借鉴其他学科的方法，走协作道路不是漠视史学工作者个人在现代史学研究中的作用，相反，这些工作是史学工作者带有个性的研究的延伸，"没有任何东西可以代替历史学家个人的眼力和对本质的掌握能力，尤其是历史学家个人的智力。"①现代技术工具只能作史学工作者的辅助手段，史学工作者应当正确认识个人在史学研究工作中的地位，不妄自菲薄，不因协作而放松自身素养的建设。

从事史学研究的人"既是他所属的那个社会的产物，同时又是那个社会自觉或不自觉的代言人，他正是以这种资格去接触过去的历史事实的"②。做好时代的代言人，才无愧于史学工作者的资格。史学工作者在社会的纷繁变化中要坚定信念，有坐冷板凳，吃冷猪肉（封建时代某人道德高，死后可以入孔庙，坐于两庑下分吃冷猪肉③）的决心，积极参与社会创造，认真总结历史经验教训，总结改革开放的成绩和不足，肯定具有中国特色的社会主义现代化建设的历史进步性，肯定社会主义市场经济的巨大活力，自觉地纠正经济繁荣与道德滑坡的社会弊端，以良史之忧忧天下，以信史的准则建构历史，立足现实，神游历史而眼望未来，使史学研究科学化、社会化、以坚定的信念和饱满的激情弹奏时代的主旋律。

①巴勒克拉夫：《当代史学主要趋势》，上海译文出版社1987年版，第323页。
②爱德华·卡尔：《历史是什么》，商务印书馆1981年版，第34页。
③范文澜：《范文澜历史论文选集》，中国社会科学出版社1986年版，第295页。

二、史学价值实现的途径

社会不是一个牢固不变的结晶体，服务于社会的史学也不是一门停滞的学问，史学的理想和目标应伴随着社会的进步而变化。要实现史学为现实服务的宗旨，就必须自觉调整史学的内部机制，批评、搜集和融化新的科学资料，使史学研究与社会发展合拍。

第一，史学研究方法的调整

现代史学扬弃了传统的叙述型，史料型特征，而代之以分析型、理论型。在当今信息时代，要采他山之石以攻玉，搞横向联手，走跨学科研究的道路。

跨学科研究就是自然科学和社会科学的各科的理论和方法进行综合性研究，在学科纷起的今天，划定界限闭门自守会使史学枯萎。"从长远的观点看，历史学家将要依据他在与兄弟学科的合作中心以及在利用过去的知识为构造将来方面所作的贡献大小来评判，而历史学将同时接受评判。"[1]

跨学科方法能够帮助史学工作者打开视野，形成多角度、多中心、多线索、多侧面、多层次的研究，提高史学研究的精确性，"只有跨学科的研究，才能使史学摆脱题材狭窄、方法陈旧、门类单一的缺陷。"[2]

跨学科史学方法有比较史学方法、系统史学方法、心理史学方法、口述史学方法、计量史学方法等。跨学科史学方法可以打破史学方法的封闭性，使史学研究臻于精密，这与唯物史观的要求是一致

---

[1]巴勒克拉夫:《当代史学主要趋势》,上海译文出版社1987年版,第393页。
[2]《新春寄语》,《史学理论》1988年第1期。

的,以唯物史观为指导的史学研究本身就是跨学科方法。马克思恩格斯重视运用多学科的知识研究历史,在《家庭、私有制和国家的起源》中,恩格斯借用了民族学和人类学的成就,对人类早期历史规律进行科学的总结。

跨学科史学方法是世界史学的发展潮流,"从国际史学发展的状况看,史学的变革必须走跨学科的道路"①。跨学科的史学研究方法是发展史学、深化史学改革的需要,所以不仅不能淡化马克思主义的指导,而且要更好地掌握唯物史观。如果取消马克思的灵魂地位,仅靠科学的方法推演,有可能得出史相悖离的结论。以计量史学方法为例,以计量史学方法可以使含糊的史实更加明晰,能改史学研究的旨趣,有人认为将计量方法的引进是史学成为"过硬的科学",有人称之为史学的计量革命,甚至有人预测未来的史学将向数学化的方向发展,计量史学方法丰富了史学研究的内容,提高了史学的抽象思维能力,使史料中不引人注目的数据发挥了很大的潜能,因而取得了一些成果。但由于忽视科学理论指导,将纷繁复杂的人类历史数量化往往得出伪科学的结论。如美国一些史学家用计量方法研究南方奴隶制经济时,抛开客观历史的丰富内容,仅靠残缺的数据资料进行历史判断,得出了南方奴隶的生活比北方工人的生活好的荒谬结论,进而认为奴隶制经济富有生命力。这样的历史研究不能科学求真,而是搞数学游戏,"计量化研究中最大的危险不是忽略研究技术,相反,倒是变得过多地吸收研究技术。"②过多地吸收研究技术,就会改变史学研究的目的,将历史课题变成技术的实验品。所以"统计学研究对于历史

①《新春寄语》,《史学理论》1988 年第 1 期。
②巴勒克拉夫:《当代史学主要趋势》,上海译文出版社 1987 年版,第 142 页。

学家来说是一个好仆人,但却是一个坏主人。"①

　　马克思非常重视数量在史学研究中的作用,认为一种科学只有成功地应用数学时,才能达到真正的完善。马克思主义认为,计量史学方法等跨学科史学方法对增强历史研究的纵深度有广阔的前景,但不能包办对历史的解释。马克思主义经典作家以高质量的历史著作为我们提供了历史研究的典范。马克思主义是一个开放的体系,它从不拒绝人类文化的优秀成果。以马克思主义为指导进行史学方法的调整,也就是发展马克思主义历史科学。

　　第二,史学选题的调整

　　史学方法的改进必然引起史学研究方向的变化。在社会转型时期,要实现史学的社会价值,就要开拓新的研究领域,如民族史、家庭史、风俗史、人口史、工业史、农业史、商业史、婚姻史学。在进行史学研究方向的改进方面,法国的年鉴派史学的成就可资参考。年鉴派史学要求扩展史学的研究领域,扩大史学家的视野,把整个社会和人类命运作为自己的研究对象。他们不仅重视社会史、心理史、人口史等方面的研究,对于非历史事件的社会现象如信仰、疾病、迷信、死亡等也纳为研究对象,费弗尔认为新的历史学是"全体部分构成的历史",这种历史学"属于人类、取决于人类,服务于人类的一切,是表达人类、说明人类的存在、活动、爱好和方式的一切。"年鉴派的史学理论为西方史学开拓了广阔的领域。因而"很快就成为指导西方史学家进入陌生的渠道并且提出新的研究方向和研究方向的主要推动力"②。西方史学研究领域很宽广,课题也很有生气,注意到了把历史上的问

　　①柯林武德:《历史的观念》,商务印书馆年版,第259页。
　　②巴勒克拉夫:《当代史学主要趋势》,上海译文出版社1987年版,第53—55页。

题同社会生活中提出的问题结合起来，现实问题的出现刺激史学领域的开展，因为史学不是纯粹的"人类的科学"①。

当今中国史学不太景气，史学的社会价值甚微，原因在于史学工作与现实脱节。改革引发的社会变化极为广泛，对于各种各样社会问题的科学预测和理解，需要史学工作者去深入发掘，"现代历史著述方面的一切真正进步都是当代历史学家从政治形势的外表深入到社会生活的时候，才能取得。"②史学工作者应当有开阔的胸怀，打破"事件构成的历史"的传统樊篱，放宽眼量，投身于"全体部分构成的历史"的研究工作，虽然不能回答一切现实问题，但历史研究必须为现实社会提供人的启示，国家的启示和社会发展的启示，积极影响人们的社会创造活动，做改革开放的清道夫和助产士。

第三，提高史学成果传播的效益

历史知识的传播——接受——产生影响的过程就是史学价值实现的过程，最具普遍意义的传播媒介是历史教材。历史是有血有肉的，"历史这样的东西是人类生活的行程，是人类生活的连续，是人类生活的变迁，是人类生活的传演，是有生命的东西，是活的东西，是进步的东西，是发展的东西，是周流变动的东西。"③现行的大中学历史教材有不少忽略了历史中的活生生的东西，往往自定框架，脱离历史文化的实际，将丰富的人类历史变成了枯燥的条目，所罗列的历史"规律"将历史过程简单化、公式化。历史教材担负着传播人类优秀历史文化遗产的任务，其表述方式应克服单一的论或述，做到史论结

---

① 巴勒克拉夫：《当代史学主要趋势》，上海译文出版社 1987 年版，第 64—65 页。
② 《马克思恩格斯全集》第 12 卷，第 450 页。
③ 李大钊：《史学要论》。

合,因为"没有分析的历史叙事是陈腐的、没有叙事的历史分析是不完善的。"①同时还应增强其知识性、智能性、科学性和艺术性,这是因为历史教材不仅是作为培养学生认识问题和分析解决实际问题的能力的工具,而且还是向全社会传播历史发展的一般知识的工具,成为陶冶爱国情操,培养报国之志的工具。

历史知识普及读物也是重要的传播工具。史学工作才者将自己的成果通过通俗易懂的形式推广到社会中去,对社会大众产生影响,满足人民群众的需要。做好历史知识普及读物的编写发行也是很重要。吴晗同志在新中国成立后曾花费了大量的精力主编《中国历史小丛书》《世界历史小丛书》,先后出版了二百多种,旨在使广大群众"通过历史学习,更加热爱自己的祖国、热爱党、热爱人民,信心百倍地投入社会主义建设的洪流中去。"②这套中外历史知识普及读物曾受到广大读者的欢迎,产生了很好的社会报应,值得努力和提倡。

现代生活节奏很快,一般社会成员无暇去读历史专著,往往在闲暇里吸收历史知识,将历史知识作为文化快餐享用,历史知识潜移默化产生影响。影视界捷足先登,在传播历史文化方面做出了努力,史学界不能拱手相让,应当抢夺阵地,从多途径多渠道传播历史知识,纠正历史题材影视中的反历史倾向,还历史的真实面目给人民。通过普及历史知识, 还可以抵制打着研究历史文化的旗号传播文化糟粕的弊端。当今在市场上广泛流布着封建迷信色彩很浓的奇门遁甲、神怪鬼灵、占卜诅咒等所谓的"历史文化遗产",对读书界造成了很坏的

<hr>

①转引自陈启能:《从"叙事史复兴"年当代西方史学思想的困惑》,《当代西方史学思想的困惑》,中国社会科学出版社1991年版,第42页。
②吴晗:《吴晗史论集》,光明日报出版社1987年版,第451页。

影响。史学工作者要以科学的态度对历史神秘文化进行客观的分析，使人明辨是非，自觉克服封建迷信。从而提高全民族的文化素质。"相当长时期以来，人们由迷信来说明历史，而我们现在是用历史来说明迷信"①。经典作家的话为我们普及历知识以清除封建毒素、占领文化市场指明了方向。

要使历史知识很好地普及社会，就要对史学进行广泛深入的研究，史学学术水平的提高是普及历史知识的保障。如果史学没有较大的发展，普及工作也就只能重复前人的历史认识，不能很好地满足现实的需要。史学学术水平的高低反映了一个时代史学的发展状况，是中国史学走向世界的必备条件。参加第十六届国际历史科学大会的中国代表说："大会学术活动给我们的突出印象是问题的广泛性和多样性"②，没有广泛的历史研究，不可能得到广泛性和多样性的发展。

第四，史学表述手法的改进

揭示真善美，指斥假丑恶是史学的一项任务。在揭示历史内在美的同时，要注意外在的形式美。我国古代史家认为，一部分好的史书应具备三个条件，"一曰事实，二曰褒贬，三曰文采"，具备了事实和褒贬之后，"必资文采以行之，夫然后成史。"③《史记》《汉书》《资治通鉴》等不仅是历史巨著，而且在中国文学史上也占有一定的地位。史学成果的文字表述，是史学成果的关键环节，"史所载者事也，事必藉文而传，故良史莫不攻之"④，文以载道，"一辆破车子载着大道理，人们会

①《马克思恩格斯全集》第1卷，第425页。
②张椿年：《开拓新领域，研究新问题》，《世界历史》1986年第1期。
③吴缜：《新唐书纠谬序》。
④章学诚：《文史通义》内篇五《史德》。

拒绝它走进眼里"①。历史科学是科学性和艺术性的统一的学科,其科学性指弄清历史事实,用自然科学的方法去发现、联结各种事实的因果律。其艺术性指的是历史著作要有趣味性、具有艺术性的外观,历史学家对他描述的人物或叙述的事件要有感情②。在撰述历史时,只顾及科学性而忽略了历史的生动性,以一种不带任何感情色彩的"纯客观"态度去重构历史,就会使其成果显得枯涩乏味,不能为社会大众接受。因而,历史著述要借用一些文学技巧,进行形象的描述,给人以动态的美感。

三、正确的社会评介是史学价值实现的外因

史学能帮助人们对人生进行思考性的探索, 对人的生存和发展起积极作用,"乃生人之急务,为国家之要道"③。史学价值以史学成果的形成为出发点,以价值的实现为归宿,因而,社会的认可角度和程度直接制约着史学价值的实现。

宽松的社会政治环境,良好的社会气氛,强烈的求知意向,是史学价值得以顺利实现的必备条件。汉唐史学的兴盛与汉唐社会恢廓的胸魄及注重史学实效(借鉴垂训)有很大关系,相反,清朝的文字狱窒息了史学。康熙二年(1663年)的明史案,七十多人做了史学的牺牲品。这种悲剧不仅发生在已显暮气的中国封建社会末期,中外史学史上不乏其例。古希腊的苏格拉底被处死的理由是,"苏格拉底是一个作恶者,是一个怪异的人,他窥视天上地下的事物,把坏的说成是

---

①范文澜:《范文澜历史论文选集》,中国社会科学出版社1986年版,第295页。
②罗素:《论历史》,三联书店1991年版,第63—70页。
③刘知几:《史通·史官建置》。

好的,并且以这一切去教导别人"①。马克思主义史学家翦伯赞的"罪状"是用历史主义对抗阶级分析。由于史学对历史的反思和对现实社会的理解往往是同步进行的,对过去事实的兴趣往往同对现实生活的兴趣打成一片,因而常被曲解为政治和社会生活的婢女。刘知几在力倡"宁为兰摧玉折,不作瓦砾长存"的良史笔法的同时,对于"世途之多隘"造成的"实录之难遇"现象喟叹不已。

世途多隘妨害了史学价值的实现,导致史学价值的迷失。"文革"中对历史主义的批判导致历史虚无主义的恶性泛滥。1965年戚本禹《为革命而研究历史》拉开了影射史学的序幕,所谓为革命研究历史不是强调史学的革命性,而是要求史学跟在现行政策的后边,为现行政策做注脚,根据政治私欲随意改铸历史。影射史学只讲政治不讲科学,把历史当成可任意构筑的积木,粗暴地拼凑出一个从古到今的儒法斗争史,严重地败坏了史学的声誉。史学价值的迷失是史学虚效(负价值)的暴露,是由于社会主体不能或不愿深刻地理解客观历史发展的事实,忽视或无视历史与现实既有联系又有区别的辩证关系而产生的肤浅的历史观念。无论把现实古典化还是把历史现代化,都是对史学价值的曲解。

权本位的主观随意性有损史学价值的实现,随着思想解放运动的深入和双百方针的贯彻实施,史学价值的社会化会逐步得到保障。但是,这并不意味着史学可以按照它的科学性(求真),革命性(求善)、艺术性(求美)特性在社会生活领域中大显身手了,以"经"为本位和以钱为本位的社会价值旨趣也影响着史学价值的实现。

以"经"为本位即把经典著作或名人的结论当成一种绝对真理,

①罗素:《西方哲学史》,商务印书馆1976年版,第120页。

史学研究只能在这些定论上翻筋斗，也就是以传统的"六经注我"，"我注六经"的准则要求现代史学。表面看来似乎是维护定论，尊重历史，实则歪曲历史，否定史学的现代解释，也即否认现代史学的存在价值。马克思首创的历史理论是行动的指南而不是教条或神谕，"我们的理论是发展着的理论，而不是必须背得滚瓜烂熟并机械地加以重复的教条"①。马克思将历史看成一个十分复杂并充满矛盾但有规律可循的统一过程，马克思主义史学价值就在于为人们探求历史规律指出方向，而不是包办或终止历史探索工作，"整个人类历史还是多么年轻，硬说我们现在掌握的观点具有绝对意义，那是多么可笑"②。

以钱为本位的史学价值观不顾及史学的特征，武断地以史学价值观强加于史学，将历史看成是可以任意粘合的一堆材料，根据需要而信手拈来，要史学在市场中产生"增值"的价值。史学服务于现实社会产生经济效益（如历史文化遗产对旅游业、饮食业、仿古手工制作业的价值）不具普遍性，以点概面使史学商品化，不符合无产阶级的根本原则，是资产阶级实用主义的史学价值观，"资产阶级的本性，它生存的条件，就是要伪造商品，因而也要伪造历史，伪造得最符合资产阶级的利益的历史著作，所获的报酬也最多。"无产阶级将历史科学作为思想武器，因而对史学的要求是尊重史实，将致用（合目的性）寓于求真（合规律性）之中。开明的资产阶级史学家也强调史学求真高于一切，"历史学是有价值的，首先因为它是真实的，而这一点尽管不是它那价值的全部，却是所有它的其它价值的基础和条件。"③

客观而科学的社会实践活动的需要是史学成果的社会化大众化

①《马克思恩格斯选集》第 4 卷，第 681 页。
②《马克思恩格斯选集》第 3 卷，第 154 页。
③罗素：《论历史》译序，三联书店 1991 年版，第 2 页。

的必备条件。史学成果作为一种知识价值的载体,能够满足人的求知的精神需要,并能成为人们创造更多物质和精神价值的动力。健康的社会氛围是史学价值实现的前提,史学价值的实现又可以提高全民的素质,推进社会的发展,两者相辅相成,"需要与被需要的手段是同一发展的,并且是靠这些手段发展的。"史学为社会服务不是简单地、无原则的屈从社会生活,迁就或谄媚于社会生活,而是作为一种科学,作为"任何坚定不移和始终一贯的革命策略的基本条件","察古知今"绝不是历史与现实的简单比附,因而不能预先定出结论命令史学就范,使史学被动地罗织一些个别的历史事例去圆通给定的结论。史学为社会政治、经济、文化发展服务是必要的,也是必须的,但不能急功近利,以实用为起点和终点,削足以适履,而要尊重史学的特点,让史学通过曲渐的、潜移默化的方式实现其社会价值。

社会主体对史学的评介导向(政策导向、舆论导向、品味导向)是史学产生社会效益的不可缺少的外因,是史学价值变化发展的条件。人生的多极性和社会的多元化引发史学价值的丰富多样性,时间的流变性和空间的广袤性决定了史学价值的时效性,社会实践需要史学积极能动地参与,这种需要是史学研究的动力,史学的参与活动又可以推动社会实践的发展,对历史的反思(逆向思维)与社会的前进相反而相成。现今学术界(包括史学界)的三难(论文发表难、著作出版难、出书销售难)除了主观因素外,异常的荒谬的社会价值取向也有不可推卸的责任。一部分人以低品位的私欲要求出版界,于是鬼怪迷信,荒谬淫秽的书籍"应运而生",这些精神垃圾混淆了青少年的善恶是非观,毒害了社会肌体,社会道德滑坡,社会行为失范,以平庸为英雄业绩,仿效"英雄"而走向平庸,甚至背离正道。这种现象恶性循环,给社会带来了极大的危害。沉痛的教训足以说明,科学的教育(包括历史教育)对人生观、价值观乃至理想养成是不可缺少的,史学等科学知识的价值迷失、精神垃圾看好会导致历史的启示（即人的启示）被物欲的宣泄取代的弊端。一个国家、一个民族若不能通过正确认识历史来理解现在、把握未来,不能从历史中发掘民族凝聚力和民族向心力和爱国激情,就很难走向成熟的、健康的发展道路,因而正确评价史学价值,也是社会走向成熟的一个重要步骤。

史学价值的实现是主客观统一的结果,即不能单纯地满足社会需要来界定,也不能孤立地以社会大众的价值评介的趋向来界定,史学价值只能在社会大众和史学成果的具有一定社会历史内容的辩证关系中实现。作为历史与现实的中介人的史学工作者努力提高自身素养,适时调整史学研究的结构与方法,抓住时代的脉搏,关切人类与民族的命运,把对时代的责任感和使命感化成研究工作的内驱力,为社会总体性进步服务;作为消费历史知识的社会大众,应当辩证地看待史学求真与致用的关系,力避对史学做出主观随意性和庸俗实用化的理解,力避否定或夸大,扭曲史学价值的极端倾向,以实事求是的态度对待历史文化遗产,客观地评价现代史学的现代解释。

史学价值的物化(对象化,即史学成果的形成)与人化(主体化,即接受史学成果)是史学价值实现的两个环节,其关系的和谐是社会发展和史学发展的共同根据,李大钊说:"研究历史的趣味的盛行,是一个时代正在生长的成熟,正在追寻聪明而且感奋的对人生的大观的征兆。"①八十年代以来的史学危机呼声体现了史学工作者和社会大众不满史学的现状,要求史学与时代接轨,积极参与社会创造的愿望。因而,充分认识史学价值实现的阻碍,正视历史与现实的关系,使史学在竞争中求发展,以发展求生存,是振兴史学,高扬史学现代意义的必由之路。

---

①李大钊:《史学要论》。

史学价值刍议

一、史学价值的表现

史学在社会实践中具有借鉴价值、认识价值、教育价值和学术价值。

(一)借鉴价值

以史为鉴是我国传统史学的核心价值，周公说："不可不鉴于有夏，亦不可不鉴于有殷"①。鉴往知来成为历代史家遵循的准则。司马迁作史的目的是"网罗天下放失旧闻，王迹所兴，原始察终，以观盛衰"，司马光编修《资治通鉴》旨在"穷探治乱之迹，上助圣明之鉴"。

史学的借鉴价值就是以往的历史盛衰作今日行动的借鉴，"览前王之得失，为在身之龟镜"②集中体现了史学的现实作用。由于历史是凝固的现实，现实是历史的延伸，历代帝王将相注意从历史中吸取经验，不论是安邦治国大计，还是起居言行的小节，都要以历史为依据。他们自己的行为也要对历史负责，"天子无端而居，动则左史书之，言则右史书之"③，得失一朝，荣辱千载。所以历史对帝王将相又有约束

①《尚书·召诰》。
②《册府元龟》卷550《国史部·恩奖》。
③《礼记·玉藻》。

作用。中国历史文化能延续数千年，和历代统治者的需要和积极倡导分不开，历代史学家继承了以史为鉴的优良传统，及时总结历史得失，写出时代的教科书，使中国传统史学成为一门显学，黑格尔说："中国历史作家的层出不穷，继续不断，实在是任何民族比不上的"①。史学借鉴价值促成了传统史学的繁荣。

人类历史发展的多样性为现实提供多方面的借鉴，不仅可以资治，而且还可以提供道德借鉴，即以一种固有道德规范将人们的言行导向一个既定的方向。文天祥的《正气歌》中列举了历史上许多身存浩然正气的烈士，文天祥本人正是以这些烈士的气节为榜样誓死不屈于元朝，最终"留取丹心照汗青"。每次困难当头，人们又以文天祥为榜样，慷慨赴国，为国家和人民的利益不惜牺牲自己的一切。《史通·直书》中强调史学的道德借鉴价值，"史之为务以劝戒，树之风声"。戴名世曾高度评价史学的政治借鉴和道德借鉴价值，"夫史者，所以经政治典章因革损益之故，与夫事之成败得失，人之邪正，用以彰善瘅恶，而为法戒于后世，是故圣人之所以经纶天下，而不思其或敝者，唯有史以惟之也"②。

马克思高度重视史学的借鉴价值，认为"历史不过是追求着自己的目的的人的活动而已"③。在这种有目的的活动中，需要有以往的知识为自己的行动提供参照，"使死人复活是为了赞美新的斗争，而不是为了模仿旧的斗争"④。在马克思看来，对于以往历史经验的借鉴不

①黑格尔:《历史哲学》,三联书店1958年版,第161页。
②戴名世:《南山集·史论》。
③《马克思恩格斯选集》第2卷,第119页。
④《马克思恩格斯选集》第1卷,第605页。

是简单模仿,而应当扬长避短,不重视错误,充分接受历史的启示。毛泽东精通中国历史,最善于向历史学习,在历史中汲取营养。抗战时期,毛泽东回顾第一次国内革命的失败,告诫"每一个共产党员都不应当忘记历史上的血的教训"①。1944 年,毛泽东主张将郭沫若的《甲申三百年祭》印发全党,"也是叫同志们引以为鉴诫,不要重犯胜利时骄傲的错误"②。在革命胜利即将到来之际,毛泽东将离开西柏坡赴北平的行动称为"进京赶考"。正确运用历史知识的鉴诫,是我党战胜国民党政权取得全国胜利的一个重要因素。

传统史学的借鉴价值主要体现在"察古而知今",马克思主义肯定了这种历史借鉴价值,认为不仅"察古而知今",而且察今也可以知古,"新的事实迫使人们对以往的全部历史作一番新的研究"③。改革是社会发展的产物,是适应社会发展的需要而作出的人为的努力。出于现实改革的需要,我们回顾中国历代改革,重新估价中国历代改革,可以说是察今而知古,通过对历代改革的反思,可以从中找到难得的启示。明朝张居正改革时在倡廉肃贪、惩治腐败和发展社会经济方面做出了很大努力,也取得了一定的成就。但改革后期张本人也贪污腐化,出外要乘坐三十二人抬的大轿,吃一顿饭菜肴过百种,"居正犹以为无下箸处"④。在用人上对坚持改革的海瑞不予重用,"居正惮瑞峭直,中外交荐,卒不召"⑤。因而张居正的改革人亡政息成了历史

①《毛泽东选集》第 2 卷,第 361 页。
②《毛泽东选集》第 3 卷,第 902 页。
③《马克思恩格斯选集》第 3 卷,第 423 页。
④焦竑:《玉堂丛话》卷 8。
⑤《明史·海瑞传》。

悲剧。在今天的改革大业中,重犯张居正错误的改革家也不乏其人,昨天还是改革大潮中的弄潮儿,今天却成了贪污腐化的阶下囚,这种历史悲剧的重演令人扼腕叹息。只有察今而知古,正确借鉴历代改革的经验教训,坚持以身作则、反腐倡廉、用人唯贤,才能在改革中立于不败之地。同时,历代的选官制度、监察制度、法律制度可以为现实的政治体制改革和两个文明一起抓等国策提供参考。史学的借鉴价值是史学有益于国家、有益于人民的集中体现,毛泽东多次提出全党都要"学点历史",强调"古为今用、"洋为中用"。但以史为鉴不能代替对现实的认识。将历史知识当成公式套用,实际上是败坏史学的借鉴价值。

(二)认识价值

马克思、恩格斯非常重视史学的认识价值,"我们仅仅知道的一门科学即历史科学。历史科学可以从两方面来考察,可以把它划分为自然史和人类史……我们所需要研究的是人类史,因为几乎整个意识形态不是曲解人类史,就是完全撇开人类史"[1]。将被曲解和撇开的人类史摆正,还历史的本来面目,是马克思恩格斯认识历史的旨趣所在,"凡不是自然科学的科学都是历史科学"[2]。这一界定廓清了历史科学的概念。史学研究的对象是过去,但它提给人的认识与现实生活密切相连。唯物史观是人们认识世界改造世界的工具,依据唯物史观可以对历史作出科学的认识。在《路易·波拿巴的雾月十八日》中,马克思通过大量的史料进行科学分析,从政治、经济和阶级斗争等方面研究十九世纪中期的法国,使人们通过眼花缭乱的阶级斗争认识了

---

①《马克思恩格斯选集》第1卷,第21页。

②《马克思恩格斯选集》第2卷,第117页。

拿破仑三世政变的实质。马克思运用历史发展的逻辑规律做了科学的预言"如果皇袍终于落在路易·波拿巴身上,拿破仑的铜像就将从旺多姆圆柱顶上被推下来"①。马克思提出这一预言,18 年后,第二帝国崩溃,拿破仑铜像被推倒。马克思的科学结论使人们认识到历史不可简单重复,历史发展规律不可逆转。

历史认识是人们认识现在和未来的必备条件,只有很好地认识事物的过去,才能很好地把握未来。邓小平同志说:"现在任何国家要发达起来,闭关自守都不可能,我们吃过了这个苦头,我们的祖宗吃过这个苦头。恐怕明成祖时,郑和下西洋还算是开放的,明成祖死后,明朝逐渐衰落,中国被侵略了,以后康雍乾时代不能说开放。如果从明朝中叶算起,到鸦片战争有三百多年的闭关自守;如果从康熙算起,也有近二百年的闭关自守,把中国搞得贫穷落后、愚昧无知"②。邓小平同志正确地认识中国历史得出了深刻的历史认识——即闭关锁国导致了中国贫穷落后。这一历史认识成了改革开放总设计师进行建设有中国特色社会主义理论的前提。违背历史规律就要受到历史的惩罚,正确地认识历史发展的规律,顺应历史潮流社会得到历史的报答,改革的胜利成果就是对小平同志历史认识的最好回应。

对历史错误的认识,会产生极坏的作用,清代考据学大师赵翼在史论中不乏独到的见解,但也有一些观点失之偏颇,如否定王安石变法,赞成秦桧主和而不赞成岳飞、韩世忠等人的抗金活动,还把明末主张抗清复国的大臣斥为"书生误国"。这些观点是对历史的颠倒,产生了社会负作用。封建史学家们受到时代的局限,不能真正认识历史

①《马克思恩格斯选集》第 1 卷,第 703 页。
②《建设有中国特色的社会主义》(增订本),人民出版社 1987 年版,第 247 页。

的发展规律，只有以唯物史观为指导的马克思主义史学家能够用科学和革命的态度揭示历史发展规律，为人们认识历史、展望未来架起一座桥梁，真正实现史学的认识价值。

（三）教育价值

史学的教育价值就是运用一些具体的历史形象和公正的历史评价，通过潜移默化的方式使人们的社会化行为向良性方向发展，为维护社会秩序、推进社会发展所起到的积极作用。

传统史学的教育功能集中表现在忠君思想上。在家天下的中国封建社会，朕即国家，封建史学家宣传忠孝节悌，以维护封建等级秩序。忠君爱国思想不能科学体现史学的教育价值，它给传统史学笼罩了一层封建迷雾。

历史科学克服了传统史学狭隘的忠君爱国思想，扩大了史学教育价值的内容。历史知识可以提高民族自豪感和自信心，增强民族的凝聚力。了解过去是为了更好地服务于现实，爱国心的源泉——历史知识是树立报效祖国远大理想的依据。历史中英雄人物的伟大事迹，是人们效仿的典范，"后世读史者不觉对之感奋兴起，自然而然地发生一种敬仰心，引起有为者亦若是的情绪，愿为社会先驱的决心亦油然而生了"①。

向上为公，自强不息是中华民族的基本精神。在中国历史上，无数仁人志士为了国家兴旺发达用自己的热血谱写出一幕幕壮剧。人民英雄纪念碑上的十幅浮雕表现了中国人民在一百多年间为捍卫民族的尊严、国家的独立，用火与血浇铸出人生最高价值，史学工作者以这种历史教材教育人民，使人民群众尤其是青少年树立远大理想，

---

① 《李大钊史学论集》，河北人民出版社 1984 年版，第 240 页。

积极参与社会创造活动,高扬爱国主义、社会主义和集体主义的时代主旋律。

任何事物的发展都不会是一帆风顺的,历史上的伟大人物在挫折面前坚定不移,愈挫愈奋,终于为社会做出了积极的贡献。这种事实对于教育人民树立历史眼光,放宽眼量,不戚戚于个人得失,对改革中遇到的困难能够历史地看待,从而坚定信念、勇于开拓,同心同德奔小康,这种教育价值是其他任何学科都无法替代的。

(四)学术价值

史学的学术价值就在于揭示人类社会的历史过程及其内在的规律,它是史学社会价值的一种形式。学术价值越高,产生的社会价值也就越大,郭沫若《甲申三百年祭》首先体现出来的是严谨的学术性,在这种学术性支配下产生了科学的历史结论,受到毛泽东的高度重视。唯物史观是指南而不是神谕,科学性和革命性的统一产生了它的学术性。唯物史观是人类共同享有的精神财富,在社会实践中显示出它的社会价值。

史学的学术价值以科学的态度为前提,凭自己的好恶去涂抹历史,就会损害史学的学术性。南北朝时北齐史学家魏收史德败坏,撰史凭自己的好恶,公开说"何物小子,敢共魏收作色,举之则使上天,按之当使入地"①。《魏书》一成,天下哗然,被人称作"秽史",这就降低了该书的学术价值。"文革"期间,影射史学虚构历史公式,拼凑出一个从古到今的儒法对峙的阵营,以便为"批林批孔批周公"的现实需要作伪证,被人称作"阴谋史学"。这样的作史态度除了践踏史学的名声以外,毫无学术价值可言。

①《北齐书》卷37《魏收传》。

　　史学的学术价值可以反映出一个国家的史学发展水平，在中国史学走出封闭的体系，纳入世界史学发展的轨道中时，史学的学术价值是其傲立于世界史学之林的最根本的保证。

二、市场经济为充分显示史学价值提供了机遇

　　有关史学危机的各种说法，一言以蔽之就是史学脱离了现实轨道。

　　史学的种种危机是变革时代的一些社会现象，而不是社会发展的必然结果。在市场经济中引进了竞争机制，优胜劣汰，要求得生存就要很好地把握时机，历史知识可以增长人的见识，善于借鉴历史知识，抓住机遇，促成经济的发展，就可以提高经济效益。在市场经济下，史学仍然有益于社会，有益于人生，对推动社会进步和个人的发展有很大的作用。

　　首先，改革引发出的新事物中，有很多是我们从来未遇到过的。我们可以从中国历代改革的经验中汲取营养，也可以从外国经济发展的成功事例如亚洲四小龙的经济腾飞为参考，认识新的物，解决新问题，及时总结改革的经验教训，为进一步深化改革，坚持改革大计一百年不变的信念提供理论依据。

　　其次，社会的现代化建设要以人的观念的现代化为前导。历史科学能够培养历史眼光，有历史眼光的人向后看的目的是为了更好地向前看。改革联结着千家万户的切身利益，改革能给整个社会带来巨大的效益，但不可能满足每个人的个人需求，甚至会损及一部分人的利益。有历史眼光的人会以大局为重，正视个人利益与民族大业的关系。"牢骚太重防肠断，风物长宜放眼量"，历史眼光是人的现代化的前提。

　　第三，引进西方先进经验的同时，一些消极因素如极端个人主义，享乐主义也会乘机混入，以所谓"西方文明"招摇撞骗，中国固有

的封建意识也会改头换面后混入社会,它们共同损害社会肌体。在两个文明建设中,发扬中华民族历史文化的精华。如"先天下之忧而忧,后天下之乐而乐"①,"老吾老以及人之老,幼吾幼以及人之幼"②,富贵不淫,威武不屈,见义勇为等优良品质,可以树立良好的社会风尚。亚洲四小龙在发展外向型经济的同时大力提倡儒家文化,以儒家伦理抵制西方毒素的渗入,取得了很好的成绩,为我们发扬历史文化的优秀传统,搞好精神文明建设提供了借鉴。

第四,世界性的文化寻根热为历史科学大显身手提供了机遇。经济发展和文化发展具有统一性,近年来众多的文化节都是文化搭台、经济唱戏、旅游牵线,丝绸之路艺术节,武当山道教艺术节、伏羲艺术节等都是以历史文化为台柱。历史科学可以直接服务于日益兴旺的旅游事业,长城、兵马俑、半坡等历史遗存为发展旅游事业提供了难得的场所。挖掘中国历史文化,将沉睡的历史文化变活,为现代建设服务,是史学工作者义不容辞的职责。

第五,社会主义市场经济需要历史科学,就为历史科学的充分发展提供了大好机遇。史学工作者努力提高自身素养,更新知识结构,将史学研究推向深处。史学工作者走出书斋,参与社会实践,将研究成就以群众喜闻乐见的形式奉献社会,普及历史知识,可以将历史知识转化为社会实践的动力。

历史经验表明,紧跟时代,掌握时代的脉搏,深入社会深入群众,帮助人们认清形势,与时代,与人民同呼吸共命运,才能实现史学的价值,马克思说"现代历史著述方面的一切真正进步都是当历史学家

①范仲淹:《岳阳楼记》。
②《孟子》。

从政治形态的外表深入到社会生活时才能取得"①。

中国改革的目的在于富国富民，就是要从解决十亿人口吃穿问题着手，逐步将我国发展成为高度文明的，具有中国特色的社会主义强国。以唯物史观为指导进行历史研究，提供历史经验的借鉴，使广大群众充分认识到改革的必要性和可行性，从而将全身心投入振兴中华的改革洪流中去。

顺应社会发展的多方面，当今中国学科丛生，边缘学科、交叉学科等新学科新思维层出不穷。每出现一门学科就会出现一门大体对应的专门史。这说明任何学科都要从历史中寻找依据。在新学科峰起的情况下，以唯物史观为指导，借鉴新学科的研究方法和成果，深化史学结构的改革，实现史学的科学化社会化，这是振兴史学、发挥史学社会价值的必由之路。

---

①《马克思恩格斯全集》第 12 卷，第 450 页。

教育教学研究

关于学风教育的几个问题

　　学校学风的好坏,关系着教育、教学质量的高低和所培养的人才能否适应社会主义"四化"建设的需要的问题。开展学风教育,树立好的学风,是学校工作中具有重要意义的事情。毋庸讳言,学风教育,对于师范院校,意义更为突出。为此,我们对在师范院校中如何开展学风教育进行了初步探讨。

一、学风教育与政治思想教育的关系

　　学风有广义和狭义之分。就广义而言,四十多年前,毛泽东同志在《整顿党的作风》一文中明确指出"是全党的学风"。"是领导机关、全体干部、全体党员的思想方法问题,是我们对待马克思列宁主义的态度问题,是全党同志的工作态度问题。"就狭义而言,是指某个单位或某所学校的学习态度、风尚或作风。对学校讲,也可以说是教书育人之风。

　　对师范院校来说,要树立为献身于人民教育事业而奋发学习的良好风尚和作风是很不容易的,因为在社会上和学生中对于师范院校还存在着不少的错误认识,虽然目前党已采取了一些措施来提高中小学教师的社会地位。要使广大学生端正学习态度,明确学习目的,养成实事求是的作风,树立勇于创新的探索精神,需要进行艰苦的思想教育工作。对广大学生进行学风教育,是思想政治教育的主要内容,那种认为进行学风教育仅仅是纪律教育,或者单纯依靠行政管理的作用,对违纪学生进行惩罚就能搞好,显然是片面的。一种好的学风的形成,需要强大的舆论,也更需要安定团结的环境。学风教育不只是教务部门的事,学校党政各部门、各系、室都要齐抓共管。

学风教育贯穿于学生在校学习的全过程中,从新生入学就要抓起,直至毕业时服从祖国需要的分配教育。

入学教育是重要的一环。一般说来,学生从中学进入高等学校心情是很激动的,对大学生活充满着美好的憧憬,对未来怀着远大的抱负和理想。但是,思想很不稳定,且往往现实生活与理想中的模式存在较大距离,即使理想与现实比较接近,然而,对如何做一名合格大学生还是不甚了解。因此,必须进行树理想守纪律的教育,教育学生明确师范院校的培养目标和热爱自己所学的专业,帮助他们掌握大学阶段的学习方法,介绍校纪校规,请有威信、有经验的教授、学者以及品学兼优的高年级学生和有成就的校友及英模人物介绍自己成才之路的经验教训,用具体生动的事倒启发、感染学生,使其领悟到做一个人民教师所应具备的气质、学识和修养。

师范院校根据学制长短情况,学风教育可以按照系列或专题进行,如"学生守则""道德规范""理想层次""尊敬师长""团结与友谊""名人名言""严谨治学""实践与探索""未来世界""教师之友""志愿与需要"等等,结合学生思想特点,有计划有步骤地开展教育活动。

从工作实践中,我们体会到,学风教育不只是教育学生应有正确的学习方法和治学态度,也不只是一般的道德规范教育。学风教育是以坚持党的四项基本原则为前提和基础,用辩证唯物主义和历史唯物主义武装学生的头脑,教育学生坚持用马克思列宁主义、毛泽东思想指导自己的言行,自觉地改造世界观。学风教育应围绕着"塑造现代大学生形象"为中心的思想政治教育进行,这不仅使学生言谈举止文明、礼貌,更重要的是明确其生活的目的,懂得人活着的意义取决于他对社会贡献的大小,而不是向党和国家索取名利与地位,帮助他们树立正确的人生观和献身革命的精神,这样才有利于激发学生为振兴中华、为建设具有中国特色的社会主义而奋发学习,勇于进取。

思想政治教育与学风教育虽然是有区别的,但他们之间的内在联系十分密切。学风教育是学校思想政治教育的重要组成部分,思想政治教育又是学风教育的可靠保证。离开了学风教育的思想教育,其形式是呆板的,内容是空洞的,不能很好地结合学生的学习特点和实际生活,收不到应有的教育效果。相反,离开了思想政治教育的学风教育,只能是一种单纯的知识、技能、方法的教育,而削弱了无产阶级的阶级内容,其结果必然会引导学生走到埋头读书、不问政治的邪路上,滋长着资产阶级个人主义思想的膨胀,不能实现学校培养目标的要求。

二、学风教育与端正教风的关系

学风与教风是一个问题的两个方面。学校各级领导部门和负责同志在抓树立良好学风的同时,要狠抓教风。这里所说的教风,是指教师教书育人、教师的师德问题。教师在教学中处于主导的地位,教风的好坏直接影响着学风。教师处于教学第一线,与学生有着广泛地、经常地联系,教师是学生知识的启迪者和传播者,深受学生的尊敬和信赖。教师在传授知识、塑造和净化学生灵魂中都起着很重要的作用,教师不能只教书不育人。教师的知识道德、行为会给学生带来终身的影响,他们的言行会长期留在学生的记忆中,对学生起着潜移默化的作用。我们在工作中,也常遇到有些教师治学严谨,知识渊博,道德高尚,诲人不倦,对学生严格要求,勤于指导,发现错误缺点及时教育、批评,促进了优良学风的形成。但是,也还有另外一些教师,对自己不能严于律己,教学中马马虎虎,对学生不敢教育管理,甚至弄虚作假,以"辅导"为名,指考试重点,或变相"露题",评卷时,"宽宏大量"给予高分,迁就和迎合学生的错误思想和无理要求,助长学生在学习上的侥幸心理和投机思想,从而败坏了学风。事实表明,在学风教育中,必须注意端正教风,在教育学生树立良好学风的同时,要加强对教师的思想教育和职业道德教育。以教风促学风,学风教育则事半功倍,如果忽视了端正教风的工作,学风教育则不能达到预期的效果。

三、学风教育与严格管理的关系

一种好的学风的形成,除了进行晓之以理、动之以情的生动形象的思想政治教育和学风教育外,还需要一定的纪律和制度的保证,施以严格的管理。

学校的各项规章制度,包括原教育部颁发的学生学籍管理制度以及学生守则等,都是学校培养目标的具体要求和体现。这些制度、规章、纪律告诉学生在校期间应该做什么,不应该做什么,那些想法和做法是符合人民利益的,那些言行又是不符合,甚至违反人民意愿的。制度、纪律成为学生行动的准则,并保证学生健康地成长。随着教育体制改革的开展,在学风教育中,还要结合学生实际、学校实际和改革的需要,重新制定和修改某些制度和纪律,使制度、纪律对学生的要求更加全面,更加合理,更有利于调动和发挥学生在学习中的主动性和创造性,更有利于学生参加社会实践活动,促进理论与实际的联系和智能的培养。在完善制度、严格管理中加强教育,提高学生执行纪律的自觉性,培养遵纪守法的思想和习惯。

在学风教育中严格管理,我们的体会是应以严格考试纪律为突破口。近几年来,学校中有部分学生存在着混文凭的错误思想,学校中比较严重地存在着考试作弊和"分数贬值"的问题,在一些学校中淘汰制度基本流于形式,普遍反映高等学校难进易出。由于学风不正严重地影响着教学质量的提高。

我们认为,分数不是学生学习的目的,也不是衡量学生掌握知识多少的唯一标准。但是也不能完全否认分数的客观尺度。考试是教学的重要环节,它对学生的学习目的、学习态度,学习方法常常起着"指挥棒"的作用。通过考试可以帮助学生系统复习巩固知识,促进学生头脑中知识体系的形成,推动智能的培养,检验学生对所学知识的运用能力,检查教师的教学效果。所以这根"指挥棒"如何运用,直接关系到学风问题。国家教委非常重视严格考试纪律问题,近年来,在学生考试期间专门发文要求对违纪学生严肃处理。这一事实反映了严格考试纪律在树立良好学风中的重大作用。我们在工作实践中也加深了对这一问题的认识,从 1984 年以来,我们开始注意从抓考试纪律入手,进行树立良好学风教育。规定期末考试,每门学科必须由教师出好两套题,做出答案和评分标准,在考试过程中,对监考人员提出了具体要求,教务处对考试情况进行检查并及时通报各系室,对违纪学生进行纪律处分。在加强考试纪律以后,考场秩序井井有条,违纪现象大大减少,补考人数增多了。到 1986 年度第一学期,学生补考人数由 1984 年的百分之三左右增加到百分之十五,千分之四的人留级重读。补考人数增多,是不是教学质量下降了呢? 不是的。正是由于严格了考试纪律,加强了教学管理,过去在"分数贬值"、"补考走过场"下所掩盖的虚假质量得到了比较真实地反映,"质量就是生命"的思想开始树立起来了。正确的质量观催促着低能低分的学生奋起直追,提高教学质量这句话也只能是在树立优良学风中得到实现。

教育改革要遵循教育的基本规律

——兼论经济规律与教育规律在教育改革中的关系及其作用

党的十四大确立的社会主义市场经济理论，为我国社会主义教育体制的改革提供了广阔的社会前景和现实的可能条件。因此社会主义教育改革如何适应社会主义市场经济的需要已成为教育理论界研究的重大课题。有人主张必须把教育推向市场，用市场机制和市场模式改革传统的教育体制；有人认为教育必须商品化，学校必须企业化，用商品生产规律和企业化的管理方式代替传统的教育规律和办学模式；有人提出教育改革必须遵循一定的经济规律，努力提高办学的经济效益。我们认为，上述观点只注重强调了教育与社会主义市场经济相适应的一面，却忽视了教育与其本质所规定的教育特殊性的一面。我们的看法是：教育改革既要为社会主义市场经济相适应，又要遵循一定的教育规律，这是教育的本质属性所决定的。

一

教育是人类按照一定的目的要求，对受教育者在知识和技能、思想和品德、智力和体力等诸方面施以影响的一种有计划有组织的社会实践活动。教育作为人类永恒的社会现象，一方面，它起源于劳动，是适应传授生产劳动和社会经济的需要而产生，并随着社会的进步而发展起来的，是人类和社会得以延续和发展的工具，因而教育具有生产性；另一方面，一定社会的教育是一定社会的生产力、生产关系和政治的反映，同时又对它们给予影响和作用，是将自然人转化为社会人的过程，因而教育具有社会性。

首先，教育的生产性规定了教育必须适应一定社会经济发展的需要。这是因为：第一，经济的发展为教育提供了物质条件，并对教育事业的发展提出要求，影响着教育发展的规模和速度。第二，经济的发展对教育所要培养的人的规格、教育的内容和学校的专业设置，都提出一定的要求。经济的发展必然要求教育培养出来的人能够适应新的经济发展的需要，掌握生产上所需要的知识和技术，以至为生产上的需要培养专门人才。第三，经济的发展促进了教学器材和教学方法、教学手段和教学组织形式的不断改进。新的教学设施和教学手段的产生，教学方法和教学组织形式的不断改进和完善，都与经济发展有着密切联系，都是以经济的发展为前提条件的。第四，经济的性质决定着教育的性质。这就是说，教育的领导权和受教育权，教育的方针和政策，教育的目的和标准，都是随经济基础和经济结构的变化而变化的。正因为如此，教育在其发展和改革过程中，就必须努力适应其经济发展的需要。在社会主义市场经济条件下，教育改革的根本目的就是建立与社会主义市场经济相适应的教育体制和教育结构，根据社会主义市场经济的需要确定教育的发展规模和发展速度，确定教育的目标和教育内容。这种适应性必质体现以下几个方面的内容：一是必须把教育作为生产部门，确立教育的生产观念，明确教育是经济高涨和高速发展生产率强有力的杠杆，学校在"再生产社会主要生产力"中起着突出作用，改变教育投资是纯粹的"消费性投资"的传统观念，把教育投资看成是发展生产，提高劳动生产率重要的"生产性投资，看成是发展生产力的重要因素和手段"。二是要明确教育投资与教育收益的关系，用经济发展对劳动力的需求，推算教育培养对象的分类数量,从而把各种教育形式组成有效的教育结构,使其内部均衡并对其它部门的需求取得协调。三是要使整个教育结构在培养一定专业和数量的人才中发挥真正的效能,促进具体的教学单位提高教学工作效率。

教育结构的适应性主要是指:(1)专业结构,即各类专业培养方案的比例对经济发展状况的适应性;(2)程度结构,即各级教育部门人力、物力、财力的比例关系对各部门劳动力水平的适应性;(3)嬗传结构,即教师队伍、师范教育的人数比例对专业结构和程度结构的适应性;(4)形式结构,即学校的办学形式分类对就业条件的适应性。四是要不断分析影响教育人员的需求与供给的经济因素,总结教育发展的可计量的经济效应,促进教育更好地为经济建设服务。由于教育的生产性贯穿于人类教育的始终,贯穿于人类社会的全过程,因而经济发展到一定阶段必须对教育的结构、目标、内容、方式、方法、手段提出新的要求,教育不断适应经济发展需要的程度大大增强。

其次,教育的社会性规定了教育是一个人的社会化过程。人的社会化由生物意义的人向社会意义的人转变的过程,这个过程贯穿于人生的始终,促进着人向健全的人格发展,培育着人做一个符合一定社会要求的成员,使其在一定的职业中担当一定的角色,并按照职业结构中为他规定的规范行事。教育在人的社会化过程中起着其他任何形式无法替代的作用。这主要表现在:其一,教育对人的影响是一个有目的有计划的过程,它总是按照一定社会政治经济对各类人员的不同需要培养人和教育人,使受教育者在德育、智育、体育等几方面都得到全面发展,成为社会需要符合社会政治经济要求的合格人才。其二,教育对人的影响是一个全面系统的过程。它不仅教给人某种道德品质,而且教给人某种生活经验;它不仅传授一定的专业知识,而且培养一定的职业技能;它不仅训练人体质的强壮,而且熏陶

人向健全的人格发展,教育是一个全面提高人的素质的过程。其三,
教育对人的影响是一个由低向高发展的过程。教育的特定功能就是
促使受教育者从无知到有知,从知之不多到知之较多,从没有某种道
德观念和道德品质到具有某种道德观念和道德品质, 从身体软弱到
身体强壮,以及将这些知识,观念转化为能力、行为和习惯。教育的过
程总是由低向高的过程发展的。教育的这种质的规定性决定了教育
具有自己的运动规律,即教育规律。教育规律作为制约和影响教育事
业发展的重要因素,反映了教育诸因素的本质关系和内在联系,也决
定了教育的特殊性。教育的特殊性构成了教育的矛盾与运动,由此推
动着教育运动、变化和发展。

　　人类社会的教育在其运动和发展过程中, 逐渐形成了以下基本
规律:第一,从宏观上讲,教育受一定生产力水平的影响和制约,又对
生产力水平和发展具有促进作用。一定社会的经济决定着教育性质
和发展,一定的教育又给予经济以伟大的影响作用。教育的这种外部
规律性反映了教育与社会的发展, 教育与人的全面发展之间的必然
联系。第二,从微观上讲,教育的教育性要求在传授知识与发展智力,
在培养品德与构建理想人格,在增强体质与全面发展诸过程中,必须
理论联系实际,符合人的生理和心理发展的规律。教育的内部规律性
反映了教育构成要素之间的内在联系。具体地讲,教育的基本规律主
要有: 一是教育要适应一定生产力的发展水平和经济发展需要的规
律;二是教育要同生产劳动相结合的规律;三是教育要适应人的心身
发展的规律;四是教育要适应人的年龄特征和个性差异的规律。教育
的这些基本规律是教育发展过程中的本质联系和必然趋向。教育规
律在教育活动中的作用是:(一) 教育的外部规律决定了教育作为独
立的社会实践活动存在的必要性, 决定了教育如何调节其自身的活
动,使教育处于一种经常的动态变化发展之中,并且教育在最大程度

上满足社会经济发展的需要；同时它也决定了教育如何吸收和借鉴其他社会影响,使其更好地为教育服务,教育的外部规律通过吸收、调节和控制其他活动对教育活动的作用,以保证教育健康发展。(二)教育的内部规律是调节教育内部各因素之间关系,处理教育内部各环节之间的矛盾,实现教育目的和教育任务的客观依据和重要手段。正确处理教育内部各因素之间的关系,如教学与教育的关系,教学与发展智力的关系,教师与学生的关系,学习知识与教材结构的关系.教育管理与教育组织的关系等,都是教育成功与失败的关键。

二

教育的本质属性决定了教育改革必须遵循一定的教育规律。规律是"事物之间本质的必然联系",规律是一种客观存在,是不以人们的主观意志为转移的客观实在,任何事物的发展变化都有其固有的规律性。教育改革必须遵循教育活动的自身的规律,这主要是因为:第一,教育规律是教育本质的反映,是教育过程中诸因素之间的内在联系和必然趋向,是教育活动区别于其他任何活动的根本标志。毛泽东指出:"任何运动形式,其内部包含着本身的特殊矛盾,这种特殊矛盾就构成了一事物区别于他事物的特殊本质"。这正是教育活动区别于其他一切活动的本质所在。第二,教育规律是人们在教育活动过程中逐步认识和揭示出来的客观规律,是人们用于指导教育活动和从事教育改革的客观依据。毛泽东指出,"马克思主义的哲学认为十分重要的问题,不在于懂得了客观世界的规律性,因而能够解释世界,而在于拿了这种对于客观规律性的认识去能动地改造世界"。因而人们认识教育规律和揭示教育规律的目的就在于用来指导教育活动和指导教育改革。这是教育规律不同于其他规律特别是经济规律的根源所在。

正是因为教育的本质区别于经济的本质，教育规律不同于经济规律，因而就构成教育活动与经济活动之间显著的区别：一是活动的对象不同。教育活动的对象是人，人作为对象性的存在物是有需要、有激情的主体，通过一种自觉自由的对象性活动来展示自己的主体性，这就决定了教育的复杂性；而经济活动对象是物，是物质资料的生产与再生产，这种生产过程就其本身来说不具有主体性，因而和教育相比不具有像教育那样的复杂性。二是活动的方式不同。教育主要是通过教师的教和学生的学来完成教育活动的全过程，因此教和学的相互关系和相互作用就成为教育活动的基本形式；而经济主要是通过生产、交换、分配和消费等四个环节来完成经济活动的全过程，因此物质资料的生产与交换，分配与消费之间的相互关系和相互作用就构成了经济活动的基本形式。三是活动的功能不同。教育活动承担着人类的精神文明的生产和建设，因而教育具有继承性，每一社会的精神文化总是在以前社会的精神文化的基础上建立起来的，它对先前社会的精神文化都是加以批判地吸收，使之为新的经济发展服务。教育的经验是随着人类的社会实践逐渐丰富和发展起来的，教育的理论是经历着由低级到高级、由简单到复杂、由片面到全面的历史发展过程的，一些教育制度、教育内容和教育方法在历史过程中逐步形成和发展起来的，每一个历史时期的教育都与先前社会的精神文明生产有着一定的渊源关系；而经济活动主要承担着人类的物质文明的生产和建设，因而经济具有重复性。每一种物质资料的生产过程都是重复同一个生产过程，它是同一生产过程的累计和相加。在任何经济活动中，任何产品的更新换代都没有必然的继承关系，而是通过同一个生产过程进行着物质生活资料的生产和再生产，创造着人类的物质文明。四是活动的结构体系不同。我国的教育结构体系，从宏观上讲主要是由幼儿教育、初等教育、中等教育和高等教育构成的教育系统;从微观上讲每一教育系统又有各自的结构形式,如中等教育主要由普通中学、职业中学、中等专业学校和业余中学构成的中等教育体系。而经济结构体系,主要是指国民经济各部门、社会再生产各方面的构成。从宏观上讲主要有生产结构、分配结构、交换结构、消费结构和技术结构;从微观上讲主要有经济组织结构、产品结构、人员结构、投资结构和能源结构。正是由于教育活动有别于经济活动,因此在教育改革中我们必须遵循一定的教育规律,而不能完全按照经济规律来从事教育改革。如果我们完全按经济规律进行教育改革,就会在教育领域出现急功近利的思想,就会降低人才的培养质量,最终将会导致新的教育危机。

特别是在社会主义市场经济条件下,随着社会主义市场经济的启动和运行,一方面,为我们教育事业的发展和改革带来生机和活力;另一方面,也为我国教育改革和教育发展带来了新情况和新问题。一是市场经济的开放性,使教育的环境更趋复杂。所谓开放性,就是社会主义市场经济是在打破地域界线,敞开山门、寨门、县门、国门,向市场、社会乃至世界开放的情况下进行的。这就是人们从事和参与经济活动的机会越来越多,与社会接触的范围急剧扩大,交流的渠道急剧增多,相互影响的程度急剧增大。社会上某些不健康的思想和西方资产阶级腐朽思想、价值观念、道德观念,也因此更加直接地影响教育。二是市场经济的等价性,极易侵蚀教育领域。等价交换是商品经济条件下一切经济活动必须遵循的基本原则。但在现实生活中,这个原则不能不对教育领域产生影响。如果疏于防范,就会使教育带上功利化和商品化色彩,使人们对从事教育事业和献身教育事业的理想失去信心。教育事业是一个无私奉献的职业,如果一旦运用市场经济的等价性,教育的为人师表、以身作则、言传身教和教书育人等基本的职业道德就会受到强烈地冲击甚或完全丧失。三是市场经济的盈利性,容易诱发青年学生"拜金主义"价值观。在发展社会主义市场经济过程中,由于经济利益的"企业化"和"个人化"影响,容易使师生产生"一切向钱看的思想",陷入"理想理想,有利就想;前途前途,有钱可图"的泥沼中,把赚钱谋利,发财致富作为自己唯一的目的来追求,失去了学习的动力和兴趣,丧失理想和信念。这是一种很不正确、很危险的思想倾向。四是市场经济的竞争性,容易引发违法乱纪行为。竞争是市场经济的最大特点。在社会主义条件下,所有商品生产经营者都是相对独立的经济法人和竞争主体,具有各自的经济利益。因此一切弄虚作假、损人利己、请客送礼、金钱开路、偷税漏税现象都可能出现,这些不正之风都已影响到教育领域的考试、升学、招生分配等环节,如不及时纠正,其影响很大。五是市场经济的自发性,客观上为无政府主义的滋长提供了土壤。社会主义市场经济,就其计划性一面而言,是自觉的;但就市场调节一面而言,又不可避免地带有一定的盲目性和自发性。市场经济的自发性影响到教育领域,就使教育有目的、有计划、有组织、有步骤的实践活动陷于盲目和混乱,国家和政府就会失去对教育的调节和控制,就会形成无政府主义的教育状态。基于上述认识,我们认为,教育改革必须遵循教育规律而不能完全遵循经济规律。在教育改革过程中,必须正确处理经济规律与教育规律的相互作用和相互关系。

三

按照教育规律进行教育改革,并不是忽视和否认经济规律对教育改革的巨大作用。一是导向作用。在社会主义市场经济条件下,价值规律是贯穿于商品经济中的一种客观必然趋势,是商品经济的基本规律。只要存在商品经济,价值规律就要发生作用。价值规律在教育改革中的导向作用:一方面,它可以指导教育自觉地调整其结构和规模,调节各级各类教育在整个教育结构中的合理比例及分配,以及确定各级各类教育中受教育者的数量和质量;另一方面,它可以指导教育在投入与产生过程中的效益与成本核算,即培养各级各类合格人才所花费用的高低以及毕业生在就业时表现出来的教育的经济效用、经济效益和经济贡献,从而提高教育的经济效率。二是促进作用。价值规律作用的结果,会自觉地刺激社会生产力的发展。价值规律作用于教育:其一,它对各类人才的数量提出了客观要求;其二,它对各类人才专业结构提出了客观要求;其三,它对各类人才的标准和质量提出了客观要求。这些要求都是进行教育改革的现实条件,都是旨在培养和提高劳动者的素质,发展社会生产力,提高劳动生产率。三是借鉴作用。由于价值规律是社会主义市场经济的基本规律,贯穿于社会主义市场经济的全过程,因而价值规律在社会主义市场经济中所体现出来的竞争性、开放性和效益性原则,都可以在教育改革中得到借鉴和应用。而且教育改革要适应社会主义市场经济建设的需要,就必须借鉴和应用价值规律在市场经济中所体现出来的特点和原则。

首先,必须建立教育的竞争机制。经济活动尤其是市场经济一个很大的特点就是竞争性,就是优胜劣汰。也正是由于市场经济的竞争性,才保证了经济活动的生机与活力。教育活动也同样需要竞争,需要学校与学校之间、教师与教师之间、学生与学生之间的相互竞争。长期以来,在社会主义计划经济体制下,由于国家和政府对教育控制过死,学生实行统招统分,是学校缺乏发展活力,学生缺乏学习动力,结果造成"人人一个样,学校一个样"的机械模式,培养的人才素质不高,能力不强,不能适应和满足社会发展和经济建设的需求。因此在教育改革中我们要借鉴和应用经济活动中的竞争性,建立教育的竞争机制,彻底打破"大锅饭"现象,使学校获得活力,学生获得动力,教育获得效益。教育的竞争机制首先要对教师实行聘任制,把岗位责任和目标任务同教师的经济利益挂起钩来，以完成目标任务的数量和质量决定续聘或解聘，以调动教师教书育人的积极性。其次要把学生推向市场，实行双向选择，把学生分配同用人单位的选择结合起来，使学生的毕业分配通过人才市场来进行调节调配，以调动学生学习的积极性。再次要在学校内部建立淘汰制，实行宽进严出。使学生增强竞争意识和成才意识，促进学生全面发展和健康成才。最后要开展学校际之间的相互竞争。国家要有计划有重点地扶持一些师资力量强，基础设施雄厚和管理先进的学校和专业，鼓励其办出水平和特色；对那些管理水平低下，师资力量薄弱的学校要进行必要的调整和整顿，实行关停并转，以提高教育的整体效益。

其次，必须建立教育的开放机制。在经济活动中，人们为了追求效益和利润，总是十分强调信息的作用，注重于交流的渠道。在不断地信息交流中，才构成了经济活动的起伏跌宕，波澜壮阔。教育活动是为社会培养合格劳动者和有用人才的社会实践活动，它必须吸收和借鉴人类一切优秀的文化成果和教育成果。必须坚持改革开放，重视教育的开放性。长期以来我国的各级各类教育几乎都是单一的封闭式教育。国与国之间、学校与学校之间、系与系之间、专业与专业之间、各级各类教育之间形成了一种各自独立的系统，互不往来，互不沟通，缺乏一种科学的传递性和连续性。这种体制所培养的学生必然是知识结构单一，思维方式单一，缺乏创造性和能动性。建立教育的开放机制：一是向西方发达的资本主义国家学习，学习和借鉴他们先进的教育管理体制和管理方法，学习和借鉴他们在培养学生全面发展方面的先进经验和科学手段，学习和借鉴一切对我们教育改革有用的东西。二要建立学校之间的联系与协作。要不断加强国内国外、院校之间、专业之间的协作关系，互帮互学，取长补短，共同提高。三要打破传统单一的学科体系和专业体系，建立一些跨学科专业，促进学科的互相渗透、交叉、综合与分化,以适应现代科学技术综合与发展的趋势。四要树立科学的教育观,高度重视教育在社会发展中的战略地位和重要作用,使教育能够及时适应社会发展和经济建设的需要。

再次,必须建立教育的良性循环机制。在经济活动中,为了维护良好的经济运行体制和经济秩序,人们必须通过一系列法律法规,促使经济在良性循环的机制中稳步前进,不断增长。教育作为培养人的活动,其培养周期比商品生产周期要长,因此要建立教育的良性循环机制。一是在教育经费问题上,要通过教育立法的形式来保证国家和政府在经费上对教育的投入,从经费上保证教育的顺利进行,提高教育的经济效率。一方面,必须使已有的资源合理的充分运用,输入于实际的教育过程中;另一方面,必须避免非实际输入于教育过程的经济上的虚耗浪费。二是在教师队伍建设上,要从知识的本身价值出发,不断提高教师的经济报酬和生活待遇;要从知识更新的角度出发,不断进行教师的培训和进修,注重教师素质的提高,建立一支结构合理的适应社会主义市场经济需要,掌握现代化教育理论和科学技术知识的教师队伍。三是在社会大环境上,要大力宣传和倡导尊重知识、尊重人才的社会风尚,在全社会形成一个重视教育、支持教育、努力发展教育的良好局面。

教育改革是一个复杂的系统工程。既需要理论上的深入研究,又需要实践上的不断探索。本文的主旨在于探索经济规律与教育规律在教育改革中的关系及其作用,认识还很肤浅,仅此就教于各位专家学者。

论高等师范专科教育的课程体系及其改革

　　课程体系是高等教育教学计划的重要组成部分，也是实现一定的教育目的和培养目标的主要条件。高等教育在确定了专业培养目标和教学制度的前提下，如何建立合理的课程体系以适应社会主义市场经济和当代科学技术发展的需要，是当前高等专科教育课程体系及其改革的一项重要任务，本文仅就我国师范高等专科教育课程体系及其改革的问题，进行一些初步探讨。

一

　　我国高等师范专科教育的课程体系，是在恢复高考制度之后高等师范专科教育迅速发展的过程中逐步形成和建立起来的。在现行的高等师范专科教育的教学计划中,这种课程的体系主要有四类:一是公共课程。这是高等师范专科教育各类专业学生共同必修的基础课程,主要包括政治理论课、思想政治教育课、教育理论课、体育课和外语课,具有统一的学时和要求,是培养德智体全面发展人才的必要课程;二是基础和技术基础课。这是高等师范专科教育各类专业学生掌握本专业所需要的基本理论、基本知识和基本技能的课程,其目的是为学生学习专业知识和掌握新的科学技术打下宽厚和扎实的理论和技术基础;三是专业课程。这是高等师范专科教育各类专业的学生学习本专业的专业知识和专业技能的课程,其主要任务是使学生掌握必要的专业知识和技能,了解专业范围内最新的科学技术成就和发展趋向。专业课着重专业理论和基本规律的教学以及实验能力的培养;四是选修课程。这是高等师范专科教育各类专业学生有选择地学习的课程,学校在学生学完备类必修课程的前提下,允许学生在一定范围内选修同专业培养目标直接或间接有关的课,其目的是为了贯彻因材施教的原则,扩大学生的知识面,增强毕业后工作的适应性。在以上四类课程中,公共课程、基础和技术基础课程,一般占总学时 85%左右,专业课程占 15%左右,选修课程在教学计划所规定的总学时数中所占的比重,一般没有明确规定,由各校根据实际情况来确定。

高等师范专科教育的这种课程体系,是根据学科的科学体系和人的认识规律建立起来的学科课程。应该明确,这种课程体系在我国高等师范专科教育的发展过程中曾经发挥了重要的作用,也为我国教育事业的发展做出了很大贡献,特别是为我国初中教育的大规模发展培养了一大批合格的师资力量。但是随着我国社会主义市场经济的建立,中等教育结构的调整与改革,社会发展对未来教师的更高要求相比,这种课程体系所显现出来的问题和缺陷也更加明显。根据大量的高等师范专科教育课程问题的研究报告以及论文所提供的资料归纳分析,目前我国高等师范专科教育课程体系上存在的主要问题有以下几个方面:

第一,偏重学科专业知识,轻视教育专业理论。这从目前高等师范专科教育课程结构中学科专业课与教育专业课的课时比例,以及国外师范教育课程结构的比较中可以得出明显的论证。第二,在学科专业方面,主干课程不突出,要求不明确;内容陈旧的课程和每门课程中比较陈旧的内容均占有一定的比例,课时量大的课程多,挤占了过多的课时;整个课程体系缺乏合理的结构和配置,基本上是本科课程的简单压缩而已。第三,公共必修课的开设,没有联系培养专科学生全面素质和能力实际。开设的选修课也大都是学科专业课的延伸和扩展；开设的辅修课也极少有不同学科的专业，且没有建立起一套完整的课程体系，不能适应农村中学教师实际教学工作的需要。第四，教育专业的课时不仅少，而且课程内容陈旧。讲教育理论，只是点一下而已，层次低，面较窄；对学生教育教学基本功的培训也较弱；课程中与中学教育教学工作的研究和改造有直接联系的内容少。加上由于种种原因教育实习得不到很好的保证，师范生虽是在专门的学校学习，但并没有充分地受到良好的教育专业训练。因此，毕业生进入中学的头几年大多不能完全适应实际的教育教学工作，不仅做班主任工作的能力差，而且连语言表达、备课、组织教学、板书等基本功也很欠缺。第五，职业技术教育方面的课程少而且尚未得到充分重视。绝大多数高等师范专科学校目前尚未开设职业技术教育专业及其相应的课程，不能及时地为蓬勃发展的中等职业技术教育提供合格的师资力量和人才资源，造成了目前基础教育师资趋于饱和，而职业技术教育师资却严重紧缺的不合理状况。

高等师范专科教育在课程体系中存在的上述诸多问题，是与我国社会发展的实际需要不相适应的。这种不相适应的状况主要表现在：

一是不适应农村教育改革与发展的需要。我国农村中学一般是小型与分散的，规模小，班级少，一名教师往往需要承担几门课程，这一特点就要求农村中学教师必须"一专多能"。但是我国目前高等师范专科教育的课程体系学科划分过细，学生的专业知识一般较为深厚，缺乏替代性，基本是只能承担一门课程的教学任务；二是不适应中等职业技术教育发展的需要。随着我国中等教育的调整与改革，职业中学在我国中等教育中所占的比例越来越大，大部分中学也开设了职业技术课。由于目前高等师范专科教育课程结构单一，而且缺乏必要的职业技术教育课程，就不能为这些学校输送从事职业技术教育的师资；三是不能适应未来教育改革与发展的需要。未来社会是复杂多变的社会，中等教育也将随着社会的发展变化不断地调整和改革。由于目前高等师范专科教育课程体系的适应性较差,在未来社会发展中,一旦中学课程设置有所变动,高等师范专科学校毕业的学生就处于一种被动地位,难以适应这种课程变动的需要。

二

高等师范专科学校课程体系存在的问题及其不适应性是由于教育发展的相对稳定性与市场经济的急剧变化性之间的矛盾所造成的。因此高等师范专科教育的改革从根本上说是如何正确地处理和解决教育发展的相对稳定性与市场经济的急剧变化性之间的矛盾问题。我们认为,要使高等师范专科教育既适应市经济的变化,又具有相对的稳定性,就必须处理好"以变应变"与"以不变应万变"的关系。所谓"以变应变"就是教育决策者、学校领导者要树立主动适应与应变的意识,更重要的是教师要努力学习,不断更新知识结构,主动调整自己,以适应市场经济与科学技术变化的需要。教育的"以不变应万变"就是在培养人才上要注意基本理论和基本知识的学习,重视基本技能和基本素质的训练,提高人才培养的质量。在当前的情况下,要做到这一点,必须在进行专业改造的同时,不断地改革课程体系和教学内容。这是因为,一方面,由于教育过程的长期性,专业人才的培养需要较长的时间, 专业改造之后较难像生产经营行为那样经常予以调整。另一方面,根据新设专业配置的教师队伍,他们知识结构的更新与调整,也较难像生产新产品或经营者经营新产品那样,可以迅速更新换代。因此,只有不断地更新课程结构和教学内容。建立合理的课程体系,才能培养出基础扎实的高质量人才。这样无论市场如何变化,学校都可立于不败之地。

建立合理的高等师范专科教育的课程体系。首先,必须以科学技术的发展为依据。科学技术的发展,为高等师范专科教育课程体系的改革提出了客观要求:一是知识剧增与知识陈旧周期的加快,要求高等师范专科教育的课程结构必须不断更新。知识剧增首先给教育以巨大冲击,首当其冲的就是课程结构,高等师范专科教育如何在有限的时间内设置课程,使其适应科技发展的无限性,这是课程改革的主要问题;知识陈旧周期的加快,要求课程内容的更新也要加速,这是历史发展的必然要求。二是学科的高度分化与高度综合的发展趋势,要求不断改革课程结构。学科的分化与综合、交叉与渗透,说明了学科之间的界限正在逐步消失,这就要求教育必须作出相应的对策,随着当前世界各国高等教育结构向综合化方向发展,高等师范专科教育的课程设置,也要求与现代科学向综合性发展的特点相适应。其次,必须以市场经济的发展为依据。市场经济的建立和发展,促进了国民经济的快速发展和产业结构的调整,同时也对人才培养的规格、种类和数量提出了新的要求。社会生产的需要,是科学技术发展的强大动力,也是专业和课程选择和接受科技成果的主要准则,它制约着课程发展的速度和方向。因此高等师范专科教育的课程设置,必须适应市场经济的发展变化和社会的需求情况,不断地更新与改革。课程的设置要与时代发展同步,必须以国民经济的发展速度和水平、产业结构的调整变化为依据,以社会需要为动力。再次,必须以中等教育结构的改革为依据。随着我国中等教育结构的调整与改革,我国的中等教育结构由原来单一的基础教育逐步向普通教育、职业技术教育、综合素质教育的方向发展。这一发展变化必然要求高等师范专科教育的课程体系必须与其相适应,使高等师范专科教育的改革同中等教育结构改革的生动实践结合起来。最后,必须以师范教育的性质特点为依据。师范教育是人类教育的传嬗结构,它的主要任务是为教育事业自身的发展服务的。我国高等师范专科教育是为初级中等教育培养各类合格教师的,其主要性质及特点就是培养师资的高等专业教育。这就要求高等师范专科教育的课程体系,必须体现师范教育的性质和特点,在整个课程设置和课程结构中,应该突出教育理论课与教学实践课的教育与训练,突出教师技能的培养和创造能力的提高。

根据以上原则,建立高等师范专科教育的课程体系,必须突出以下几个特点:一是师范性。师范性是强调师范高等专科教育的课程设置及其课程内容,要与初级中学的学科内容相联系,以区别其他非师范类型的高等专科教育,这是与高等师范专科教育目标相一致的。二是基础性。基础性是强调高等师范专科教育的课程设置及其课程内容要与师范生所必需的基本知识和基本技能的教育训练相适应。基础性在这里有两方面的含义:第一是高等师范专科学生毕业后的工作岗位是初级中学,它属于基础教育的一个层次。初中学生学习的课程大都是基础课,因此我们在设置高等师范专科教育的课程体系时,要主动适应中等教育改革的需要。第二是高等师范专科教育课程设置和课程内容,应以使师范生学习并掌握好本专业范围的基础知识和基本技能为主要目标。基础性原则对学生的要求就是把专业基础课程的基本概念、理论和基本技能(包括分析、运算、实验、概括等)学好。三是综合性。综合性是强调高等师范专科教育的课程设置及其课程内容要与师范生的智能结构相适应。师范生的智能结构一般分为再现型、发现型和创造型三种。未来创造型的教师,应该具备再现、发现、创造三型综合的智能结构,这就要求在设置高等师范专科教育课程体系时,充分体现教师综合性的特点。四是丰富性。丰富性是强调高等师范专科教育的课程设置及其课程内容要与师范生所需要的知识结构相适应。一般来说,师范生的知识结构,既要有较深厚的专业基础知识，又要有广泛的近邻学科知识以及作为一个创造型教师所必需的其他各种知识，这就要求在课程设置和课程内容上，必须充分体现师范生知识结构的丰富性与广泛性。五是自调性。自调性是强调高等师范专科教育的课程设置及其课程内容要与师范生未来的教学实践相适应。自调性在这里也有两方面含义：其一是指学生的智能结构能够根据变化发展的客观实际来自动调节。其二是指在建立高等师范专科教育课程体系中，只有充分体现课程设置和课程内容的这种调节功能，才能真正适应不断发展变化的客观形势。

三

基于以上的分析和认识，我们认为，高等师范专科教育的课程体系及其改革，必须由原来传统的学科课程体系向综合课程体系转化。传统的学科课程体系则依据一定的教学理论组织起来的科学基础知识的体系。为了教学的需要，把某一门科学浩繁的内容加以适当选择合理的组织和排列，使它适合学生身心发展的水平和某一级学校教育应该达到的程度，这就形成了与这门科学相对应的学科。以学科为中心编订的课程就是学科课程，按照各类学科建立起来的课程体系就是学科课程体系。由此可见，传统的学科课程体系，是适应学科的高度分化而建立起来的，其目的是为了便于了解和掌握相应学科的基本体系及其发展方向。但是随着科学技术的综合发展，导致了学科的综合化趋势，这种综合化趋势必然要求建立与之相适应的课程体系。因此，建立综合课程体系，这不仅是社会发展的客观要求，也是科学技术发展的必然趋势。

所谓综合课程，也称广域课程，就是把若干有关学科合并起来编定课程。综合课程所关心就是知识领域和知识类型之间相互影响、相互联系的问题。其目的就是通过各门学科之间的相互影响、相互渗透相互联系而趋向统一,形成一个有机整体。综合课程体系力图把组成学校课程的各门学科看作一个有机整体的组成要素,而不是一大堆自成一统、相互孤立的知识领域的集合。按照综合课程建立起来的课程体系,它使每一门课程涵容的科学领域和知识范围较广,这样既纠正了学科课程分科过细的缺点,也减少了分科的数目,便于联系学生的生活实际和社会发展的实际需要。

建立综合课程体系, 是人类科技文化知识的综合化趋势在学校教育中的反映。我们认为高等师范专科教育的综合课程体系,一般应该涵容以下几个层次:第一,基础课程类。这是每个专业的学生必须共同修习的课程,包括三个学群:一是公共必修课程群,这是任何专业的学生学习专业知识和培养良好的思想品德所修习的课程。下设马列原理、中国革命和建设、法律基础、体育、生产劳动、军事训练等几门课程。公共课是培养学生德智体全面发展的必要课程。二是工具课程群, 这是为学生顺利地学习基础理论、专业知识或进行科学研究,掌握必要的学习和研究的方法及手段而开设的课程。下设科技工具书、科技文献检索、计算机检索、史料学、版本学、计算机语言、目录学、逻辑学、科学方法论等几门课程。工具课有助于培养学生的自学能力和独立工作能力。三是基础课程群,这是为任何专业的学生顺利学习专业理论而开设的课程。下设自然科学概论、社会科学概论、大学语文、历史、数学、外语、思想发展史、科技发展史、自然辩证法等几门课程。基础课的作用是为学生掌握专业知识、学习科学技术、发展他们的有关能力打下坚实宽厚的基础。第二,教育课程类。这是师范院校学生为从事教师职业所修习的课程。包括三个学群:一是教育理论课程群, 这是为学生掌握一定的教育理论和教育规律而开设的课程,下设中等教育原理、中等教育方法、教育哲学、教育学、比较教育、教育史、教育心理学、成长与发展、青年心理学等几门课程。二是教育技能课程群,这是学生为从事教师职业掌握必备的。教师基本技能而开设的课程,下设普通话训练、书法、应用写作、电化教育、音乐、美术等几门课程。三是教材教法课程群,这是学生掌握某一学科的教学方法所修习的课程。教材教法可根据所开设专业而开设若干门课程。第三,专业课程类。这是为某个专业的学生学习专业知识和专业技能开设的课程。全部的专业课程构成专业理论和专业技术的体系。是专业教学计划的主要组成部分。根据国家对各类专业人才的需求,专业课程可包括三个学群:一是理论课程群,这是为学生掌握本专业的基本理论而开设的课程。二是选修课程群,这是为学生掌握本专业学科发展的方向和研究动态,从事科学研究所开设的课程。三是实验课程群,这是为学生掌握本专业的实验技能而开设的课程。第四,应用课程类。这是为培养一专多能的复合型人才以提高学生工作的适应性而开设的课程。包括两个学群:一是应用理论课程群,下设若干门课程;二是应用技术课程群,下设若干课程。第五,职业技术课程类。这是为学生从事职业技术教育开设的课程,一般也包括两个学群:一是职业技术理论课程群,下设若干门课程,二是职业技术操作课程群,下设若干门课程。这样一来,每个学群既可以成为一个相对独立但又与其他学群密切联系的实体,扩大了传统专业设置的范围,提高了课程整体结构的综合化水平。

建立综合课程体系,并不是教育领域内部产生的,而是现代科技、文化、经济发展的客观需要在学校课程中的反映。在课程改革过程中,必须做好以下几项工作:一是必须调整和改组旧的系科和专业建制,打破系统的专业界限,建立综合学科、交叉学科和边缘学科的教学实体,根据社会对各类专业人才的需要和要求,可以随时在几个学群中选择课程,组成新专业,以增强学校办学的主动性和灵活性。二是必须加强教师队伍建设。要打破教师以系为单位的部门所有制和教师专业学科研究的界限,大力扶持交叉学科、边缘学科和综合学科的研究,根据学校所设置的各类课程体系和课程学群培养教师。三是必须加强教材建设。课程设置,关键是教材。要从组织领导、资金、设备和人员配备上予以充分保证。教材编写是一项复杂的综合性研究工作,须由教育行政领导部门成员、各个领域的科学家、教育学家、心理学家、教学法专家以及广大教师通力合作,共同参与,以促进各类课程体系现代化的进程。四是必须处理好主辅修的关系。从学制上说,现在高等师范专科学校实行的"2+1"学制,并不是指二年制师专还原为三年制师专,而是指以二年的课时安排,使师范生达到师范专科水平;增加的一年,则用于学生辅修某一专业:学生辅修的专业或是应用技术类,或是职业技术类,文科亦可辅修理科,理科也可辅修文科。因此"2+1"既包括对学制的弹性调整,也包括对师范生知识智能结构的优化组合。这样建立起来的综合课程体系,一方面避免了辅修专业仅仅是主修专业的扩展或延伸的局限,另一方面也避免了师范院校开设非师范专业从而改变师范性质的缺陷,是符合高等师范专科学校教育改革和教育发展方向的。

试论师范专科学校的专业改造

专业建设是高等学校的一项基本建设,搞好专业建设,是高等学校获得最佳办学效益的基本前提。专业的设置和改造,应当根据国家经济建设和社会发展的需要,并结合学校特点和条件进行。那么,在我国建立社会主义市场经济体制和基础教育改革发展的新形势下,师范专科学校如何进行专业改造呢? 从近几年来师范专科学校进行专业改造的实践来看,我们认为,基本的思路应当是:按照邓小平"三个面向"的教育思想,从适应基础教育改革发展和当地经济建设的需要出发,充分体现师专高教性、师范性、地方性的特点,更新师范专业课程结构,调整长、短线专业招生数量、增设非师范专业,拓宽社会服务面。

一、专业改造必须促成培养规格的完善

培养规格是专业培养的目标,是进行教学工作的依据。根据邓小平教育面向现代化、面向世界、面向未来的教育思想,师范专科学校专业改造的一个基本目标就是完善师范生培养规格。师范生的培养规格在不同时期有不同的内容和要求。当前基础教育改革发展的形势对师范生的培养规格提出了新的要求。

我国基础教育改革和发展的基本点有两个:一是职业教育的兴起,一是由应试教育向素质教育的转轨。职业教育的发展和素质教育的实施, 需要师范院校培养的毕业生成为自身素质全面良好的"人

师"，而不是仅具备专业文化知识的"经师"。高等师范专科学校以往所设专业的最大弊端是知识面狭窄，学科分立，互不渗透，重理论、轻实践；重文化、轻技能。专业改造要达到完善培养规格，使培养的学生成为"人师"的目的，必须扬弃那种只具有某些单一的专业知识，只能从事一门中学文化课程教学的培养规格，代之以具有高尚的思想品德修养、宽厚的知识基础、掌握现代化的专业知识、现代化教学手段和较强的实践能力，能从事两门以土中学或职中课程教学的规格。这里宽厚的基础知识，包括教育教学理论知识、专业学科知识、相关学科知识，一般文化知识（如外语、计算机、艺术）较强的实践能力，即自我发展提高能力、开拓创造能力、应变能力、参与社会活动的能力等。

二、专业改造必须以优化课程结构为基础

高等学校中所设置的任何专业都是与一定的学科体系、课程结构相联系的。高等师范专科学校目前的专业，其课程结构基本上由三个部分组成：政治理论和思想品德课、教育理论的教学实践课、专业课。其中专业课约占总学时的 70% 以上，这三部分课程 98% 以上为必修课，这种课程结构的特点是专业课时量大，知识面窄，能力培养不足，缺乏灵活性和创造性。在专业改造过程中，必须走内涵发展的道路，以优化课程结构为基础，对目前各专业的课程结构进行改革。首先，在课程设置门类上，要增加一般文化知识课，如计算机应用、外语、艺术、历史、文学以及应用性文科课程。这类课程对于各专业学生自身素质的全面发展，对于提高自我发展的能力，都是十分必要的。其次，在课程时数分配上，要减少理论课时，加大实践性课时，加强能力培养。只有加强能力培养，学生学会了独立思考和工作，才能适应跨世纪时代的特点和知识更新的需要，因此，要增加教育实习、见习和实验教学时间，同时，在课外，还要组织学生进行社会调查，开展学

术研讨活动,结合毕业论文和设计,为企事业单位解决技术难题或提出调研报告,让学生在广泛的实践活动中,培养和提高从事教育和教学的能力。再次,要调整必修课和选修课的比例,压缩内容重复或基本雷同的必修课和课时,增加选修课。只有多元化的课程和较多的选修机会,才能满足个性和兴趣爱好不同的学生的需要,才能保证拓宽知识面。最后,要精选和更新课程内容,把那些对学生全面成长和今后从事工作有深远影响的基础知识和理论传授给学生,让其牢牢掌,要积极吸取学科发展中的新概念、新内容、新技术,用以代替那些陈旧的课程内容。

三、专业改造必须坚持专业结构合理的原则

高等师范专科学校的专业一般都是根据中学的学科来设置的。这是与其他性质高校专业设置的区别之所在。就任何高校而言,专业结构是否合理,都是与社会需求息息相关。从高等师范专科学校所服务的主要对象来看,中学课程的门类和课时量比较稳定,对各科教师的需求也比较稳定。但是,这并不意味着需求量的恒定。例如,从1993年后季开始,初中的体育课时由周学时 2 增加为 3,对体育教师的需求数额便增加了三分之一。特别值得指出是在高等师范专科教育发展中,由于种种原因,忽视了某些学科专业的发展,形成所谓长、短线专业毕业生供求失衡的局面。因此,在专业改造过程中,一定要做好社会需求的调查研究,当发现中学对某门学科教师的需求暂处于饱和状态时,不要采取砍掉专业的简单做法,而应该采取调整长、短线专业招生人数的办法,在调整中保持供与求的平衡,就目前掌握的情况看,甘肃省不少地区的初级中学,英语、音乐、体育、美术等学科教师普遍缺乏,而物理、化学、生物等学科教师相对饱和。我们应根据这一情况,及时扩大美术、英语、体育、音乐等专业招生人数,压缩

物理、化学、生物等专业招生数量,既可做到专业结构合理,又可达到供求平衡。

四、专业改造必须重视走外延发展的道路

师范专科学校的专业改造,不仅要注意专业内涵的发展,同时要重视走专业外延发展的道路,除了设置师范专业,还可以将师范专业向外延伸,结合当地经济文化发展需要,增设非师范专业,培养一定数量的应用技术人才从。1991年开始,不少师范专科学校根据当地需要和学校条件,增设了一批非师范专业。这样,一方面适应了社会需要,另一方面也使师范专科学校多种专业并存,互相渗透,促进了学科发展。

但是,师范专科学校大多地处中、小城市或农村,毕业生分配地域较为狭窄,在这种较小的地域范围内,对非师范专业人才的需求表现为专业种类多量小的特点,即对许多专业的人才都需要,但对每一专业并不需要很多,完全依靠外地院校输送会显得不足或有缺口,但当地师专如大量培养又会供过于求。因此,师专应该在条件许可的前提下,多设非师范专业,突出灵活性,隔年轮流招生。

五、专业改造中必须注意解决的几个问题

专业改造既关系到师专的办学效益,又关系到学校自身的生存和发展,既要积极探索,大胆尝试,又要谨镇从事,稳妥扎实,成熟一个,改造一个;既要理清基本思路,又要抓住并解决一些具体问题。第一,要找好人才需求的预测。增设专业和改变专业的方向,都要了解社会对人才的需求,主要是针对当地的需求进行调查,认真分析,搞好预测,避免专业改造的盲目性。第二,要搞好课程建设,增强课程的弹性。进行专业改造,必然需要相应的师资力量,但是,每改造一个专

业或新设一个专业就配备新教师,显然是比较困难的。因此,应当充分发挥现有教师的作用,认真抓好课程建设,课程建设这个基础搞好了,课程的弹性增强了,对专业改造能力提高了,专业改造就能顺利进行。第三,要走联合办学的路子。师范专科学校开办非师范专业或应用技术课程,实验条件和实习场地困难是一个客观存在的问题。要解决这问题,学校应积极建立与工厂、农村的联系,行联合办学,依托工厂农村的现有设备和场地,开展校内无法搞的实验和实习,保证教学工作的正常进行。

陇东老区教育的历史特点

陇东老解放区教育的发展和全国其他老解放区教育发展的历史有许多共同之点。由于教育是一定历史条件下的产物。教育与一定社会政治经济相联系,并受其制约和影响,这就不能不使陇东老区教育有其自身的历史特点。研究其历史特点,对正确理解党的教育方针、政策,正确估价老区教育的成绩和经验,都有一定历史的和现实的意义。

一、陇东老区教育经历了三个不同历史时期

陇东老区教育与全国其他一些革命根据地的教育发展过程相比较,突出的历史特点之一,就是它经历了我党领导下的土地革命战争、抗日战争、解放战争三个不同历史时期。

由于历史条件不同,党制定的教育方针政策各有区别。土地革命战争时期,提出了"在于以共产主义的精神来教育广大的劳苦民众,在于使文化教育为革命战争与阶级斗争服务,在于使教育与劳动联系起来,在于使广大中国民众都成为享受文明幸福的人"这一文化教育的总方针。抗日战争时期,提出了实行坚决抗战的办法之一就是实行"国防教育",强调实行抗战教育政策,使教育为长期战争服务。1944年10月陕甘宁边区召开文教大会,确定了开展大规模文教运动的方针及一系列具体的文教政策,特别强调根据群众生产的需要和群众的自愿开展教育工作,实施"民办公助"的方针。1946年6月,

国民党反动派发动了反共反人民的内战，在这种形势下，陕甘宁边区政府于同年 12 月颁布了《战时教育方案》，规定了老区教育工作必须为人民解放战争服务这一根本原则。

在党领导下的三个不同革命时期的教育方针政策指引下，陇东老区教育的发展经历了激烈的革命战争时期和相对安定的和平时期，从而获取了在革命战争与和平环境中办教育的经验。

党在陇东老区开办最早的学校是在 1932 年 2 月"陕甘工农红军游击队"在五顷塬子、两顷塬子开辟革命根据地时建立的回民学校。这所学校时间不长就停办了。

1934 年 11 月，陕甘边区苏维埃政府在华池县南梁正式建立（又称为"南梁政府"）后，制定了"文化教育政策"和"知识分子政策"，同时还设有文教委员会，负责领导教育工作，开展了干部教育、社会教育和国民教育，创办了南梁列宁小学，南梁军政干部学校。1936 年 6 月，随着红军西征的胜利，党和政府又在环县、曲子等地办起了几所初小、红军军政大学第三科、抗大附属步兵学校以及建立了列宁文学运动，建立列宁文化室、俱乐部等，在群众中开展识字扫盲。这一时期的教育是在游击战争的环境下进行的。列宁小学的学生在反"围剿"的战争中，有的学生参加了红军，有的学生为游击队、红军送信、带路、放哨，为革命战争服务，南梁军政干部学校从革命战争和学员实际出发，建立了一套新的训练制度与方法，在教学中从实战出发，引导学员总结自己的战斗经验。红军军政大学第三科在环县木钵镇办学期间，学员一边学习，一边参加保卫苏区的战争，同时还参加地方政权的建设，使教学与实际紧密结合。

1939 年至 1940 年，国民党顽固派掀起了几次反共高潮，在陇东制造摩擦战争，部分学校被迫停办。但是，政府仍千方百计抓教育工作，采取多种办法，帮助群众解决具体困难问题，使不能入学的学生能够入学,完小仍有发展。当时,处于敌人扰乱地区的学校,教员生活很艰苦,连住的地方也不能固定,白天上课,学生轮流放哨。有的学校实行了军事化,白天都打好背包,准备随时转移,晚上轮流放哨。在距敌人据点较近的学校,教员经常将学生带领到山沟里或山岗上去上课。他们就这样在革命战争中坚持完成党交给的教学任务。新宁县南北仓村共 61 户人家,325 口人中接受各种教育的人数占全村人口三分之二。

1947 年春,国民党反动派发动了对陕甘宁边区的重点进攻,陇东老区首当其冲。在胡宗南部、马步芳部的疯狂进攻下,陇东老区教育事业遭到巨大的破坏。各级党政领导和教育部门认真贯彻《战时教育方案》,组织师生参军参战,帮助群众坚壁清野,发动群众自己办学。曲子县河道区钻洞子学校,在被敌人占领后仍坚持办学,平常教读陕甘宁边区编印的课本,敌人到来时,则改教老杂字,成为陇东老区在战争中坚持办教育的典范。陇东中学在战争期间三易校址,离开庆阳城,在山区坚持办学。陇东地委还根据陕甘宁边区政府教育厅关于教育工作配合土地改革运动的指示精神,组织陇东中学师生到收复区参加土地改革运动,使学校教育为革命战争服务,为土地改革服务。在战争过程中,由于大量地方干部参加了军事斗争,新吸收了一批地方干部,为此,陇东地委开办了党校、干校,加强了对地方干部的培养和教育。在收复区内,还及时地恢复了学校,并接管、改造国民党政府办的各类学校。学校教育、干部教育、社会教育都有发展。

处于抗日后方的陇东老区,在抗日战争时期,相对地讲是生活在安定、和平的环境中,教育工作有很大发展。从教育内部结构看,新开办了陇东中学。1939 年前,根据各地经济发展情况和人口集中程度设有完全小学、中心小学、模范小学和普通小学(三年制)。从教育的横向结构讲,干部教育、成人教育抓得很紧,各种干部培训班地、县分别举办,各地冬学、夜校、半日校、识字组普遍建立。各类学校及学生人数都有较大增长。华池县在土地革命战争时期,仅办有两三所小学,到1939年,已有完小1所,模范小学2所,普小28所,还有冬学16处,夜校5处。教学内容、教学方法进行过多次改革。陇东中学明确规定"实施新民主主义教育,培养小学师资和边区文化教育干部"为办学宗旨。在教学中理论结合实际,开展社会调查和实习活动,培养学生的独立工作能力。到1939年,各小学基本上使用了陕甘宁边区政府教育厅规定的课本,并根据生产生活的需要,增设应用文、珠算,增讲卫生常识、生产知识,使教学为生产建设服务。在教学中一般都能使学生集体自动的学习,有的完小还运用讲演讨论法与自学辅导法,取得了较好效果。学生还广泛参加各种社会活动和课外活动,如社会宣传活动、优待抗日军政家属等。特别是1940年11月,在庆阳县成立的"小朋友函谈社"在小学生中是很有影响的课外活动组织。该社主要是采取给小学生写信的方式,帮助小学生解答问题,并为他们之间沟通函谈联系。这个活动的开展,扩大了小朋友的眼界,增强了团结,活跃了生活,培养了智能。

陇东老区教育在发展数量的同时,注意提高各级各类学校的教育教学质量。曲子县提出"办一处象一处,不求形式,着重内容",各小学普遍坚持"四会"(会认,会写、会讲、会用)原则。环县提出"以群众的需要定课程和训导计划,使学生学习了就能用,如识字课、珠算、农村应用文、日记等。训导方面,训练学生懂得礼貌,懂得政府的法令,爱劳动,讲卫生"。同时各校普遍开展评选模范班、模范学生活动,在学生中提倡"自觉、自动、自治"以养成民主作风,提高学生自治能力。

陇东老区在贯彻"干部教育第一"的方针中,干部教育、成人教育也走上了正轨。陇东中学根据陇东地委的指示开办了"地干班"。社会教育也搞得生动活泼,创造了许多好的经验。有力地推动了农村文化教育活动的开展和精神文明的建设。

二、陇东老区教育的历史继承性特征

陇东老区教育是党领导建立的新民主主义教育,教育体制、教学内容、教学方法、教学管理都不同于旧教育。但是,陇东老区教育是在一定历史条件下继承、批判、改造旧教育的基础上建立和发展起来的。因此,陇东老区教育发展中表现出的历史继承性特征,也就反映了陇东老区教育的历史特点。

陇东老区教育发展中的突出特点是兴办私学、改造私学、大办民小。这个特点实质上是陇东老区教育历史继承性特征的表现。开办私学,在我国具有悠久历史,从孔子起就开了私人办学之风,延续了二千多年,成为我国旧教育的传统之一。这种私学是同传统农业相联系,以自给自足的自然经济为基础,因而在旧中国私学遍及全国。文化落后的陇东老区群众中也有开办私塾的传统。

陇东革命根据地建立后,推翻了封建地主阶级的统治,建立了无产阶级领导的革命政权,劳动人民翻身做了主人,要求学习文化的积极性高涨,但从经济上看,仍然是个体的小农经济为基础,而且长期处于革命战争环境和国民党政府的经济封锁之中,财力困难。这就是陇东老区在新形势下开办私学的社会经济根源。

陇东老区发动群众,有领导有计划地开办私学,发展教育,是陕甘宁边区最早的地区,也是私学发达的地区,到1940年底在曲子等六县办有私小50所。开办私学是对旧教育的继承,但不是完全承袭旧的一套,而是批判地继承,对旧的私学进行了改造。1941年11月,陇东分区专署颁发了关于办理私学的规定,要求各县在不妨碍公立学校的原则下,尽量发展私学。办私学要向各县三科呈报备案,私学教员要参加县、区召开的教员会议,各私学要向县三科提出工作报告。还规定私学课本由县三科发给。这些规定,促进了陇东老区私学的发展,同时也从本质上把新旧私学区别开了。

陇东老区在办新的私学的同时,还发动群众,大办民小。民小与私学的主要区别是:(一)私学的教员,使用课本及开学、放假时间,都由群众决定,民小教员一般由政府委派课本、开学、放假日期一般由当地政府决定;(二)私学在物质上得不到公助,而民小则可得到。这些民办学校是由地方干部、劳动英雄、乡村士绅发起创办的。新正县雷庄村创办了一揽子民办学校,深受群众欢迎,这所学校招收有四种学生:一为正式学生,每天到校学习;二为放羊娃,利用早晚学习;三为成年男人,利用工余抽空学习;四为妇女。这种一揽学校提供了在当时条件下多形式办学的经验。在陕甘宁边区政府教育厅召开的文教大会后,陇东老区民办学校有了进一步的发展,陇东分区在1945年有民小160所,私学88所。民私小学占全区小学数的89.2%。

在大办民小的热潮中,又促进了私学的改造。陇东老区改造旧私学的工作贯穿在教育发展的全过程中,早在土地革命战争时期和抗日战争时期,就开始了对私学的改造。1944年陇东分区有115处私学,比公立小学几乎多了三倍,改造私学成为推动农村文化教育发展的当务之急。镇原县出现了贾其昌改造私学的典型。他从教学到管理完全废除了旧的一套,使旧学逐步走向新的道路,收到了好的效果。为了奖励他的进步,县政府和陇东分区都授予他和他办的学校为模范教员和模范私学的称号。庆阳县还要求公立小学与私小建立联系制度,通过观摩教学、座谈、联欢等形式帮助私小改进工作。在解放战争时期,陇东老区在恢复和发展教育中,也特别重视对私学的改造,强调各私学一律采用陕甘宁边区编印的课本,凡内容带有传播封建迷信和反动毒素的东西,一概坚决禁止。私学的改造,在提高群众文化素质方面起了较大的作用。

三、陇东老区教育改革的发展进程

陇东老区教育是在改革中发展,改革中完善。教育改革的发展进程,反映了陇东老区教育的历史特点。

陇东老区文化教育基础薄弱,革命前,原有公私学校仅五六十所,上学念书的多为剥削阶级子弟,农村中识字的人很少。革命政权建立后,党和政府十分重视发展教育,农民群众普遍要求学习文化,办学的积极性很高。随着革命根据地的扩大,政府又采取了创办新学校,开办私学和改造旧学校相结合的办法,使学校教育得到发展,让更多的劳动群众的子女得到学习文化知识的机会。党和政府在发展与扩大学校的同时,开始有步骤地进行教育改革的工作。

抗日战争爆发后,陇东老区贯彻"国防教育""普及教育"方针,改变教育的旧制度、旧课程,实行以抗日救国为目标的新制度、新课程。曲子县1938年11月派徐希平同志到新开辟的三岔镇去改造旧学校。三岔镇各乡有小学三所,都以《三字经》《百家姓》《论语》等为教材,在教法上仍然同过去私塾一样,教员对学生的高压手段仍在运用。为了改造这些学校,改用了新编的课本,规定了学校的课程表。在教学方法上废除了唱读和背读,上课时采用启发式教学。训导方法上,废除了打骂的高压手段,重新建起学生敬、教员爱的师生关系。各学校建立了俱乐部、宣传队、锄奸小组等组织,广泛开展课外活动,做好优抗工作。还领导夜校、识字组,帮助农民识字扫盲,开展社会教育。从三岔镇各学校的改造中可以看到,陇东老区在抗战初期教育改革的一般情形,从教学管理,课程设置,教学内容、教学方法、师生关系,学校与社会的关系等方面都进行了改革,使教育服务于抗日战争的需要,并逐渐走上新民主主义的轨道。

教育改革虽然取得了一定的成绩,但当时在教学中只突出了抗日这方面的内容,更主要的是只注意扩大学校数和学生数,使教育的发展脱离了实际,教员质量低,引起了干部和群众的不满。1941年,各县参议会上都批评了教学质量不高的问题。

为了纠正教育发展中的问题,陇东老区从1941年下半年开始,贯彻陕甘宁边区政府教育厅提出的"减少数量,提高质量",加强完小、裁并学校的工作方针,以及"小学教育里应该加强自然科学常识的教育"的精神,对学校教育和社会教育都进行了整顿。在学校教育方面,陇东分区专署决定提高教学质量、充实完小。推行新文字,实行奖学制,实施义务教育及提高小学教师地位等,还提出了"求质不求量。办一处象一处"的口号,并向各县发出了训令。1942年2月陇东分区专署召开三科长联席会议,专门讨论整顿学校问题。从这以后,陇东老区各县开始对学校进行整顿,在不到半年时间内,陇东分区由1941年底的154所小学减为74所;学生人数由3927人减为2744人;教员由224名减为151名。在整顿过程中,陇东分区的完小得到了一定的加强,教学条件得到了初步改善。但在合并、裁减学校中,有的不该减的减了,不应合并的合并了,造成不少学生上学距家远,特别使一些劳动力少的家庭的学生不能上学,贫苦学生不能上学,在裁并学校后,有些群众要求再成立学校。

整顿学校,加强完小,提高教育质量,使教育工作逐步走上正规化,这在当时的历史条件下是必要的。但在具体做法上有些过头,学校裁减过多,而且教育行政部门只做了减少学校的工作,对提高教学质量的工作做得少。因此,学校减少后,教学质量未有多大提高,教员质量不高的问题也仍然存在。同时,在执行对年级、班级、开学、放假等的统一规定中。出现了追求"整齐划一"的形式主义倾向。在教学内容上,由原先以抗日为主转变为以科学为主,但讲的有些内容,同陇东老区人民生产生活实际脱节,未能收到预期的效果。

　　1943年,陇东老区教育界开始了整风运动和大生产运动。各级教育行政部门和学校,在整风运动的基础上,认真总结教改经验,贯彻陕甘宁边区政府教育厅"在职干部教育第一"的方针,在国民教育中,实行"民办公助"。陇东分区党委决定原陇东地委举办的第十二期训练班交由陇东中学办理,改称陇东中学地干班,学习期限二年。对区、乡干部施以正规的文化、政治教育。同时,陇东中学提出按照干部学校的要求,加强学校政治思想工作,在培养学生树立革命人生观上下功夫。随后,各完小也担负着培养干部的任务。合水县西华池完小在实施新教青方针中改革教学内容(除国语外,增加应用文;除算术外,增加珠算;自然课中增加农业常识;又增加政治课),做到"学以致用";改革教学方法,采用座谈教学、分组教学、证验教学、实用教学、故事性教学、自学辅导等新方法,实行教学与劳动、社会、家庭、实际结合;加强思想教育,培养学生的劳动观点和互助友爱精神等,深受群众称赞。

　　文教大会以后,陇东老区的教育、教学改革进入了一个新阶段,小学学制改为四、二制;完小成为培养本地干部的基地;学生入学由动员劝导改为自愿;大力发展民办小学;进一步改造私学;完小、普小、民小、私小均成立校董会,加强学校管理。按照群众和生产建设的需要改革教学。1946年在内战爆发的严重形势下,教育工作服从革命战争的需要,各校在教学中加强了时事教育、战备教育和阶级教育,坚持教育为革命战争服务的原则。

　　陇东老区根据革命形势发展变化,和教育发展状况,不断开展教育、教学改革,在改革中使教育得到了提高,并逐渐走上成熟发展的道路。以后随着人民解放战争的胜利,在总结以往教育改革经验的基础上,开展了更大范围的接管与改造旧学校的工作,陇东老区的人民教育事业进入了新的发展时期。

附录

李仲立论著目录

一、古代史论文

1.《试论先周文化的渊源》载《社会科学》(甘肃)1981年第1期，1988年获庆阳师专研成果奖。

2.《'安国寺'文化性质浅析》载《文章汇编》《庆阳师专》1981年。

3.《农村公社和井田制》载《人文杂志增刊》《先秦史论文集》1982年。

4.《试论西周社会性质》载《中国古代史论丛》第八集，福建人民出版社，1983年。

5.《周人未臣服于殷商一辨》载《西周史研究》《人文杂志丛刊》第2期，1984年。

6.《公刘迁豳辨析》载《社会科学》(甘肃)1985年第1期。

7.《中国的家庭奴隶制始于黄帝》载《北京社联通讯》1986年第6期。

8.《范仲淹在庆州》载《西北史地》1986年第1期(获省史学会1985—1987优秀成果奖)。

9.《北豳先王遗风蠡测》载《社科纵横》1989年第1期，同时载入《群众文化信息与研究》。1988年第1期，入选《群众文化论文选》(1988年获省文化厅、省群众文化学会第一届学术讨论会优秀论文奖)。

10.《密须国初探》载《先秦史论文集》,中州古籍出版社 1989 年 4 月,同时载入《陕西师大学报》1989 年第 4 期。

11.《甘肃庆阳地区秦直道考察报告》载《甘肃社会科学》1991 年第 3 期,同时载入《庆阳师专学报》1991 年第 3 期。

12.《甘肃庆阳地区秦直道调查记》载《考古与文物》1991 年第 5 期。

13.《公刘出生在北豳》《西峰文史》1991 年第 1 辑。

14.《甘肃境内秦直道管见》载《秦陵秦俑研究动态》1992 年第 4 期,同时载入《人文杂志》1993 年第 3 期(1995 年 1 月 10 日获甘肃省社科最高佳作奖)。

15.《庆阳民俗历史源流析》载《西周史论文集》上,陕西历史博物馆编,陕西人民教育出版社,1993 年 6 月第一版。

16.《论子午岭秦直道的修筑和军事防御体系设置》载《历史教学与研究》1993 年 11 月,省史学会编辑出版。

17.《论秦直道与秦长城的关系》载《庆阳师专学报》1994 年第 1 期。

18.《西周、战国时期秦直道子午岭路段成型》载《先秦史与巴蜀文化论集》,历史教学社 1995 年 10 月版。

19.《甘肃宁县西沟发现义渠戎国国都遗址》载《甘肃高师学报》1996 年第 2 期,同时又载入《考古与文物》1998 年第 4 期。

20.《秦直道新论》载《西北史地》1997 年第 4 期。

21.《论皋陶》入《皋陶与六安》,黄山书社出版 1997 年 10 月。

22.《论不窋——先周历史初探之二》载《史学丛书》第八集,1998 年兰州大学出版社。

23.《周人始祖应是不窋》载《徐中舒先生百年诞辰纪念文集》,巴蜀书社 1998 年 10 月。

24.《替鲧翻案》载《社科纵横》2002 年第 1 期。

25. 孟世凯主编《赵光贤先生百年诞辰纪念文集》,中国社会科学出版社 2010 年 12 月,载李仲立著《发扬治史的求实精神》——缅怀著名史学家赵光贤教授,同时载《先秦史研究动态》2004 年第一期。

26.《辉煌的二十年》载《先秦史研究动态》2002 年第 1 期。

27.《西周礼乐文化的内涵是德》载《社科纵横》2005 年第 3 期.

28.《义渠戎国述要》载《陇右文博》2006 年第 1 期。

29.《孟世凯"区域历史文化研究思想"初探》载《史海侦迹——庆祝孟世凯先生七十岁文集》新世纪出版社,2006 年 3 月。

30.《议"京"之初义非神农宗庙》载《陇右文博》2007 年,第 1 期。

31.《从〈潜夫论〉中对羌汉战争的论述看王符思想的先秦西部思想文化特色》载《王符研究》2014 年 8 月(总第 3 期)。镇原王符研究中心,甘肃省社会科学指导期刊。

32.《黄帝与黄帝时代》载《黄帝文化》总第 3 期,2012 年 4 月第 1 期。

33.《黄帝冢陵庙传说钩沉及其相关问题》载《豳风论丛》第二号 2016 年 11 月,中国社会科学出版社。

34.《周祖文化研究》载《周秦社会与文化研究——纪念中国先秦史学会成立 20 周年学术研讨会论文集》,陕西师范大学出版社 2003 年 12 月版。

35.《大禹治水初探》载《中国先秦史学会论文丛书》之五,《蚌埠涂山华夏文明》黄山书社出版 2002 年。

36.《虞舜文化研究集》上,中国先秦史学会,中共通城市盐湖区委宣传部编,2005 年 10 月版载《"禅让制"是邦国式国家承传的一种形式》第 267—286 页。

37. 葛志毅主编《中国古代社会思想文化研究论集》载《东周礼乐文化论》，黑龙江人民出版社 2006 年 8 月。

38.《史学论丛》第十集《论大禹治水对科学技术的利用》，甘肃人民出版社 2003 年 6 月。

39.《中国传说历史时期姓氏文化刍议——纪念徐中舒教授诞辰 120 周年》载《徐中舒先生诞辰 120 周年论文集》巴蜀出版社，2022 年 5 月出版。

40.《黄帝在制度文化上的开创性贡献》载《陇东学院学报》2023 年第 1 期。

二、史学理论

1.《论史学价值的实现》载《庆阳师专学报》1995 年第 1 期。

2.《史学价值刍议》载《史学论丛》第五辑，兰大出版社 1995 年 6 月。

3.《"历史决定论的贫困"和贫困的历史非决定论》载《庆阳师专学报》，1997 年第 1 期。

三、中国现代革命史

1.《林镇庙会师》载《文章汇集》庆阳师专 1981 年。

2.《试论陕甘宁边区的民主选举》载《甘肃省历史学会论文集》1982 年。

3.《陕甘边革命根据地庆北县始末》载《甘肃文史资料选集》1981 年第 12 辑。

4.《新宁县建立前后》载《南梁曙光》，甘肃人民出版社 1983 年 1 月。

5.《陕甘边革命根据地庆北县》载《南梁曙光》，甘肃人民出版社

1983 年 1 月。

6.《陕甘工农红军游击队》载《南梁曙光》,甘肃人民出版社 1983年 1 月。

7.《陇东革命斗争大事记(1911—1949)》载《南梁曙光》,甘肃人民出版社 1983 年 1 月。

8.《南梁游击队的建立和林镇庙会师》载《甘肃文史资料选辑》1983 年第 15 辑。

9.《中央红军长征经过陇东概况》载《陇东报》1985 年 10 月 18日。

10.《陇东老区教育的历史特点》载《甘肃教育史志资料》1986 年第 4 期。

11.《陇东分区政权建设概论》载《陕甘革命根据地史研究》,三秦出版社 1988 年 9 月。

12.《陇东分区政权改革刍议》载《西北史地》1988 年第 4 期(获省党史学会 1988 年—1989 年优秀成果奖)。

13.《老区革命传统简论》载《社科纵横》1991 年第 3 期(获庆阳地区优秀论文一等奖)。

14.《论中国共产党在陇东地区的初期革命活动》载《庆阳师专学报》1991 年第 3 期。

15.《中国共产党组织及苏维埃政权在陇东地区的诞生》载《史学论丛》甘肃社会科学联合会、甘肃省历史学会主编, 兰大出版社 1992 年 9 月。

16.《论老区革命传统》载《党校学员论文集》(庆祝中共甘肃省委党校建校 40 周年)党校教务处编,1992 年 10 月。

17.《陇东革命据地史稿》第一章《国民党统治下的陇东》,《庆阳师专学报》1993 年第 2 期。

18.《陇东革命根据地史稿》第二章,《庆阳师专学报》1993 年第 3 期。

19.《陇东革命根据地史稿》第二章续,《庆阳师专学报》1993 年第 4 期。

20.《陇东革命根据地史稿》第三章续,《庆阳师专学报》1994 年第 2 期。

21.《陇东革命根据地史稿》第三章续,《庆阳师专学报》1994 年第 3 期。

22.《陇东革命根据地史稿》第三章续,《庆阳师专学报》1994 年第 4 期。

23.《红军长征经过陇东的历史功绩》载《固原师专学报》2002 年第 1 期。

24.《区域地理环境和优秀文化传统的统一———南梁精神解读》载《陇东学院学报》2019 年第 1 期,同时载入《庆阳党史研究》2019 年第 1 期、《人文甘肃》南梁精神研究专集,甘肃教育出版社 2019 年10 月。

四、教育教学理论研究

1.《试论消灭脑力劳动和体力劳动本质差别的根本途径》载《红星》1959 年第 1 期。

2.《关于学风教育的几个问题》载《庆阳师专学报》1987 年第 1 期.

3.《师范专科学校教育实习特点初探》载《高师研究》庆阳师专教务处 1988 年第 1 期。

4.《增强自学考试吸引力的思考》载《教研通讯》庆阳地区教研室 1989 年第 4 期。

5.《探索国情，勤奋学习——纪念共青团建团 70 周年》载《庆阳师专学报》1992 年第 2 期。

6.《论完善和提高高等师范教育质量》载《甘肃高教发展战略研究》1992 年第 4 期（与吴效刚合作）。

7.《学习历史，树立爱国主义思想》载《长庆油田战报》1984 年 3 月 18 日第 3 版。

8.《毛泽东同志为建立有中国特色社会主义教育体系所做的努力》载《庆阳师专学报》《纪念毛泽东诞辰 100 周年专刊》，1994 年 1 月版。

9.《教育改革要遵循教育的基本规律》载《甘肃高教发展战略研究》1994 年第 1 期，同时又载入《社科纵横》1994 年第 3 期。

10.《论高等师范专科教育的课程体系及其改革》载《西北教育管理研究》1995 年第 1 期，同时又载入《甘肃高教发展战略研究》，1995 年第 2 期，被收入《高等教育管理精览》一书。

11.《论高等教育招生制度的改革》载《庆阳师专学报》1995 年第 1 期。

12.《试论师范专科学校的专业改造》载《甘肃高教发展战略研究》1995 年第 1 期，被收入《中国社会主义精神文明建设宝典》，团结出版社 1988 年。

13.《桃李芬芳，争艳陇东——庆祝庆阳师范建校六十周年》载《庆阳开发与建设》1999 年第 3 期。

14.《毛泽东思想是适合中国国情的马克思主义》载 1992 年 6 月 15 日《求索》报第 1 版。

15.《陇东学院简史考略》载《陇东学院学报》2022 年第 4 期。

五、专著

1.《陇东老区教育史》主编,甘肃教育出版社 1988 年 4 月。1990 年 7 月获 1979—1989 省教委社科优秀成果二等奖;1991 年 3 月获省委、省政府第二届优秀图书奖。

2.《教育实习概论》主编,兰大出版社 1987 年 7 月。1992 年 6 月 10 日获省教委优秀教材二等奖;1990 年获庆阳师专科研成果奖。

3.《王符〈潜夫论〉译注》合著,甘肃人民出版社 1991 年 9 月。获庆阳地区优秀图书特别奖。

4.《现代应用文体写作概论》合著,陕西旅游出版社 1992 年 6 月。获 1991—1992 年优秀科研成果二等奖。

5.《陇东老区政权史》合著,兰大出版社 1994 年 4 月。1995 年获省高校优秀教材二等奖、获 1993—1994 年科研成果二等奖、获庆阳地区优秀图书荣誉奖。

6.《史学论丛》(第五集)副主编,兰大出版社 1995 年 7 月。

7.《陇东老区红军史》合著,兰大出版社 1996 年 4 月。获省高校 1996—1997 年社科成果三等奖、获 1995—1996 科研成果二等奖。1997 年获甘肃省第五届社会科学"兴陇奖"专家提名成果。

8.《先秦历史文化探微》独著,甘肃人民出版社 2006 年 6 月。

六、项目鉴定及项目奖

1."庆阳地区秦直道考察"1987 年立项,1989 年 5 月 8 日甘肃日报第一版刊登通讯员傅鹏以《李仲立等实地考查证实我省境内确有秦直道》为题,报道了实地考察情况。1989 年 5 月 24 日第 1 版刊登傅鹏以《李仲立刘得祯等实地考察证实我区境内确有秦直道》。1992 年 3 月 29 日,甘肃日报第 1 版刊登周奉真写的《子午岭上看秦直道》

也讲到李仲立考察秦直道之事。《庆阳师专报》1989 年 6 月 21 日创刊号载武国荣《史学疑团被解甘肃确有秦直道》讲李仲立到子午岭考察秦直道。1994 年 3 月 17 日,省教委社科成果评审(鉴定)通过,认为是国内领先水平。《甘肃日报》1994 年 4 月 13 日第 1 版,刊登记者周奉真《李仲立刘得祯实地考察解疑释惑秦直道横穿庆阳子午岭主峰》说"鉴定专家认为对秦直道研究乃至秦代历史研究是一个重要贡献"。《中国文物报》1989 年 7 月 21 日第 2 版刊登武国荣以《李仲立教授调查证实秦直道曾经过甘肃》为题报道了考察情况。1994 年秦直道考察系列论文获省教委 7 月发科研一等奖。

2. "深化教学改革,完善教学管理",获 1997 年省教委优秀教学成果奖。

3. 1989 年获国家教委、劳动人事部、教育总工会全国优秀教师奖。

4. 获曾宪梓教育基金会 1997 年高等师范院校教师奖三等奖(见《光明日报》1997 年 11 月 15 日第 8 版)。

七、聘书

1. 陇东语文教育研究中心聘请为顾问,1994 年 5 月 12 日发。

2. 西北大学聘请为先秦史硕士生导师,1995 年 9 月 8 日发。

3. 西北大学聘请为中国古代史专业硕士生答辩委员会委员。

八、任命书

1990 年 5 月省委组织部任命为庆阳师范专科学校党委委员、庆阳师专副校长,省长贾志杰 1990 年 4 月 14 日(第 0978 号)。

九、著作收藏证书

庆阳地区图书馆收藏《陇东老区红军史》《陇东老区政权史》等书,1999 年 10 月 1 日发。

十、个人荣誉证书

1. 国家教委、人事部、中国教育工会全国委员会全国优秀教师,1989 年发。庆阳师专党委行政于 1990 年 10 月 28 日发荣誉奖。

2. 曾宪梓教育基金会授予 1997 年高等师范院校教师奖三等奖,1997 年 12 月发。

3. 获 1987—1993 年高校教育管理科学研究先进个人奖。西北高教管理研究会 1993 年 7 月 25 日发。

4. 1982 年获模范党员,中共庆阳师专党委 1982 年 7 月 1 日发。

5. 1987 年获优秀党员奖,中共庆阳师专委员会 1987 年 7 月 1 日发.

6. 1960 年 2 月,庆阳县中小学教师学习会上,被评为庆阳县红旗教师,由县委发书奖励。

7. 30 年教龄荣誉证书,1989 年 9 月 10 日甘肃省委、省政府发。

8. 1956 年 5 月 4 日青年节,被评为三好积极分子,四川大学颁发奖章。

十一、社会兼职

1. 中国先秦史学会理事
2. 甘肃省史学会理事、副会长
3. 西北高教教育管理研究会理事
4. 甘肃省党史征集学会理事

5. 甘肃省高教战略发展研究会理事

6.《庆阳地区志》编审委员会委员

7.《庆阳通史》编写组顾问和审稿

8. 庆阳地区自学考试委员会副主任

十二、未发表的文章、讲话

1.《论李秀成》1956 年学年论文。

2.《论东西捻军的抗清斗争》(毕业论文)。

3.《忠王名字永不忘》应 1963 年甘肃省历史学会成立编而写纪念李秀成逝世一百周年。

4.《评李秀成》1979 年 1 月。

5.《室韦考》1980 年 5 月,在川大进修时专题研究。

6.《关于评李秀成的几个问题》1980 年 7 月。

7.《不同意用这两种方法来研究〈李秀成自述〉》1964 年 8 月。

8.《寺沟石窟介绍》1981 年。

9.《关中特委的第一次党代表大会》1982 年。

10.《历史学与社会主义精神文明》1982 年 12 月。

11.《爱国主义刍议》应邀给天水一中学生的报告。

12.《义渠戎国管见》1985 年。

13.《陇东中学校史》1986 年。

14. 庆阳师专校史 1988—1989 年。

15. 关于编写教育实习概论的说明,1987 年。

16. 中共关中特委召开党支部书记联席会议。

17. 我们是这样开展教育实习的,八二级历史科学生教育实习的体会,1982 年 5 月 10 日。

18. 继续深入地抓好基础知识教学——关于教学检查工作的总

结,1981 年 11 月 24 日。

19. 师范专科学校发展的优化结构,1988 年。

20. 从教育实习特点出发开展教育改革。

21. 从中国古代及近现代历史看我国社会主义初级阶段的必然性。

22. 在长庆油田电大开学典礼大会上的讲话。

23. 清除理论界的精神污染,捍卫马克思列宁主义、毛泽东思想的纯洁性。

24. 关于美国师范教育的考察报告,1991 年 11 月。

25. 论师范专科学校的优化发展。

26. 邓小平的史学思想。

27. 历史学在经济建设中的地位和作用。

28. 在附中职工会上的讲话。

29. 学习党的历史,继承和发扬党的优良传统,坚定不移地走社会主义道路——学习江泽民同志在中国共产党成立 70 周年大会上的讲话(第一部分)1991 年。

30. 大力开展军事训练,努力培养国防精神——军事动员大会上的讲话,1992 年。

31. 中国共产党第十四次全国代表大会召开的历史背景和深远意义。

32. 学习 1993 年发布的中国教育政策和发展纲要,落实《纲要》努力促使教育改革和发展上新台阶。

33. 教育管理问题。

34. 纪念一二九运动 45 周年给学生作报告,1989 年 12 月。

35. 在党委扩大会议上的讲话,1993 年 5 月 5 日。(对教学工作进行专门研究讨论,在我校历史上还是第一次)。

36. 全省自学考试考务工作会议在我校召开的致词,1993 年 9 月 16 日。

37. 谈谈学术论文的写作。

38. 关于党史建设的几个问题。

39. 认罪伏法,改造思想,做一个有益于人民的人——应庆阳地区司法局邀请给巴家咀劳教犯人的讲话。

40.《渴望》的启示。

41. 庆阳师范师生被国民党军队殴打。

42. 西北民俗学研究讨论会在我校召开开幕式上的致词,1994 年。

43. 庆阳师专 1994 年田径运动会上的开幕词,1994 年 5 月 19 日。

44. 历史学与社会主义现代化,1995 年。

45.《关于实验室建设工作的汇报提纲》,1984 年 1 月 6 日。关于我校实验室建设工作会议在 1984 年 1 月 4 日召开,这是建校以来召开的第一次实验室建设的会议。

46. 从对高校两课教材——《邓小平理论和“三个代表”重要思想概论》中的几点看法。

47. 社会主义初级阶段划分符合我国社会主义历史的发展规律。

48.《甘肃古代文明的发生地巴蜀文化》,长江三峡古文化学术研讨会暨中国先秦史学会第九届年会,2010 年 6 月重庆市。

49. 2021 年 8 月 14 日,情深义重——怀念学兄刘宝才。

50. 川大进修先秦史班结业论文论失韦(室韦)之由来,1980 年 12 月。

51. 先秦史研究新成果——读祝中熹《先秦史卷》。

52. 从毛泽东思想是适合中国国情的马克思主义——在政史专业毛泽东思想学习小组成立大会上的讲话,《求索》1992 年 6 月 15 日版。

53.《读黄帝文化志》

54. 甘肃省庆阳师范专科学校继承问题研究。

55. 李仲立教学科研之路。

56. 陇东学院历史渊源说。

57. 中学历史教学法简编（讲义），1988 年 4 月。

《陇上学人文存》已出版书目

第一辑

《马　通卷》马亚萍编选　　《支克坚卷》刘春生编选
《王沂暖卷》张广裕编选　　《刘文英卷》孔　敏编选
《吴文翰卷》杨文德编选　　《段文杰卷》杜琪　赵声良编选
《赵俪生卷》王玉祥编选　　《赵逵夫卷》韩高年编选
《洪毅然卷》李　骅编选　　《颜廷亮卷》巨　虹编选

第二辑

《史苇湘卷》马　德编选　　《齐陈骏卷》买小英编选
《李秉德卷》李瑾瑜编选　　《杨建新卷》杨文炯编选
《金宝祥卷》杨秀清编选　　《郑　文卷》尹占华编选
《黄伯荣卷》马小萍编选　　《郭晋稀卷》赵逵夫编选
《喻博文卷》颜华东编选　　《穆纪光卷》孔　敏编选

第三辑

《刘让言卷》王尚寿编选　　《刘家声卷》何　苑编选
《刘瑞明卷》马步升编选　　《匡　扶卷》张　堡编选
《李鼎文卷》伏俊琏编选　　《林径一卷》颜华东编选
《胡德海卷》张永祥编选　　《彭　铎卷》韩高年编选
《樊锦诗卷》赵声良编选　　《郝苏民卷》马东平编选

第四辑

《刘天怡卷》赵　伟编选　　《韩学本卷》孔　敏编选
《吴小美卷》魏韶华编选　　《初世宾卷》李勇锋编选
《张鸿勋卷》伏俊琏编选　　《陈　涌卷》郭国昌编选
《柯　杨卷》马步升编选　　《赵荫棠卷》周玉秀编选
《多识·洛桑图丹琼排卷》杨士宏编选
《才旦夏茸卷》杨士宏编选

第五辑

《丁汉儒卷》虎有泽编选　　《王步贵卷》孔　敏编选
《杨子明卷》史玉成编选　　《尤炳圻卷》李晓卫编选
《张文熊卷》李敬国编选　　《李　恭卷》莫　超编选
《郑汝中卷》马　德编选　　《陶景侃卷》颜华东　闫晓勇编选
《张学军卷》李朝东编选　　《刘光华卷》郝树声　侯宗辉编选

第六辑

《胡大浚卷》王志鹏编选　　《李国香卷》艾买提编选
《孙克恒卷》孙　强编选　　《范汉森卷》李君才　刘银军编选
《唐　祈卷》郭国昌编选　　《林家英卷》杨许波　庆振轩编选
《霍旭东卷》丁宏武编选　　《张孟伦卷》汪受宽　赵梅春编选
《李定仁卷》李瑾瑜编选　　《赛仓·罗桑华丹卷》丹　曲编选

第七辑

《常书鸿卷》杜　琪编选　　　《李焰平卷》杨光祖编选
《华　侃卷》看本加编选　　　《刘延寿卷》郝　军编选
《南国农卷》俞树煜编选　　　《王尚寿卷》杨小兰编选
《叶　萌卷》李敬国编选　　　《侯丕勋卷》黄正林　周　松编选
《周述实卷》常红军编选　　　《毕可生卷》沈冯娟　易　林编选

第八辑

《李正宇卷》张先堂编选　　　《武文军卷》韩晓东编选
《汪受宽卷》屈直敏编选　　　《吴福熙卷》周玉秀编选
《寒长春卷》李天保编选　　　《张崇琛卷》王俊莲编选
《林　立卷》曹陇华编选　　　《刘　敏卷》焦若水编选
《白玉岱卷》王光辉编选　　　《李清凌卷》何玉红编选

第九辑

《李　蔚卷》姚兆余编选　　　《郗慧民卷》戚晓萍编选
《任先行卷》胡　凯编选　　　《何士骥卷》刘再聪编选
《王希隆卷》杨代成编选　　　《李并成卷》巨　虹编选
《范　鹏卷》成兆文编选　　　《包国宪卷》何文盛　王学军编选
《郑炳林卷》赵青山编选　　　《马　德卷》买小英编选

第十辑

《王福生卷》孔　敏编选　　《刘进军卷》孙文鹏编选

《辛安亭卷》卫春回编选　　《邵国秀卷》肖学智　岳庆艳编选

《李含琳卷》邓生菊编选　　《李仲立卷》董积生　刘治立编选

《李黑虎卷》郝希亮编选　　《郭厚安卷》田　澍编选

《高新才卷》何　苑编选　　《蔡文浩卷》王思文编选